Weihnachten 1975
von Bärbel Eberhard

Jean Renoir
Mein Leben und meine Filme

Jean Renoir

Mein Leben und meine Filme

Aus dem Französischen von
Frieda Grafe und Enno Patalas

R. Piper & Co. Verlag
München Zürich

Die Originalausgabe erschien 1974 unter dem Titel
»Ma vie et mes films« im Verlag
Flammarion, Paris

ISBN 3-492-02144-1

Gesetzt aus der Linotype-Palatino
Gesamtherstellung: Hieronymus Mühlberger, Augsburg
Printed in Germany

Ich widme dieses Buch den Autoren,
denen das Publikum den Namen
»Neue Welle« gegeben hat
und die die gleichen Dinge beschäftigen
wie mich.

Inhalt

Vorbemerkung

Alles, was auf der Leinwand sich bewegt, ist Kino. Oft höre ich jemand sagen: das ist vielleicht ein interessanter Film, aber Kino ist es nicht. Ich sehe nicht ein, warum die Verwendung belebter Bilder sich auf das traditionelle Melodram oder auf burleske Komödien beschränken sollte. Ein geographischer Film ist genausogut Kino wie »Ben Hur«. Ein Film, der den Kindern das Alphabet beibringt, ist Kino mit demselben Anspruch wie eine Großproduktion mit psychologischen Ambitionen. Meiner Meinung nach ist Kino nichts anderes als eine neue Form des Druckens. Es ist eine Form der vollständigen Veränderung der Welt durch Wissen. Louis Lumière ist ein neuer Gutenberg. Seiner Erfindung verdankt man ebenso viele Katastrophen wie der Verbreitung des Denkens durch das Buch.

Die Geschichte des Films, des französischen Films vor allem, steht seit einem halben Jahrhundert im Zeichen des Kampfes des Autors gegen die Industrie. Ich bin stolz darauf, an diesem siegreichen Kampf teilgenommen zu haben. Heute gilt ein Film genau wie ein Roman oder ein Bild als das Werk eines Autors.

Aber wer ist der Autor eines Films? Während der heroischen Epoche des amerikanischen Kinos war es oft der Schauspieler, der den Film prägte. Mit der Prosperität entwickelte sich diese Tendenz zu einer breit angelegten Produktion von Stars. Das junge Kino der letzten Jahre hat die Vorstellung durchgesetzt, daß der Regisseur der Autor eines Films ist. Eine erfreuliche Veränderung und durchaus der künstlerischen und literarischen Entwicklung unserer Zeit entsprechend. Heute sieht man Filme »von Truffaut« oder »von Jean-Luc Godard«, wie man Romane »von Simenon« oder »von André Gide« liest.

Einige meiner Freunde haben mir zugeredet, ich solle meine Autobiographie schreiben. Bestimmt ist der Grund ihres Interesses, daß man den Autor neuerdings so wichtig nimmt. Sie geben sich nicht mehr damit zufrieden, daß sich ein Künstler frei mit Kamera und Mikrophon ausgedrückt hat. Sie wollen wissen, wer dieser Künstler ist. Was mich betrifft, so glaube ich, daß jedes menschliche Wesen, ob Künstler oder nicht, zum großen Teil ein Produkt seiner Umgebung ist. Nur unsere Überheblichkeit läßt uns an die Souveränität des Individuums glauben. In Wahrheit ist dieses Individuum, auf das wir so stolz sind, aus verschiedenen Elementen zusammengesetzt – ein bestimmter kleiner Freund, den man im Kindergarten hatte, der Held des ersten Romans, den man gelesen hat, und sogar der Jagdhund von Vetter Eugen. Wir existieren nicht aus uns selbst, sondern aus Elementen, die unsere Entwicklung begleitet haben. Sicher wäre es übertrieben, zu behaupten, eine Kartoffelstaude könne unter entsprechenden Bedingungen Erdbeeren tragen. Aber es steht außer Zweifel, daß die Kartoffeln, die diese Staude tragen wird, je nach dem Boden, der sie genährt hat, den Düngemitteln, die ihn bereichert haben, dem Klima, das ihm zugute kam, an Geschmack und Form verschieden sein werden – ganz zu schweigen von Pfropfungen, die eine Frucht zum Ergebnis haben können, die absolut nichts mehr mit ihren Vorfahren gemein hat.

Ich werde hier nicht versuchen, ein Lexikon all meiner Filme abzufassen. Das ist schon gemacht worden, vor allem in André Bazins brillantem Buch*, dem ich nichts hinzuzufügen habe. Unter meinen Erinnerungen habe ich die ausgewählt, die mit Menschen und Ereignissen zu tun haben, die meiner Vorstellung nach dazu beigetragen haben, mich zu dem zu machen, der ich bin.

* André Bazin, »Jean Renoir«. Avant-propos de Jean Renoir. Présentation de François Truffaut. Edition Champ Libre, Paris 1971 (A. d. Ü).

Mack Sennett

Zur Stummfilmzeit konnten die meisten Filme als Autorenfilme gelten. Der Tonfilm hat, indem er die technischen Möglichkeiten vervielfältigte, den Tod dieses so einfachen Systems beschleunigt. Diese Neuerung bedeutet zugleich einen Schritt auf dem Weg zur unveränderten Kopie der Realität. Mit diesem Thema werde ich mich noch ausführlich beschäftigen. Es verdient, daß man ihm ganze Bände widmet, und das ist im übrigen auch schon geschehen. Es geht um die Frage der inneren und der äußeren Wahrheit überhaupt.

Die frühen Filme waren der direkte Ausdruck der Träume eines Filmmachers, sie trugen unauslöschlich dessen Zeichen, mit all den Einflüssen, die zu seiner Entwicklung beigetragen hatten: der englischen Pantomime oder auch des Melodrams vom Boulevard du Crime – und vor allem der köstlichen amerikanischen Burleske.

Mack Sennett versammelte seine Schauspieler und Kameraleute auf den Stufen vor seiner Bürotür und besprach mit ihnen den Tagesablauf. Das war in einer ganz gewöhnlichen kleinen Vorstadtstraße von Los Angeles. Die Steigung in dieser Straße war so stark, daß manchmal ein Auto nicht weiterkam und wieder zurückrollte, eine ausgezeichnete Situation für einen Kurzfilm. Die Häuser in dieser Straße waren einstöckig. Wäsche trocknete in dem kleinen Garten hinterm Haus. Junge Palmen spendeten den Bürgersteigen nur spärlichen Schatten. Mack Sennett brauchte nur die Kurbel seiner Kamera zu drehen, und schon umfing den Zuschauer Amerika, wie es leibt und lebt. Seine beschränkten finanziellen Möglichkeiten zwangen ihn, jenes Amerika der kleinen Leute zu benutzen, das leider ein für allemal vergangen ist.

Einer der auf die Rollen des »cop« spezialisierten Schauspieler schlug eine Verfolgungsszene vor, in der der Seehund eine Hauptrolle spielte – Mack Sennett hatte nämlich einen Seehund. Außerdem hatte er auch Badeschönheiten und Komiker, die vom Zirkus und von der Burleske herkamen. Jeder äußerte seine Meinung, aber man bewunderte den Boß, und die Filme, die aus seinem kleinen Studio hervorgingen, waren ohne Zweifel Filme von Mack Sennett. Jeder einzelne von ihnen zeugte von der Persönlichkeit seines Produzenten, Regisseurs, Gagmans – das alles war er in einer Person. Sie waren das Produkt eines Mannes, ebenso wie ein delikates Gericht das Produkt eines Kochs und ein Stück von Bernard Shaw ein Stück von Bernard Shaw ist. Und was das Entscheidende ist, die für diese Produkte verantwortlichen Künstler wußten nicht, daß sie an Meisterwerken arbeiteten. Sie erzählten gute Geschichten, und sie wollten weiter nichts, als ihrem Publikum ein wenig Vergnügen bereiten. Dafür lieferte dieses ihnen das tägliche Brot. Natürlich war das nicht alles. Wenn man vom Schauspiel redet, darf man nie das Moment der Religion außer acht lassen, einer Religion, deren Kult seine Anhänger sich mit uneigennütziger Hingabe widmen.

Die Qualität eines Kunstwerks wird ganz wesentlich bedingt durch die Qualität des Publikums, das die Künstler ernährt. Mack Sennetts Publikum war ideal: ein Arbeiterpublikum, das zum großen Teil aus eben erst Eingewanderten bestand. Viele von ihnen sprachen kaum Englisch: der Stummfilm war wie für sie geschaffen. Das heutige Publikum besteht aus den Kindern dieses ursprünglichen Publikums. Sie haben die Universität hinter sich; sie leben in einer Welt von Plakaten, Illustrierten, Zeitungen; sie richten sich nach Parolen, denen sie mit den wirksamsten, »künstlerischsten«, amüsantesten Reklamemitteln ausgesetzt werden. Für sie produzieren die Filmfabriken entweder Heldentum oder Liebe oder, wenn es ganz schlimm kommt, Psychologie.

Mein Leben lang habe ich versucht, Autorenfilme zu machen; nicht aus Eitelkeit, sondern weil Gott mir den Wunsch mitgegeben hat, meine Identität zu definieren und sie einem größeren oder kleineren Publikum, einem glänzenden oder jämmerlichen, einem begeisterten oder ablehnenden mitzuteilen. Am Exhibitionismus des Autors gefällt mir, daß er sich nicht physisch zu äußern braucht. Der Autor versteckt sich schüchtern hinter den Helden, die seinen Erzeugnissen Leben verleihen. Gott hat mich nicht zum Helden bestimmt. Ich habe Angst vor Schlägen, und es ist mir sehr recht, daß die Schauspieler statt meiner den Kopf hinhalten müssen. Später muß ich dann für diese falsche Sicherheit zahlen, aber der Umstand, daß ich bei der Aufführung eines Werks dem Publikum nicht direkt konfrontiert bin, macht mich wagemutig. Ich habe einen Hund, der ist genauso. Wenn ich dabei bin, ist er heldenhaft aggressiv – er ist ein winziger Dackel, aber dann traut er sich an die größte Dänische Dogge heran. Doch sobald ich weggehe, kriegt er es mit der Angst, er rast zu mir zurück und verkriecht sich zwischen meinen Beinen.

Was mich betrifft, so spielen die Umstände, unter denen ich mich dem Publikum exhibiere, gar keine Rolle. Wichtig ist nur, daß ich mich exhibiere. Dieser Schwäche gebe ich hier um so lieber nach, als ich von den ständigen Fragen meiner jungen Kollegen gedrängt werde, für die alles, was vor dem Tonfilm liegt, so entfernt und geheimnisvoll zu sein scheint wie die Wanderung der Gletscher in prähistorischer Zeit. Wir Vorfahren haben in ihren Augen eine ähnliche Bedeutung, wie die modernen Künstler sie den Höhlenzeichnungen von Lascaux beimessen. Der Vergleich ist schmeichelhaft und schenkt uns das befriedigende Empfinden, daß wir unser Zelluloid nicht vergeudet haben.

Besuch im Kaufhaus Dufayel

Die große Liebe läßt sich nicht planen. Wir haben nach der Frau nicht gesucht, die unser Leben dann völlig verändert. Eine Mitschülerin wollten wir erobern. Übrigens, ein Mann erobert nie eine Frau. Es ist die Frau, die den Mann ihrer Wahl erobert. Ihre Taktik besteht darin, den zukünftigen Gefährten glauben zu machen, er habe die Initiative ergriffen. Später, im Verlauf des Ehelebens, kehrt sich die Situation um. Die Frau läßt sich besitzen, sie übernimmt die Neigungen des Mannes, auch seine Manien. Sie ist wirklich Adams Rippe. Deshalb haben auch die Trennungen für die Frauen tragischere Folgen als für die Männer, die trotz aller Gesetze im wesentlichen polygam bleiben.

Mein erster Kontakt mit dem Kino ergab sich im Jahr 1897. Ich war gerade zwei Jahre alt. Meine Mutter wollte einen Fichtenholzschrank für Gabrielles Zimmer kaufen. Gabrielle, Renoirs späteres Modell, stammte aus Essoyes, einem Dorf in Burgund, an der Grenze zur Champagne. Sie war eine Kusine meiner Mutter. Bei meiner Geburt war sie zu uns gezogen, um uns zu »helfen«. Diese Hilfe bestand vor allem darin, mich zu beaufsichtigen und spazieren zu führen. Gabrielle war sechzehn.

Ich konnte ohne »Bibon« nicht mehr auskommen. Das war der Spitzname, mit dem ich Gabrielle bedacht hatte. Er rührte aus meinen vergeblichen Versuchen, »Gabrielle« korrekt auszusprechen. Über die erste Silbe war ich nie hinausgekommen. Nach dem »Ga« verhedderte ich mich, und daraus wurde »Gabibon«. Danach fiel dann das »Ga« unter den Tisch, und Gabrielle war zu »Bibon« geworden. Sieben Jahre später sollte mein kleiner Bruder Claude das Werk der Vereinfachung vollenden, und Gabrielle wurde zu »Ga«.

Das Ziel des Ausflugs war das Kaufhaus Dufayel. Ich wiederhole nur, was Gabrielle mir erzählt hat, nachdem sie gegen Ende ihres Lebens zu mir nach Hollywood gezogen war. Meine Erinnerungen reichen jedoch weit genug zurück, daß ich mich entsinne, wie damals die Welt für mich in zwei Teile zerfiel. Meine Mutter stand für den lästigen Teil: die Suppe essen, aufs Klo gehen, in den »tub« steigen, die Zinkwanne für die morgendlichen Waschungen; und Bibon für alles, was Spaß machte: den Spaziergang im Park und die Spiele im Sandhaufen. Vor allem trug sie mich – was meine Mutter kategorisch ablehnte, während Gabrielle erst glücklich war, wenn sie die Last meines jungen Körpers schleppte. Ich war ein verwöhntes Baby. Das Familienleben umgab mich mit einer schützenden Mauer, deren Innenseite wie mit Watte ausgepolstert war. Außerhalb der Mauer trieben sich gefährliche Gestalten herum. Ich hätte mich ihnen gern angeschlossen und wäre selbst gern furchterregend gewesen. Leider hatte die Natur mich zum Schisser gemacht. Sobald ich nur einen Riß in der schützenden Mauer spürte, brüllte ich los.

Zunächst ließ unser Ausflug sich gut an. Die Straßen wirkten friedlich. Weit und breit keine Bösewichter, die Kinder stehlen, wenn sie ihrer Mutter weggelaufen sind. Am Eingang vom Dufayel fragte uns ein Herr, dessen Haupt eine betreßte Mütze krönte, ob wir das »Kino« sehen wollten. Seine Mütze ähnelte der, die zur Uniform des Heiligkreuzkollegs gehörte, in dessen Internat mein Bruder Pierre, der spätere Schauspieler, geschickt worden war, um zu Hause für meine einnehmende kleine Person Platz zu schaffen. Ein Mann, den eine solche Mütze schmückte, gehörte bestimmt auf die Seite der »Guten«, die für den Schutz des kleinen Stückchens Welt sorgten, das allein für mich zählte. So fühlte ich mich relativ sicher und erlaubte Bibon, mich in den Saal zu bringen, in dem die Vorführung stattfand.

Das Kaufhaus Dufayel gehörte zur Avantgarde des Fortschritts. Es hatte als erstes die Ratenzahlung eingeführt. Das Gebäude aus echten Bruchsteinen, mit einem riesigen Glasdach, durch das Licht auf Buffets in imitiertem Henri-II-Stil fiel, vermittelte denen, die das Glück hatten, in diesen Tempel der Serienmöbel eintreten zu dürfen, einen Eindruck von unerschütterlicher Solidität. Das Kino mit freiem Eintritt war eine weitere gewagte Neuerung von Dufayel. Gabrielles Beschreibung ist übrigens lakonisch und ohne viel Drumherum. Wir saßen kaum, da wurde es schon dunkel. Eine furchterregende Maschine sandte einen Lichtstrahl aus, der die Dunkelheit gefährlich durchdrang. Auf der Leinwand erschienen mir unverständliche Bilder. Das Ganze wurde begleitet von Klavierspiel und außerdem von einer Art Hämmern, das von der Teufelsmaschine kam. Ich stieß mein obligatorisches Gebrüll aus und mußte hinausgeschafft werden. Ich ahnte nicht, daß dieses rhythmische Geräusch des Malteserkreuzes für mich später die lieblichste Musik der Welt werden sollte. Damals erkannte ich nicht die Notwendigkeit dieses so wesentlichen Bestandteils von Kamera und Projektor, ohne den es das Kino nicht gäbe.

Meine erste Begegnung mit dem Idol war also ein absoluter Mißerfolg. Gabrielle bedauerte, daß wir nicht geblieben waren. Der Film zeigte einen mächtigen Fluß, und in einer Ecke der Leinwand glaubte sie ein Krokodil bemerkt zu haben.

Das Kleid für mein Kamel

In der Kategorie »unausstehliches Baby« brachte ich es so weit, daß ich mich, wenn Gabrielle mich auf dem Arm hatte, nicht anfassen ließ. Es war, als versuche ein ansteckender Bazillus in mein Gebiet einzufallen. Erschreckt schaute ich den Eindringling an und brüllte: »A tou Dan«, was hieß »Il a osé toucher Jean«, er hat es gewagt, Jean anzufassen.

Mit unerträglicher Eifersucht wachte ich über meine derart abgeschirmte kleine Welt, in der ich unter viel Krach heranwuchs und aus der ich alles Fremde verbannte. Natürlich mußte ich zulassen, daß der Metzgerjunge mit dem viereckigen Korb auf dem Kopf eindrang, der Kohlenmann, der das Brennholz brachte, der, wie sich's gehörte, weiß gekleidete Milchmann und der Bäckerjunge, der jeden Morgen die noch warmen Croissants brachte. Auf der Straße ließ ich mir die Gegenwart der fliegenden Händler noch gefallen: Sie waren ein Bestandteil meines Königreichs. Ich kann mich noch erinnern, wie sie ihre Waren anpriesen. »Kleiderhändler«, rief mit tönender Stimme der Tandler. »Du mouron pour les petits oiseaux«, Futter für die kleinen Vögel, sang der Vogelfuttermann, der sich bei einem Zugunglück eine gespaltene Zunge geholt hatte. Darum hatte sich sein Ruf in »Du mou'on pou' les petits oi'eaux« verwandelt. Diese Sprache hatte direkt etwas zu tun mit »A tou Dan« und erschien mir als die einzig zivilisierte Sprache. Der Lumpenhändler, der mit einer hohlen Stimme »Lumpen, Eisen zu verkaufen« modulierte, hatte ebenfalls Bürgerrecht in Bibons Welt, und auch der Kressemann: »Gute Brunnenkresse – Gesundheit für den Körper.« Sie waren zugelassen für die Dauer ihres kurzen Auftritts, nur durfte es ihnen nicht einfallen, das Wort an mich zu richten. »O, was für ein hübsches Baby«, sagte die Wäscherin. Als Antwort auf ihre Liebenswürdigkeit trampelte ich mit den Füßen.

Mein Vater malte gern mein Haar. Diese Vorliebe für meine goldenen Locken, die mir bis auf die Schultern herabfielen, stürzte mich in Verzweiflung. Mit sechs Jahren hielten mich viele trotz meiner Hosen für ein Mädchen. Auf der Straße verhöhnten mich die Buben mit anzüglichen Witzen, sie nannten mich Mademoiselle und fragten, wo ich meine Röcke gelassen hätte. Ungeduldig erwartete ich den ersten Schultag im Heiligkreuz-Kolleg, in dem eine dem bürgerlichen Ideal gemäßere Haartracht vorgeschrieben war. Zu meinem großen Bedauern zögerte mein Vater das Datum meines Schuleintritts, der für mich den glücklichen Verlust dieses Kopfschmucks bedeutete, ständig hinaus. Renoir hatte nämlich obendrein einen Horror vor »Bildung«. Das ging so weit, daß er es ganz in Ordnung fand, wenn die Schüler über die Schulmauer kletterten und das Weite suchten. Die Qualität der Luft schien ihm wichtiger als die der Mathematiklehrer. Seine Skepsis aller Schulerziehung gegenüber drückte sich aus in dem Satz: »In den protestantischen Kollegs wird man schwul, bei den Katholiken wird mehr masturbiert, das ist mir dann schon lieber.«

An einem Morgen wie jedem anderen erklärte mein Vater, er wolle ein Porträt von mir machen. Ich protestierte. Ich behauptete, das Bein täte mir weh, und zum Beweis hinkte ich auffällig. Mein Vater hatte sich in den Kopf gesetzt, mich zu malen, und jedermann im Haus bemühte sich, seine Absicht zu unterstützen und mich zu überreden. Plötzlich hatte Gabrielle eine Idee. Ich besaß ein Kamel, das ich abgöttisch liebte, natürlich kein richtiges, sondern ein Spielzeugkamel, handgroß, und es kam nicht aus Afrika, sondern aus dem Kramladen in der rue d'Amsterdam gleich beim Gare Saint-Lazare. Als ich für einen Moment mein Jammern unterbrach, schlug Gabrielle vor: »Du solltest deinem Kamel ein Kleid nähen. Es wird kalt, bald kommt der Winter. Dein Kamel braucht unbedingt ein Kleid.« Ich war von der Idee begeistert. Ich setzte mich der Staffelei meines Vaters gegenüber und fing an zu nähen. Renoir, der einen Horror vor scharfen und spitzen Gegenständen hatte, war einen Moment lang irritiert. Er begann zu malen und sagte immer wieder: »Du fällst in eine Nadel, die sticht dir das Auge aus, und du bist blind fürs ganze Leben.« Aber mein Haar zeigte an jenem Morgen besondere Reflexe, die ihn interessierten; jedenfalls vergaß er schnell die gefährlichen Nadeln und verlor sich in seinen Dialog mit dem Motiv. Während er seinen Pinsel in einem Glas mit Benzin auswusch, murmelte er vor sich hin: »Gold.« Ich merkte, er meinte mein Haar, und langsam siegte mein Stolz darauf, mit Gold geschmückt zu sein, über die Unannehmlichkeiten des Modellsitzens. Dabei war ich noch gut dran, verglichen mit den Kindern und Frauen anderer Maler. Renoir verlangte keine absolute Unbeweglichkeit. Heute scheint mir, er fürchtete sie sogar.

Magagnosc

Die Bilder meines Vaters, die die Wände unserer Wohnung bedeckten, gehörten für mich zu den Dingen, die mein kleines Leben ganz notwendig umgaben. Undenkbar, daß sie nicht dagewesen wären. Als meine Mutter mich einmal zu einem Besuch bei einem Sammler mitnahm, war ich schockiert, als ich die Bilder, die ich zu Hause gesehen hatte, auf fremdem Territorium ausgestellt sah.

Im Königreich meines Vaters, das zugleich das meiner Mutter und Bibons war, waren diese Blumensträuße, diese Akte, diese Landschaften ebenso an ihrem Platz wie die Türknäufe, der Schirmständer im Flur, die Thonet-Stühle aus Rohr und die Öllampe – mein Vater fürchtete nämlich das leicht entflammbare Petroleum.

Wie hatten die Gefährten dieses Paradies verlassen können? Es mußte sich um einen Diebstahl handeln. Dieser distinguierte Herr mit seinem parfümierten Kinnbärtchen, der angeblich für sein Porträt posierte, war vielleicht das Haupt einer Bande von Übeltätern. Diese Bilder waren Teil meines Königreichs, sie von unseren Wänden zu entfernen, das konnte etwa ebenso fürchterliche Konsequenzen haben, wie wenn man das Frittierbecken gestohlen hätte, in dem die »Bäckerin«, ein Modell meines Vaters, ihre wundervollen Kartoffeln zubereitete.

Die »Bäckerin« gehörte zur Familie. Sie war gar keine Bäckerin. Ihre intimen Beziehungen zu einem Jungen, der bei einem Bäcker in der Nähe arbeitete und den völlig esoterischen Spitznamen »Tai-Tai« trug, hatten ihr ihren Spitznamen eingetragen; den Ursprung seines Pseudonyms kannte niemand. Der Tai-Tai machte sich gern nützlich. Wenn seine Arbeit in der Bäckerei beendet war, stellte er sich bei uns ein und machte sich ein Vergnügen daraus, mit Hand anzulegen: Gemüse zu putzen, Schlösser zu ölen, Teppiche zu klopfen. Währenddessen kümmerte sich die Bäckerin um ihre Fritten. Im Haus meines Vaters gab es keine Spezialisten, und wir fanden es normal, daß ein Modell die Kartoffeln briet. Üblicherweise spielt das Frittierbecken kaum eine Rolle in der künstlerischen Entwicklung eines Kindes. Bei mir war das anders.

Ich betrachtete die Bilder meines Vaters nicht, aber ich spürte ihre Gegenwart. Ich wußte: wenn sie nicht mehr um mich herum wären, würde das irgendeine Sintflut, ein Erdbeben, eine Überschwemmung, einen Heuschreckenregen hervorrufen, ja sogar das Verschwinden meines Vaters, meiner Mutter und Gabrielles. Dieser Gedanke ließ mich erstarren, und es kam vor, daß ich zitternd hinter der Eingangstür auf die Rückkehr eines der drei wartete.

Wenn die Türglocke ertönte, bekam ich einen meiner üblichen Wutanfälle. Waren meine Verteidiger da, war ich sofort wieder ekelhaft. Eine Minute zuvor, allein und verlassen, hatte ich vor Angst gezittert. Ich bin ein geborener Schisser.

Das Königreich meines Vaters war an keinen Ort gebunden. Die Suche nach einem anderen Licht brachte Renoir dazu, oft den Wohnsitz zu wechseln. Ich war abwechselnd ein kleiner Burgunder mit rollendem »r«, ein kehlig sprechender Pariser und ein Südfranzose mit tönenden Exklamationen.

Ein Rahmen, der mich erheblich beeinflußt hat, war die Villa in der Nähe von Grasse, die mein Vater im Winter 1900 gemietet hatte. Der Besitzer dieses Hauses war ein leidenschaftlicher Liebhaber tropischer Pflanzen. Den Garten hätte der Zöllner Rousseau entworfen haben können. Von da bis zur Vorstellung, daß Löwen, Tiger und Schlangen ihn bevölkerten, war nur ein Schritt. Ich hatte schon öfter eine grüne Eidechse bemerkt, die von der Feuchtigkeit des Gartens angezogen wurde. Hundertfach vergrößert, gab dieses unschuldige Reptil ein recht beachtliches Krokodil für meine Träume ab. Gabrielle war begeistert: ihre große Leidenschaft waren die Löwen, und wo es Krokodile gibt, können auch Löwen sein. Ich gewöhnte mich so sehr an die Gesellschaft von »Kroko« – so hatten wir die Eidechse genannt –, daß ich anfing, Reptilien zu sammeln. Der Sohn des Hausbesitzers, der schreinerte, hatte mir für meine Sammlung von Eidechsen, Blindschleichen und Salamandern einen Glaskäfig gemacht. Die Tiere schliefen mit mir im Zimmer, und eins von ihnen trug ich immer unter meinem Hemd versteckt.

Das führte zu einem peinlichen Vorfall, den ich nie vergessen habe. Wir saßen im Zug auf der Rückreise nach Paris, Gabrielle, mein Vater, meine Mutter und ich. In Saint-Raphaël setzte sich eine besonders magere Engländerin zu uns ins Abteil. Sie starrte dauernd auf mein goldblondes Haar. »So ein hübsches kleines Mädchen! Diese schönen Haare!«, sagte sie mit einem starken Akzent. Diese Bekundung von Bewunderung ließ einen meiner berühmten Wutanfälle in mir hochsteigen, und ich versuchte, mich zu beruhigen, indem ich mir immer wieder sagte: Ich bin ein Junge ... Ich bin ein Junge ... Eine Eidechse, die ich mit nach Paris nehmen wollte, steckte den Kopf aus ihrem Versteck, einer Matrosenjacke, auf die ich besonders stolz war – denn bei der Marine gibt es keine Mädchen. Als die Engländerin sie bemerkte, stieß sie einen gellenden Schrei aus. Renoir versuchte, sie zu beruhigen, aber vergeblich. Sie stürzte auf den Flur und kam mit dem Schaffner zurück. Der Beamte ließ sich das Tier aushändigen. Grob nahm er es mir aus der Hand. So eine Eidechse hat eine sehr empfindliche Haut, und ein derber Griff muß ihr wehtun. Brutal warf der Schaffner meinen kleinen Gefährten zum Fenster hinaus. Die Engländerin setzte sich beruhigt in ihre Ecke, beachtete mein Schluchzen nicht und begann in der Bibel zu lesen.

Die Zeit in der Villa von Grasse war traumhaft für mich. Doch leider nur von kurzer Dauer. Für die Beine meines Vaters, die damals die ersten Lähmungserscheinungen zeigten, gab es da zu viele Treppen. Der Aufenthalt hat sich tief in meine Erinnerung eingeprägt, nicht nur wegen der Eidechsen, sondern auch wegen des Kaninchens Jeannot. Das Kaninchen Jeannot war ein echtes Kaninchen. Wegen meiner Bitte und meiner Versprechungen, keine Wutanfälle mehr zu bekommen, war es dem Schicksal entgangen, zu Hasenpfeffer verarbeitet zu werden. Es wohnte in einer Kiste im Eßzimmer. Täglich führten wir es zu einem Spaziergang in die Berge aus. Wir setzten es auf den Boden und bildeten einen Kreis ringsherum. Der Kreis bestand aus meinem Vater, meiner Mutter, Gabrielle, der Köchin, dem Gärtner und dem Sohn des Hausbesitzers, von dem Gabrielle behauptete, er mache einer Nachbarin den Hof. Eines Tages überraschte ich die Verliebten im Geräteschuppen des Gärtners, sie lagen aufeinander und stöhnten, als ob sie krank seien. Ich war sehr erschrocken und machte, daß ich wegkam. Kurz darauf fand ich die beiden in der Küche bei einem Glas Wein. Ich traute mich nicht zu fragen, ob es ihnen wieder besser ginge, aber diese Erfahrung ließ mich eine ganze Welt erahnen, die ich bis dahin nie wahrgenommen hatte. Den Hof zu machen, das bedeutete für mich Handküsse und das

Rezitieren von Gedichten. Das war für mich die erste Entdeckung der Nichtigkeit äußerer Erscheinung.

Unsere Villa war an einen Hang gebaut. Damit die Küche auf der Höhe der Straße war, war sie im zweiten Stock untergebracht. Diese Anordnung war von besonderem Interesse für die Zugehfrau Antoinette, die auf diese Weise leicht zu ihrem Geliebten kommen konnte, einem prächtigen Unteroffizier bei den Gebirgsjägern. Manchmal nahm mich der schöne Unteroffizier zu seinem Zug zum Essen mit. Er setzte mir seine Mütze auf, und ich durfte sein Gewehr anfassen. Das war für mich die größte Ehre: Napoleon, der einen seiner Grenadiere freundschaftlich ins Ohr kneift. Ein Jahr später entdeckte ich Anlässe zur Begeisterung, die diese Euphorie noch übertrafen. Ich denke an meine spätere Leidenschaft für die Soldaten des Kaiserreichs und die Musketiere.

Dieses Gefühl der Bewunderung, das zu definieren mir nie ganz gelungen ist, äußert sich wie eine Ekstase, die Kehle ist wie zugeschnürt, die Gesichtsmuskeln spannen sich. Es ist, als würde mein Adamsapfel sich aufblähen bis zur Größe einer Melone. Es ist etwas eher Physisches als Psychisches. Es ist, als würde der Gegenstand meiner Bewunderung mich hypnotisieren. Auf dem Höhepunkt dieser Empfindung bin ich nicht mehr ich selbst, sondern die Verkörperung eines anderen in meiner irdischen Hülle. Ich war wirklich ein Unteroffizier der Gebirgsjäger, ausgezeichnet mit einem Kolonialorden, und echter Ruhm strahlte aus von meiner kleinen Person. Darüber vergaß ich meine langen Haare. Und dabei haßte ich sie so, daß mir die Tränen kommen konnten. Mein Vater malte sie gern, und bis dahin hatten sie all meinen Angriffen widerstanden. Am liebsten hätte ich eine Glatze gehabt!

Ich war ständig hin- und hergerissen zwischen den widersprüchlichsten Gefühlen. Mein Verhältnis zu Menschen begann immer mit einem gehässigen Mißtrauen. Zuerst sah ich alle Fehler einschließlich der physischen Defekte. Zu Beginn unserer Beziehungen hatte Raymond Aubert, der Sohn des Kneipenbesitzers aus dem Ort, eine zu schmale Nase, auch seine Lippen waren zu schmal und die Augen zu klein, und sein ganzes Gesicht drückte

Boshaftigkeit aus. Seine riesigen Hände waren Mörderhände. Wegen seiner Plattfüße hatte er einen unschönen Gang. Das war mein erster Eindruck. Es bedurfte Gabrielles ganzer Überredungskunst, damit ich dem Jungen widerwillig erlaubte, meine elektrische Eisenbahn anzufassen. Er war fünfzehn, ich war sechs, und er behandelte mich als kleinen Jungen. Eins allerdings sprach für ihn: er machte nie eine Bemerkung über meine Haare. Nach einigen Tagen verlor Raymonds Nase ihre Schmalheit, sein Mund wurde normal. Und nach einer Bekanntschaft von drei Wochen war er die männliche Schönheit in Person.

Raymond Aubert repräsentierte in meinen Augen das Äußerste an Luxus. Seine Eltern, seine Geschwister, sein Haus waren für mich Symbole grenzenlosen Reichtums. Sein Großvater war der Besitzer des Café des Amis in Magagnosc. In dem bescheidenen Lokal versammelten sich abends die Liebhaber von Pernod und Chambéry-Fraisette. Magagnosc ist der Name eines Nachbardorfes von Grasse. Damals waren die Bewohner Kleinbauern, deren Frauen in den Parfümfabriken arbeiteten. Dagegen war das Viertel in Grasse, in dem unsere Villa stand, ein Reichenviertel, ein Viertel ohne Läden, ohne Bauern, ohne Einheimische. Seine Wohnpaläste wurden von Fremden gemietet, die ihre Zeit mit unverständlichen Ausflügen und so seltsamen Spielen wie Tennis verbrachten. In Magagnosc spielte man Boule und ritt vor allem auf Eseln. In Grasse gab es schon ein paar Autos. Mein Vater behauptete, sie verpesteten die Luft des Viertels. Wenn eins vorbeifuhr, schrie Raymond Aubert: »Das stinkt! Was zu trinken!« Bis heute habe ich den Sinn dieses Ausrufs nicht verstanden.

Mitten in Magagnosc, nicht weit vom Café Aubert, war ein Bauernhaus zu mieten. Mein Vater entschloß sich, es zu mieten. Hier befand sich Renoir mitten zwischen wirklich lebendigen Wesen, unter Leuten, deren Lebensunterhalt direkt mit ihrem Beruf in Verbindung stand. Weshalb ist eigentlich das gesellschaftliche Leben in den bürgerlichen Milieus so eintönig? Weshalb ist ein Weinbauer oder ein Stuhlflechter interessant, und warum ist ihr Nachbar, der Notar, so langweilig? So ein Notar ist viel gebildeter als ein Stuhlflechter. Er ist gereist, hat andere Länder gesehen. Was er sagt, müßte die Welt widerspiegeln. Diese Frage habe ich mir oft gestellt. Mein Vater stellte sie sich nicht. Man sah ihn oft vor dem Café des Amis sitzen und den Geschichten der Nachbarn zuhören, die Spuren von Meltau in ihrem Weinberg entdeckt hatten oder deren Enkelin zur ersten Heiligen Kommunion gegangen war.

Manchmal spielte ich mit den Jungen aus der Nachbarschaft. Einer von ihnen fragte mich: »Du, rauchst du?« Ich antwortete, wobei ich mich für besonders witzig hielt, ich rauche Schokoladenzigaretten. »Du bist vielleicht ein Scheißer«, sagte er darauf.

Raymond spielte Klarinette. Sein Vater besaß ein Dreirad. Wenn sein Vater guter Laune war, erlaubte er ihm, eine Tour mit dem seltsamen Gefährt zu machen, das damals in Frankreich noch häufig zu finden war. Die »kleine Königin« – so nannten die Franzosen das Fahrrad – sollte es ein für allemal verdrängen. Manchmal erlaubte Monsieur Aubert mir, mich am Sattel des Dreirads festzuhalten, und ließ mich eine Runde mitfahren. Ich hätte nicht mit Rothschild tauschen mögen.

Ich kannte alle Besucher des Cafés und alle Mitglieder der Familie Aubert. Das Café des Amis, von dessen Terrasse aus man die ganze Hauptstraße überblicken konnte, der Hund Médor, die Tante Nanette, deren Schmortopf mein Vater besonders schätzte, alle Einzelheiten dieser friedlichen Welt zusammen bewirkten, daß ich mich hier zuhause fühlte. Als meine Mutter mich zum Schulanfang nach Paris zurückbrachte, war ich ganz und gar untröstlich. Ich ahnte nicht, wie berechtigt meine Trauer war.

Der Frieden von Magagnosc, das Dreirad des alten Aubert, der langsame und bedächtige Gang der Bauern, all das würde ich nie wieder sehen. Niemand würde es wiedersehen. Die Welt hat sich ein für allemal verändert. Eins ist sicher: der Abendfriede hat diese Welt, in der unnütze Betriebsamkeit an der Tagesordnung zu sein scheint, verlassen.

Kasperle

Ich war etwa fünf, als ich durch Gabrielle das Kasperletheater entdeckte. Ich wurde ein begeisterter Anhänger dieser Schauspielform. In meiner Begeisterung war ich jedoch ausgesprochen wählerisch. Das Kasperle der Champs-Elysées mochte ich nicht, seine Figuren waren in schimmernde Seide gekleidet, sie waren mir zu weibisch und elegant. Zu der Zeit hegte ich die Hoffnung, ein Grenadier Napoleons zu werden. Ich besaß mehrere solcher Grenadiere – aus Zinn, versteht sich. Ich nannte sie meine »Soltats t'l'Empire«. Gott allein weiß, weshalb ich hier die »d«s durch »t«s ersetzte. Wahrscheinlich kam mir das »t« männlicher vor.

Mein Pate war Georges Durand-Ruel, der Sohn des großen Kunsthändlers, dessen Name so eng mit der Geschichte des Impressionismus verbunden ist. Ich kann mich an meinen Wutanfall erinnern, als er mir einmal zu Weihnachten einen fast lebensgroßen Hanswurst schenkte, der in glänzenden Satin gekleidet war. In meiner Vorstellung war das ein Stoff, der nur zu Mädchen paßte. Vor allem die Bänder haßte ich.

Im Gegensatz zum Kasperletheater der Champs-Elysées zog mich das der Tuilerien durch seine fahlgrauen Dekors an, durch die sich Figuren bewegten, die in stumpfen Farben gekleidet waren. Wenn ich versuche, in meiner Erinnerung eine unvermittelte Vorstellung dieses Theaters wachzurufen, verbindet sich sein Stil mit dem von Bildern Braques oder Chardins. Noch heute, wenn ich durch Lyon komme, bringen mich die Quais der Saône mit ihren strengen Häusern, ihren grauen Fassaden und den regelmäßigen Einbuchtungen ihrer Fenster zurück zum geliebten Kasperletheater meiner Jugend. Hätte diese Stadt der Welt nichts anderes gegeben als das Lyonnaiser Kasperletheater, so wäre sie allein deshalb wert, in die Nachwelt einzugehen.

Kasperle, im achtzehnten Jahrhundert geboren, war wie ein Handwerker seiner Zeit gekleidet: er hatte einen grauen Rock an und trug die Haare in einem schwarzen Cadogan zurückgenommen. Mademoiselle Henriette kleidete sich unauffällig. Man fragt sich, wie sie so überhaupt die Leidenschaften des »Doktors«, des »Hausbesitzers«, des »Gendarmen« und anderer Personen erwecken konnte, die alle pausenlos von Kasperles Stock verdroschen wurden.

Der köstlichste Augenblick für mich war kurz bevor der Vorhang sich hob. Man hatte den Eindruck, die Falten zitterten zum Klang des Akkordeons, der aus den Kulissen drang. Dann hörte man drei Schläge, wie in der Comédie Française. Gabrielle behauptet, ich sei so aufgeregt gewesen, daß ich manchmal das Heben des Vorhangs damit begrüßte, daß ich mir in die Hose pinkelte. Ich will das gern glauben: noch heute erregt mich das Warten vor einem Theatervorhang, wenn das Schauspiel gut zu werden verspricht, intensiv. Mein Vater gestand mir, daß er das gleiche Gefühl während der Ouvertüre zu »Don Giovanni« von Mozart empfand. Ich für mein Teil weiß, daß diese Empfindung ein todsicheres Anzeichen für ein Meisterwerk ist. Das Werk, das für mich hinsichtlich dieses diuretischen Effekts an der Spitze liegt, ist Strawinskys »Petrouchka«.

Das Kasperle war zweifellos entscheidend für die Entwicklung meiner bildlichen Vorstellung. Das der Tuilerien vom Ende des vergangenen Jahrhunderts hat mir die Furcht vor brutalen Kontrasten vermittelt. Zu Beginn meiner kinematographischen Karriere habe ich diese Kontraste übertrieben. Das war ein Fehler. Das war nicht meine Art Kino. Das Kasperletheater hat mir auch den Geschmack an naiven Geschichten vermittelt und ein tiefes Mißtrauen gegen das, was man gemeinhin Psychologie nennt.

Ich war etwa neun, als meine zweite Begegnung mit dem Kino stattfand. Ich besuchte die Schule Sainte-Marie de Monceau. Der Leiter der Schule lud uns jeden Sonntag zu einer Vorführung ein. Sie fand im Sprechzimmer statt, dessen Läden geschlossen wurden, damit die notwendige Dunkelheit herrschte. Der Vorführer war ein schnauzbärtiger Herr in einem langen, grauen Kittel. Auf dem Kopf trug er eine Melone, die wie festgeschraubt wirkte. Ohne dieses Attribut konnte man ihn sich gar nicht vorstellen. Er postierte seinen Apparat an der einen Seite des Zimmers, an der anderen spannte er seine weiße Leinwand auf. Der Musiklehrer, eine »Lavallière« um den Hals geschlungen, bediente das Klavier. Ich kann mich nicht mehr erinnern, zu welchem Orden die Patres gehörten, die an Sainte-Marie unterrichteten, aber sie zeigten in der Auswahl ihrer Programme einen Geschmack, der den der Surrealisten um ein Dritteljahrhundert vorwegnahm.

Der Teil der Vorführungen, den wir immer mit der größten Ungeduld erwarteten, war ein Kurzfilm, dargestellt von einer komischen Figur namens Automaboul. Automaboul trug ein Ziegenfell, dessen Haare gestärkt waren, so daß er aussah wie ein Igel. Sein Gesicht verschwand hinter einer riesigen Brille, und auf dem Kopf saß eine prächtige Mütze. Die Filme ähnelten einander sehr, aber uns wurde es nie zuviel. Automaboul kam in die Einstellung, wo ein verrückt zusammengebasteltes Auto schon wartete. Vergeblich versuchte er, es abfahren zu lassen. Das Auto war immer erst dann bereit loszufahren, wenn er völlig ermattet den Kampf schon aufgegeben hatte. Seine Versuche wurden begleitet von verschiedenen Explosionen, vom Zittern des Motors, von Rückwärtsfahrten, wenn er vorwärts wollte, und umgekehrt. Diese Effekte trugen um so mehr dazu bei, Automaboul in einer Märchenwelt anzusiedeln, als der Film natürlich stumm war und die wildesten Explosionen nur durch Rauch und Flammen dargestellt wurden, die aus dem Gefährt schossen. Ich weiß nicht, ob Automaboul mich heute genauso hinreißen würde wie in der Zeit meiner Kindheit. Aber einer meiner nie verwirklichten Wünsche, als ich selbst zu filmen begann, war es, Kurzfilme zu drehen, die auf technischen Gags basierten. Das Leben ist ein Gewebe aus nicht erfüllten Erwartungen. Einige Kollegen, die ich bewundere und beneide, haben diesen Traum materialisiert, so René Clair und Mack Sennett.

Die Musketiere

Zu den »Soltaten tes Kaiserreichs« kamen die Musketiere. Ich war etwa zehn, als ich Alexandre Dumas entdeckte. Ich entdecke ihn immer noch. Die Musketiere rehabilitierten die langen Haare: d'Artagnan kann man sich nicht mit Bürstenschnitt vorstellen.

Die Musketiere waren nicht nur eine Sache der Haare. Vor allem war das eine Ehrensache. Ich traute mich nicht, es laut zu sagen, aber stillschweigend sagte ich mir: »Ich habe Ehre.« Ich strich durch die Straßen unseres Viertels, auf der Suche nach verfolgten Waisen, nach Reisenden, die von Banditen angegriffen wurden, die ich mit gewaltigen Säbelhieben in die Flucht trieb. Ich sagte mir im stillen immer wieder einen Satz von Gauthier d'Aulnay vor, dem Helden aus dem »Turm von Nesle«, einem Melodram von Alexandre Dumas. Während er sich einer Bande von Strolchen entgegenstellte, rief er aus: »Zehn Bösewichter gegen einen Edelmann, das sind fünf zuviel!« Soviel zum Äußeren, einem Äußeren aus Heroismus und großen Gesten. Im Inneren, nicht weit weg von der Oberfläche, blieb ich ein vollkommener Schisser. Knallereien stürzten mich in fürchterlichen Schrecken. Am 14. Juli flüchtete ich vor den Knallfröschen der Buben und verschanzte mich im Refugium meines gut verschlossenen Zimmers.

Es war Gabrielle, die mich in die Religion des Melodrams einweihte. Aus den eleganten Theatern war diese Form des Schauspiels durch das psychologische Drama verdrängt worden. O Freud, wie viele Verbrechen werden in deinem Namen begangen! Vertrieben aus dem Vaudeville, dem Gymnase, dem Renaissance, dem Porte Saint-Martin usw., entlockte das Melodram des Boulevard du Crime den Zuschauern der wenigen Theater, die ihm treu geblieben waren, weiterhin Ströme von Tränen. Zu diesen Theatern gehörte das Théâtre Montmartre, das inzwischen intellektualisiert und zum Théâtre de l'Atelier geworden ist. Es lag gleich neben der Wohnung meiner Eltern. »Boulevard du Crime« nannte man den Teil der Grands Boulevards, der dort lag, wo sich heute die Place de la République befindet. Auf einem halben Kilometer reihten sich fast alle Pariser Theater aneinander. Die beliebtesten Schauspiele waren blutrünstige Melodramen – daher der Name »Boulevard des Verbrechens«.

Unter den Stücken, die am meisten Eindruck auf mich machten, muß ich nennen: »Der Bucklige«, »Heinrich III. und sein Hof«, »Der Turm von Nesle«, »Die beiden Waisen«, »Die beiden Rotznasen«, »Der Sohn des Teufels oder Die drei roten Männer« und vor allem »Jack Sheppard oder Die Nebelritter«. Dieses Stück habe ich mit Gabrielle zusammen sicher ein halbes Dutzend mal gesehen. Bei folgendem Szenenschluß riß uns das Riesengelächter des ganzen Saals jedesmal von neuem hin. Jack Sheppard ist von Kinderräubern aufgezogen worden, und das einzige, was er im Leben gelernt hat, ist der Taschendiebstahl. Die Wechselfälle der Handlung hatten ihn Aufnahme finden lassen bei einer ehrenwerten alten Dame, die voll der besten Absichten war. Eines Tages schickte sie ihn zum Einkaufen. Bepackt mit den leckersten Dingen kam er zurück. Als er der alten Dame das Wechselgeld zurückgab, merkte sie, daß es mehr war, als sie ihm gegeben hatte. Begeisterung im Publikum, Gabrielle und mich inbegriffen.

Die Dekors von »Jack Sheppard« beeindruckten mich durch ihre romantische Unwirklichkeit, vor allem die der Themse-Ufer: Nebeleffekte wurden durch Schleier hervorgerufen, die vom Schnürboden fielen. Kostüme und Requisiten waren, wie die Dekors, Teile eines Ganzen und gehörten, zusammen mit den Schauspielern, zu einer eindeutig falschen Welt, die aber das für jedes Kunstwerk unabdingbare Kennzeichen besaß, nämlich Einheit. Heute ist mir klar, daß die offensichtliche Wirkung, die dieses Melodram auf das Publikum hatte, vor allem aus dem Dialog kam. Ich zitiere einen der Sätze, der mich am meisten bewegte. Er ist aus den »Zwei Waisen«. Eine der Waisen wird gefangen gehalten von einer Familie von gewissenlosen Bösewichtern, von diesen armen Teufeln, deren Funktion im romantischen Theater darin besteht, das absolut Böse darzustellen. Sie morden, arbeiten nicht, betteln und leben von üblen Streichen. Nur vergewaltigen sie nicht, denn das romantische Theater war rein: die Infamie sexueller Ausschweifung war den Grands Seigneurs aus der Zeit vor der Revolution vorbehalten, aber auch noch diese Verräter waren Ausnahmen ihrer Klasse. In der »Familie« des Waisenkindes gab es zwei Brüder: der eine bitterböse; er schlägt sie und gibt ihr nichts zu essen; der andere, ein Krüppel, ist wahnsinnig in die Waise verliebt und bereit, sein Leben für sie herzugeben. Der böse Bruder bedroht das junge Mädchen, der gute Bruder greift nach einem riesigen Küchenmesser und bedroht den anderen, der zurückweicht und dabei sagt – das ist nun mein Zitat –: »Du traust dich nicht!« Darauf wendet sich der gute Bruder zum Publikum und ruft es direkt zum Zeugen auf: »Er kennt das Geheimnis meiner Seele und fragt sich noch, ob ich mich traue!« Bei dieser mit vibrierender Stimme vorgebrachten Äußerung verhielt der Saal einen Augenblick unter dem Eindruck der starken Gefühlsbewegung in atemlosem Schweigen. Dann brach ein Sturm des Beifalls los.

Wir sind hier weit von allem Realismus entfernt, und diese Art, das Publikum direkt ins Stück einzubeziehen, nahm die Kühnheiten der modernen Inszenierung vorweg. Nun gab es damals noch keinen Regisseur. Ein routinierter Schauspieler gab seinen Kollegen Ratschläge, wies sie auf die Effekte hin, die sie ausspielen mußten, und zeigte, wo sie sich hinzustellen hatten, um ein bißchen Licht abzubekommen. Das wurde übrigens mit einer kindlichen Einfachheit geregelt. Von der Rampe und von Gaslaternen hinter den Kulissenstützen kam der größte Teil der Beleuchtung. Die kleinen Scheinwerfer für die einzelnen Schauspieler kannte man noch nicht. Es gab praktisch weder Effekte noch Kontraste. Was uns heute als farbloses Grau in Grau erschiene, genügte den Anhängern dieser Art von Schauspiel voll und ganz.

Die Schöngeister halten dieses Theater für »falsch«. Sie haben es durch ein sogenanntes »wahres« Theater ersetzt, das meiner Meinung nach genauso falsch ist, wie es das romantische war.

Godefers Schuhe

Die meisten Menschen gliedern ihr Leben nach allgemeinen Ereignissen. »Das war in dem Jahr, in dem Lindbergh den Atlantik überquerte.« »Das war im Jahr der Weltausstellung.« »Das war in dem Jahr, als der Tonfilm aufkam.« Ich katalogisiere mein Leben nach meinen Freunden. Jeder Abschnitt meines Lebens wurde von der Gestalt eines Freundes beherrscht.

Ich spreche nicht von meinem Vater und meiner Mutter. Ihr Einfluß hat sich trotz aller Schule, aller Konventionen und des ganzen Gebäudes von Lügen, das uns umgibt, mitgeteilt. Ich spreche auch nicht von Gabrielle, der lieben Bibon, die für mich das Kriterium des Guten schlechthin war. »Vaterland« bedeutete für mich die Versammlung aller Gabrielles. Das Schöne war für mich ihr festes Gesicht, das ich auf den Bildern meines Vaters noch fester finde, als es im Leben war.

Dann gab es Godefer. Jeden Sommer waren wir in Essoyes zusammen. Sein Vater war Tagelöhner. Er war sehr arm. Godefer wohnte mit ungefähr einem Dutzend Geschwistern in einer alten Lehmhütte. Von Zeit zu Zeit steckten die Gendarmen ihre Nasen hinein und erklärten, sie würden nun aus Gründen der Hygiene die Tür der Bude zunageln.

Godefers ganzer Wunsch war, einmal ein Paar Schuhe anzuziehen. Nicht einmal, eins zu besitzen – nein, nur ein paar Stunden lang das stolze Gefühl zu genießen, ein »Reicher« zu sein. Er sagte zu mir: »Frag doch mal deinen Vater, der hat was für mich übrig.« Ich versuchte, ihm zu erklären, daß reich zu sein nicht notwendigerweise heiße, in Banknoten zu schwimmen. »Wenn du ein richtiger Reicher bist«, erklärte mir Godefer, »dann hast du auch Geld.« »Ich habe aber keins«, antwortete ich ihm. »Wenn du kein Geld hast, dann hast du jedenfalls Kleingeld.« Ich gab mich geschlagen.

In unserem Verhältnis war ich der Nehmende. Er machte mir

viele Geschenke, und ich gab ihm nichts. Zum Beispiel hatte Godefer mir beigebracht, wie man eine Schleuder zum Scheibeneinschießen macht. Mein Sinn für Eigentum ließ mich allein die elterlichen Fenster zur Zielscheibe nehmen. Er hat mir beigebracht, wie man unbemerkt über einen Zaun springt und wie man Hühner im Hühnerhof stiehlt. Ich muß zugeben, daß mein Lehrer in diesem Fach einen totalen Mißerfolg zu verzeichnen hatte.

Eines Tages brachte ich ihm, um nicht immer zurückzustehen, ein Paar nagelneue Schuhe mit, die meine Mutter mir gerade gekauft hatte. Ich hatte sie noch nicht getragen. Unverzüglich führte Godefer sie auf den Kirchplatz aus. Die braven Bürger hatten ihn schnell so weit, daß er sie seinem wahren Eigentümer zurückerstattete. »Und überhaupt«, kommentierten die Dorfbewohner, »von den Schuhen würden ihm nur die Füße wehtun.« Diese Geschichte trug mir in der Gegend den Ruf ein, ein bißchen seltsam zu sein, zu den Sonderlingen zu gehören, so wie Clampin der Spanner, Bourdaloue der Trommler und P'tit Duc der Süßwasserwilderer.

Mit Godefer sprach ich im Dialekt der Gegend, einer robusten Sprache, die die Jungen von heute nicht mehr verstehen. Ein Satz dieses Dialekts hat sich mir unauslöschlich eingeprägt. Godefer verabredete sich mit mir: »Valton. En bas les bouchots.« In verständlichem Französisch: »Vers le tronc, au pied des saules« – beim Baumstamm, unten an den Weiden.

Godefer kannte sich aus mit den Hechten des Flusses. Er kannte auch ihre geheimen Wege und die Trichter aus wallenden Gräsern, auf deren Grund ihnen die kleinen Fische direkt ins Maul fielen. P'tit Duc der Wilderer, nächst Gott der Herr des Flusses, ließ sich Godefers Konkurrenz gefallen, wofür dieser ihm, zur Erhaltung des guten Verhältnisses, von Zeit zu Zeit den Ort für einen guten Fang verriet. In aller Frühe kam Godefer vorbei, um mich abzuholen, er pfiff drei Mal und wartete unten auf der Straße auf mich. Wir gingen zum Fluß hinunter. Wir nahmen einen der vertäuten Nachen – es gab kein Schloß, das Godefer nicht zu öffnen verstand. Dann legten wir uns auf den flachen Boden des

Jean Renoir in seiner Wohnung Avenue Frochot, Paris

Die Mutter, um 1912

Der junge Jean

Mit Gabrielle

Jean Renoir mit seinem Vater; 1915, auf Heimaturlaub nach einer Kriegsverletzung

Pierre Braunberger

Jacques Becker

Marcel Pagnol

Paul Cézanne,
Sohn des Malers

Fahrzeugs, das wir in die Strömung gleiten ließen. Das war so himmlisch wie der Vorhang beim Kasperletheater.

Gabrielle wußte von diesen Ausflügen. Sie war nicht damit einverstanden. Sie hatte Angst, ich könnte ertrinken. Eines Morgens wurde sie von Godefers Pfiffen geweckt, möglicherweise waren sie durchdringender gewesen als üblich. Ohne einen Rock überzuziehen, lief sie zur Haustür. Sie spektakelte im Nachthemd und versuchte, die beiden Forscher zurückzuhalten. Dann sagte sie meiner Mutter Bescheid, die darauf eine Tracht Prügel verordnete. Man holte uns ein. Godefer wurde nach Hause geschickt. Ich habe ihn nie wiedergesehen. Meine Mutter war freigiebig, und der alte Godefer wollte nicht, daß diese Quelle der Mildtätigkeit für ihn versiegte.

Ein Schauspieler namens Charlot

Das Ereignis, das die Franzosen meiner Generation am meisten beeinflußt hat, ist der Erste Weltkrieg. Es ist fraglich, ob die westliche Zivilisation den gegenwärtigen Wahnsinn überdauert. Aber wenn unsere Gattung nicht vollständig verschwindet und wenn es in einigen hundert Jahren noch Historiker gibt, könnten sie die Darstellung unserer Geschichte in zwei Teile gliedern: vor 1914 und danach. Für mich bezeichnet dieser Krieg ein beachtliches Abrücken vom Einfluß der »Musketiere« und der »Soltaten tes Kaiserreichs«. Mein Bruch mit diesen Symbolen war übrigens nur vorübergehend. Ich muß gestehen, ich habe ihn noch immer nicht ganz vollzogen. Was mich betrifft, so führte mich dieser Krieg ein in den Kult des Menschen um seiner selbst willen, des ganz nackten, seines romantischen Arsenals entkleideten Menschen. In der Schule der totalen Unbequemlichkeit, der nassen Füße, der kalten

Suppen und des seltenen Schlafs merkt man, daß unsere gesellschaftlichen Werte ziemlich wenig Wert haben. Man hat schnell begriffen, daß ein weiches Bett nach einem Beefsteak mit pommes frites mehr mit der Wirklichkeit zu tun hat als ein Bankkonto. Das Vaterland, die nationale Ehre – alles ganz gut und schön, aber für den, der unten im Schützengraben schmort, ist das alles nichts gegen ein Paar trockene Schuhe.

Die Freunde, die ich während des Krieges hatte, trugen weder den Musketierssäbel an der Seite noch die Bärenfellmütze der Grenadiere Napoleons auf dem Kopf. Ihre Sprache war einfach und ohne die Emphase, die bei den Journalisten in der Etappe im Schwange war. In den Schützengräben habe ich das Wort »poilu« genausowenig gehört wie das Wort »boche«. Dagegen hörte ich häufig den Ausdruck »bonhomme«, Mann: »Drei Mann werden gebraucht, um dem Koch zu helfen.« Warum dieses Bestehen auf dem einzelnen, frage ich mich. Die Deutschen hatten wir damals »Fritz« getauft, daraus wurden schließlich die »Fridolins«.

Meinen Aufenthalt in den Schützengräben beendete eine deutsche Kugel. Die Wunde, die sie meinem Bein zufügte, sollte große Konsequenzen haben: ich habe mich nie von ihr erholt. Mein ganzes Leben lang sollte ich hinken, doch paradoxerweise betrachte ich das als einen Vorteil: Ein Hinkender sieht das Leben nicht aus derselben Perspektive wie einer, der nicht hinkt. Aber ich inszenierte mit meinen Beinen ebenso wie mit meinem Kopf, und so haben die Folgen dieser Wunde, die nie geheilt ist, vor vier Jahren, als ich 75 war, eine Karriere unterbrochen, die meinem Empfinden nach gerade erst begann.

Nach einigen Umwegen landete ich in einer Bomberstaffel, wo ich mit einem außerordentlichen jungen Mann Freundschaft schloß. Er war der Sohn des berühmten Professors Richet, des Nobelpreisträgers und Entdeckers der Anaphylaxie. Meine Staffelkameraden und ich bewunderten den Professor Richet blind. Keiner von uns wußte, was Anaphylaxie war.

Als Richet von einem Urlaub zurückkam, erzählte er mir: »Mein Vater hat mich in einen Film mitgenommen, den ein phantastischer Schauspieler gedreht hat. Er behauptet, es sei das beste Schauspiel, das er seit Jahren gesehen habe. Er stellt diesen Schauspieler über Sarah Bernhardt, über Lucien Guitry und andere Sterne. Der Schauspieler heißt Charlot.« Und Richet erklärte dann, dieser Charlot führe die dramatische Kunst auf eine heute vergessene Einfachheit zurück, indem er nur die grundlegenden Gefühle ins Spiel brächte: Angst, Hunger, Neid, Freude, Traurigkeit.

Als ich Urlaub bekam, fuhr ich nach Paris, in der Absicht, mir einen Film von Charlot anzusehen. Ich ging zunächst meinem älteren Bruder Pierre guten Tag sagen, den ich seit Ausbruch des Krieges nicht mehr gesehen hatte. Eine deutsche Kugel hatte ihm den Arm zerschmettert, woraufhin er entlassen worden war. Der Professor Gosset, ein genialer Chirurg, versuchte, ihm durch die Verpflanzung von Knochen aus anderen Körperteilen den partiellen Gebrauch seiner rechten Hand wieder zu ermöglichen. Pierre war ein Märtyrer. Er beklagte sich nie. Er hoffte, dank Gossets Können seinen Beruf als Schauspieler wieder ausüben zu können. In der Tat baute man ihm später eine besondere Armstütze. Er wußte, bei welchen Bewegungen man seinen Armschaden sehen konnte, und vermied sie.

Er war verheiratet mit der Schauspielerin Véra Sergine. Ich hatte meinen Mantel und mein Képi noch nicht abgelegt, da fragte Pierre schon: »Hast du Charlot gesehen?« Ich sagte ihm, was der Professor Richet über ihn dachte. »Das wundert mich nicht«, sagte er, »Größe zieht Größe an.« Und wir schauten uns zusammen, in einem kleinen Kino der Ternes-Gegend, einen Kurzfilm an. Ich war mehr als begeistert. Ich war überwältigt. Charlie Chaplins Genie hatte sich mir offenbart.

»Charlot« war der Name, den die Franzosen Charlie Chaplin gegeben hatten. Jahrelang sollte ich den wirklichen Namen meines Idols nicht kennen. Ein schottischer Offizier, den ich in einem Urlauberzug traf, klärte mich über Charlies Identität auf. Durch ihn lernte ich auch den Whisky seines Landes kennen. Beide Entdeckungen verschafften mir ein gleich großes Vergnügen.

Nach Beendigung meines Urlaubs kehrte ich zu meiner Staffel zurück, wo ich erfuhr, daß ich auf meinen Wunsch hin zur Fliegerschule von Ambérieu versetzt worden war, um an einem Pilotenlehrgang teilzunehmen. Bis dahin war ich Beobachter gewesen. Das hatte mir überhaupt keinen Spaß gemacht. Alles Mechanische interessierte mich außerordentlich, und von jemand anderem in den Lüften herumkutschiert zu werden, das war für mich, als hätte man mich vor ein Spielzeug gesetzt und mir verboten, es anzufassen. Ein Spielzeug ist nur dann interessant, wenn man es auseinandernehmen darf.

Nach entsprechender Ausbildung meldete ich mich zum Pilotenexamen, wurde aber zurückgestellt: ich wog fünf Kilo zuviel. Ich verordnete mir eine Hungerkur von einer Woche, die mir um so schwerer fiel, als ich gern gut esse; außer gutem Essen liebte ich auch meinen Wein. Diese finstere Woche habe ich bis heute nicht vergessen. Mein Heroismus wurde belohnt, und mit Billigung der Waage bekam ich meinen Pilotenschein. Am Abend des Examens stopfte ich mich mit Sauerkraut voll, das ich mit elsässischem Wein begoß. Ich wurde einer Aufklärerstaffel zugeteilt, bis eine unangenehme Fehllandung meiner Fliegerkarriere ein Ende setzte. Die französische Luftwaffe verlor an mir nichts: ich war kein guter Pilot.

Nach verschiedenen provisorischen Verwendungen schickte man mich in die Heimat zurück. Meine neuen Aufgaben hielten mich in Paris fest und ließen mir viel freie Zeit. Die Erinnerung an Charlie hatte mich nicht verlassen. Immer wieder schaute ich mir alle seine Filme an, die in Paris auftauchten, und meine Begeisterung ließ nicht nach. Ich fing an, mich für andere Filme zu interessieren. Ich wurde ein leidenschaftlicher Kinofan. Charlie Chaplin hatte mich bekehrt. Ich brachte es bis auf drei lange Filme pro Tag, zwei Vorstellungen am Nachmittag und eine Abendvorstellung. Wegen meiner Beinverletzung konnte ich keine langen Wege machen. Das Kino war genau das richtige für mich.

Manchmal, nachmittags, war das Kino ganz leer. Ich kann mich noch sehr gut erinnern an eine Vorstellung in einem Kino an den

Grands Boulevards, das Parisiana hieß. Der Saal war ein beliebtes Konzertcafé gewesen. Stars wie Spinelli hatten auf seiner Bühne gestanden. Ich wollte da einen amerikanischen Film sehen, der mich interessierte. Die französischen Filme mied ich, ich fand sie zu intellektuell. Ich war allein im Saal, jedenfalls glaubte ich es. Der Film lief ein paar Minuten, als ich den Eindruck hatte, jemand säße da, nicht weit von mir entfernt. Dabei konnte ich trotz des Halbdunkels genau sehen, daß ich der einzige Besucher war. Ich stand auf, entschlossen, das Geheimnis zu lüften. In dem Film, der lief, ging es um den Geist einer ermordeten Dame. Der Geist verfolgte seine Mörder mit seinen Erscheinungen. Auch wenn sie sich in die unwahrscheinlichsten Verstecke verkrochen: todsicher spürte der Geist sie auf. Ich war schon ein wenig darauf gefaßt, irgendeinem Wesen aus dem Jenseits zu begegnen. Statt dessen geriet ich an eine dicke Ratte, die sich gemütlich auf einem Sitz niedergelassen hatte und sich die Vorstellung ansah. Sie hatte große Angst vor mir und flüchtete. Ich kehrte zu meinem Geist zurück.

D. W. Griffith

Die Periode meiner Einführung ins Kino liegt vor der Begegnung mit Catherine Hessling, meiner späteren Frau. Mein Herz war frei und ganz und gar bereit sich hinzugeben. Es gab sich dem Kino hin, als Zuschauer, versteht sich. Ich hätte nie gewagt, mich der Schar der Halbgötter anzuschließen, die die Leinwände aller Kinos der Welt belebten. Ich schwärmte für die Schauspieler und vor allem die Schauspielerinnen. Ich träumte von Pearl White, Mary Pickford, Lillian Gish, Douglas Fairbanks, William Hart. Mir war nicht klar, daß Schauspieler und Schauspielerinnen, Männer wie Frauen, nichts anderes waren als die noch immer lebendige und ungeschlagene Armee der Musketiere und Grenadiere meiner Kindheit. Das gute alte Melodram höhlte heimlich den Boden aus unter den Füßen seiner Bezwinger, der Thesenstücke, der Salonkomödien, des Boulevardtheaters ganz allgemein. Das literarische Theater stand hoch im Kurs, aber die Helden mit Mantel und Degen waren nicht tot und warteten nur auf die Gelegenheit, aus ihren Schlupfwinkeln hervorzukommen. Das amerikanische Kino sollte ihnen diese Gelegenheit bieten. Der Cowboy war ganz einfach die Wiedergeburt des Musketiers seiner Majestät. Mehr noch als seine Neuheit hat dieses Vermächtnis des Boulevard du Crime dem Kinematographen zum Erfolg verholfen.

Schon bald merkte ich, daß es neben dem Talent der Schauspieler und ihrem Äußeren jemand gab, der dem Ganzen die entscheidenden Impulse mitteilte, der die zur Handlung notwendigen Elemente zusammenbrachte, die Dekors auswählte und wahrscheinlich den Schauspielern Ratschläge erteilte. Mein Bruder Pierre erklärte mir, diese Person sei der Regisseur.

Pierre war Theaterschauspieler. Er spielte mit Erfolg in den Produkten jenes Boulevardtheaters, das ich so verabscheute. Er war ein Weiser. Seine Theorie war, ein Schauspieler müsse spielen, auch wenn das Stück nicht nach seinem Geschmack sei. Seine Meinung über den französischen Film ließ sich in wenigen Worten zusammenfassen: den französischen Film gibt es nicht. »Das Kino«, sagte er, »ist nichts für uns. Unsere literarische und künstlerische Mitgift lastet zu schwer auf uns und hindert uns daran, diese Richtung einzuschlagen. Lassen wir das Kino den Amerikanern.« Er schloß: »Das französische Theater ist bürgerlich. Das amerikanische Kino aber ist seinem Wesen nach eine Volkskunst. Ich kann dir sagen, ich beneide meine Kollegen drüben, die für ein Publikum von irischen oder italienischen Einwanderern arbeiten, die kaum lesen können.« Das Publikum vom Boulevard du Crime zu Beginn des 19. Jahrhunderts muß dem amerikanischen Publikum der Stummfilmzeit ähnlich gewesen sein. Es liebte die Helden und hätte sich überhaupt nicht interessiert für unsere realistischen Abbilder des Alltagslebens.

Bald schon bemerkte ich die Unterschiede im Stil der Filme verschiedener Regisseure. Damit begann ein neuer Abschnitt meines Lebens. Mit klopfendem Herzen verfolgte ich, was Griffith machte. Die höchste aller Wonnen war für mich die Großaufnahme. Darüber habe ich meine Meinung nicht geändert. Vor allem die Großaufnahme von Mädchen. Bestimmte Großaufnahmen von Lillian Gish, andere von Mary Pickford, dann von Greta Garbo haben einen festen Platz in meiner Erinnerung. Die Vergrößerung erlaubt es, das Korn der Haut zu erleben. Ein leichtes Zittern der Lippe läßt uns für einen Augenblick teilnehmen am Innenleben der idealen Frau. Ich bin bereit, den langweiligsten Film zu schlukken, bekomme ich nur eine schöne Großaufnahme der geliebten Schauspielerin zu sehen. Meine Begeisterung für die Großaufnahme ist so groß, daß ich gelegentlich in meine Filme eine für die Handlung ganz überflüssige Szene eingebaut habe, nur weil sie mir Gelegenheit zu einer schönen Großaufnahme bot.

Die ersten sah ich in den Filmen von Griffith. Fünfundzwanzig Jahre später sollte ich ihn in Hollywood kennenlernen. Ich stand einem recht gut erhaltenen alten Herrn gegenüber. Da er in ausgezeichneter geistiger und physischer Verfassung war, hatte er kein Verständnis dafür, daß die Studios ihn nicht mehr wollten. Zu der Zeit gaben allein kommerzielle Erwägungen den Ausschlag, und die Industrie konnte mit einem Individualisten wie ihm nichts anfangen. Diese Haltung einer Stadt, die er mit erfunden hatte, kränkte ihn. Seine Filme waren die ersten gewesen, die über den Rahmen eines Kirmesvergnügens hinausgingen. Technisch gesehen, hat er das Kino in gewisser Weise noch einmal erfunden und seine totale Loslösung vom Theater vollzogen.

Dieser Visionär, der eine neue Kunst geschaffen hatte, war verbittert, und ich verstehe ihn gut. Einmal kamen ein paar Hollywoodproduzenten auf die Idee, ihm zu Ehren ein Bankett zu geben. Gegen Ende des Essens wurde er, wie das so üblich ist, gebeten, eine kleine Ansprache zu halten. Er stand auf, schaute einen Augenblick lang auf die mächtigen Herren, die ihn zu der kleinen Feier eingeladen hatten, und sprach die Worte: »Könnte einer von

Ihnen mir fünf Dollar leihen?« Darauf setzte er sich wieder, und das Orchester intonierte eine lustige Weise.

Ich hatte das große Glück, ihn vor seinem Tod oft zu sehen, entweder bei mir zu Hause, wohin er zuweilen zum Essen kam, oder bei Lillian Gish, mit der ihn eine tiefe Freundschaft verband.

Catherine

Glücklich, wer nichts vom Kino versteht und sich damit begnügt, die Filme anderer zu bewundern. Dann hat er seine Ruhe – vorausgesetzt, er hat nie von der verbotenen Frucht gekostet. Das Kino hat mir manche Enttäuschung bereitet und manchen Kummer, aber die Freuden, die ich ihm verdanke, machen alles Elend reichlich wett. Ein zweites Mal würde ich mich wieder fürs Kino entscheiden.

Ich lernte die spätere Catherine Hessling während eines Urlaubs kennen, den ich auf Les Collettes, dem Besitz meiner Eltern in der Nähe von Nizza, verbrachte. Damals hieß sie Dédée. Sie war das letzte Geschenk, das meine Mutter vor ihrem Tod meinem Vater machte. Mein Vater träumte von einem blonden Modell für seine großen »Badenden«. Meine Mutter hatte sich an die Kunstakademie von Nizza gewandt und dort Dédée entdeckt. Dann war sie gestorben, die Ärzte sagten, an Diabetes. Aber ich weiß genau, sie ist gestorben an den Schrecken einer Reise an die Front – ich war schwer verwundet und in ein Lazarett gleich hinter den Linien gebracht worden.

Dédée kam jeden Morgen außer sonntags mit der Tram aus Nizza. Ihr Erscheinen wirkte wie ein Schlag mit dem Zauberstab. Der Tod meiner Mutter hatte das Haus und seine Bewohner in eine düstere Stimmung gestürzt. Meine Mutter war trotz ihrer

Korpulenz die Lebhaftigkeit in Person. Um sie herum wurde alles hell. Zu ihren Lebzeiten war Les Collettes wirklich ein Symbol friedlichen Glücks. Mit ihr war die Fröhlichkeit dahin. Dédées Auftauchen hatte sie wieder zurückgebracht. Dédée liebte meinen Vater über alles, und er ließ es sie vergelten. Morgens platzte sie ins Atelier, wo Renoir schon auf sie wartete. Während sie sich fürs Modellstehen vorbereitete, trällerte sie aus vollem Hals irgendeinen Gassenhauer. Renoir war davon begeistert, er behauptete immer, ein Haus ohne Lieder sei ein Grab. Nach dem Tod meines Vaters heiratete ich Dédée. Unsere gemeinsame Leidenschaft fürs Kino spielte eine wichtige Rolle bei dem Entschluß, uns zusammenzutun. Erst als sie den Entschluß gefaßt hatte zu filmen, dachten wir daran, daß sie ein Pseudonym wählen sollte. Wir entschlossen uns für Catherine Hessling, warum, weiß ich nicht mehr.

Mein Vater hätte gern gesehen, daß ich Keramik machte. Er hatte für meinen kleinen Bruder Claude – den »Coco« der Bilder – und für mich in einem alten Bau nicht weit von unserem Haus eine Werkstatt mit einem Ofen einrichten lassen. Selbstverständlich machte auch Dédée mit. Renoir fand sie sehr begabt und wünschte sich, wir würden zusammen nützliche Gegenstände formen und bemalen. Er mißtraute Berufen, in denen die »Hand« keine Rolle spielte. Er hielt nicht viel von Intellektuellen: »Sie vergiften die Welt. Sie können weder sehen noch hören noch spüren.« Unserem Unternehmen gesellten sich außerdem noch der Maler Albert André und seine Frau Maleck zu. André war für meinen Vater wie ein weiterer Sohn.

Renoir wollte gern, daß wir alles mit unseren eigenen Händen machten. Wir holten den Ton von Feldern, deren Erde uns als besonders fett erschien. Diese Erde vermischten wir mit Sand, den wir vom Ufer eines Bachs besorgten. Und dann das Drehen. Unser Tisch war ein altes Modell, man betätigte ihn mit dem Fuß. Gebrannt wurde in einem Holzofen. Jeder Brennvorgang dauerte etwa zehn Stunden. Nachts, während wir die Innentemperatur des Ofens durch ein kleines Loch in der Tür überwachten, hörten wir Platten und aßen »pissalat«. Das ist eine traditionelle provençalische Speise, die aus in Olivenöl zerstampftem Anchovis besteht. Der Hauptbestandteil dieser Mahlzeiten war das Brot, ein gutes, dunkles Landbrot, und der Wein kam aus unserem eigenen Weinberg.

Nach unserer Heirat lebten Dédée und ich mehrere Jahre auf Les Collettes. Dort wurde unser Sohn Alain geboren. Dort habe ich auch Pierre Champagne kennengelernt. Und dort habe ich den Schriftsteller Basset kennengelernt, der damals in Nizza lebte und dem ich die Entdeckung Dostojewskis verdanke. Dieses sanfte Genie eröffnete mir eine neue Welt. Ich sah Fürst Myschkin an jeder Straßenecke. Bassets ganzes Leben wurde begleitet von Raskolnikow-Zitaten. Er hatte sich selbst, zu Ehren des Helden der »Brüder Karamasow«, den Namen Dimitri zugelegt. Und Gruschenka hatte er seinen kleinen Hund getauft, einen lieben Foxterrier, das vollkommene Bild bürgerlicher Ruhe und völlig unwissend, was der Name, den sein Herr ihm verpaßt hatte, evozierte. Bassets Einfluß auf mich war außerordentlich stark. Er hat mich vertraut gemacht mit Dostojewskischer Größe.

Die Liebe zum Kino führte uns, Dédée und mich, zwangsläufig dazu, ins Filmgeschäft einzusteigen. Dédée war sehr schön, von einer ungewöhnlichen Schönheit. Von allen Seiten sagte man es ihr, und darüber konnte sie schwer hinwegsehen. Fast täglich gingen wir ins Kino und lebten so ganz in der irrealen Welt der amerikanischen Filme. Und außerdem gehörte Dédée demselben Typ von Frauen an wie die »Stars«, deren Erscheinen auf der Leinwand wir verfolgten. Dédée kopierte ihre Art, kleidete sich wie sie. Auf der Straße wurde sie angehalten und gefragt, ob man sie nicht in dem und dem Film gesehen hätte, einem amerikanischen natürlich. Vom französischen Film hielten wir nichts. Und so glaubten wir, Dédée brauche sich nur zu zeigen, und schon würde sie genauso anerkannt wie Gloria Swanson, Mae Murray oder Mary Pickford. Dabei sollte uns mein Freund Pierre Lestringuez helfen, der Schriftsteller war und Beziehungen zum Film hatte. Ich wollte bei diesem Unternehmen ausschließlich die Rolle des Finanziers spielen, eine verhängnisvolle Rolle, wie sich zeigen sollte.

Ich möchte mit allem Nachdruck betonen, daß ich ins Filmgeschäft nur in der Hoffnung eingestiegen bin, aus meiner Frau einen Star zu machen. Ich hatte fest vor, wenn dieses Ziel erreicht wäre, in meine Keramikwerkstatt zurückzukehren. Ich hatte keine Ahnung, daß ich, wenn ich die Finger einmal in dem Räderwerk hätte, sie nie wieder herausbekäme. Wenn man mir damals gesagt hätte, daß ich mein ganzes Geld und meine ganze Energie darauf verwenden würde, Filme zu machen, dann hätte mich das baß erstaunt.

Als die Geschichten, die Lestringuez anbrachte, Catherine nicht zusagten, verfertigte ich selbst eine kleine Geschichte, in der sich meine ganze Bewunderung für die amerikanischen Filme spiegelte. Catherine spielte da die Rolle einer jungen Unschuldigen, die von einem Bösewicht verfolgt wird. Ich hoffe nur, daß keine Spur von diesem kleinen Meisterwerk an Banalität übriggeblieben ist. Albert Dieudonné, der Napoleon aus dem Film von Abel Gance, war bereit, die Regie zu übernehmen. Es wurde ein totaler Mißerfolg. Der Film mit dem stolzen Titel *Catherine* wurde in keinem Kino je gezeigt. Ich hatte keinen künstlerischen Ehrgeiz, aber enttäuscht war ich doch. Ich möchte sofort einräumen, daß Dieudonné sein möglichstes tat, um mich in vernünftigen Grenzen zu halten. Aber niemand ist so taub wie einer, der nicht hören will.

Der Dämon der Regie steckte in mir und wollte sich äußern, ohne daß ich ihm hätte widerstehen können. Ich brauchte es, mich vermittels eigener Produkte auszudrücken, egal ob durch zinnhaltige Steingutvasen oder Filme. Catherine und ich beschlossen, uns in ein neues Abenteuer zu stürzen: Daraus wurde *La Fille de l'Eau*.

Später sollte ich oft voll Heimweh an dieses ruhige Leben unter den großen Olivenbäumen auf Les Collettes denken und an den schönen Geruch des Holzfeuers, der unsere Arbeit begleitete. An mich geschmiegt, betrachtete Dédée die Sterne. Zusammen ließen wir uns hinreißen von der Betrachtung des makellosen Firmaments. In Paris sieht man selten nach den Sternen.

Für Catherine und mich war das Kino ein Ausdrucksmittel, das auf ein eigenes Leben Anspruch hatte. Literatur oder Bühnenwerke zu verbreiten, was die meisten Zuschauer damals für seine Aufgabe hielten, fanden wir seiner unwürdig. In den Filmen aus den Anfängen des französischen Kinos wurde nach meinem Empfinden übertrieben, grimassierend und schmierenhaft gespielt. Natürlich gab es Ausnahmen. Es gab die Filme von Abel Gance, Louis Delluc, dem bewundernswerten Max Linder, es gab die Produktionen von Feuillade, kurz, es gab Meisterwerke. Aber das gängige Kino, das tägliche Brot der Massen, war nur eine Popularisierung des Boulevardtheaters oder des dramatischen Schauspiels vom Schlag des Porte Saint Martin. Catherine und ich träumten davon, in Frankreich ein Kino zu begründen, das frei sein sollte von allen Bindungen an Literatur und Theater. Zugleich hofften wir, einem Spielstil wie dem amerikanischen zum Durchbruch zu verhelfen, der mehr als die französische Spielweise von der Beobachtung der Natur ausging.

Ich sollte im Verlauf meiner Karriere noch entdecken, daß schlechte Schauspielerei weltweit verbreitet ist und daß, wenn Schauspieler Talent haben, dies ebenfalls eine universale Erscheinung ist. Im Verlauf meiner Regieerfahrungen sollte ich ebenfalls entdecken, daß es kein übertriebenes Spiel gibt: ein Schauspieler spielt »falsch«, oder er spielt »richtig«. Wenn er richtig spielt, kann er sich jede Übertreibung erlauben. Oft, wenn mich die Begeisterung über das Spiel eines Schauspielers hinriß, habe ich ihn ermutigt, so weit zu gehen wie nur irgend möglich, ohne sich vorm Überziehen zu fürchten.

Meine Versuche zielten vor allem aufs Visuelle. Catherine Hessling war da für mich genau das Richtige. Sie hätte einen umwerfenden Erfolg haben können, wenn sie nicht zu neuartig gewesen wäre. Das Publikum hat Angst vor dem Neuen. Man muß es mit Vorsicht dahin bringen, das Neue zu schlucken, und dieses unter der Maske des Alltäglichen verstecken. Catherines Spiel war eine Art Pantomime. Sie hatte viele Ballettstunden genommen, und ihr Körper besaß eine professionelle Geschmeidigkeit. Wir stellten uns vor, ihre Art Gefühle auszudrücken müsse mehr mit dem Tanz als mit dem Kino zu tun haben. Ich hatte mir in den Kopf gesetzt – und ich hatte es ihr in den Kopf gesetzt –, daß, weil das Kino auf der ruckweisen Drehung des Malteserkreuzes basierte, man auch abgehackt spielen müsse. Außerdem fand ich, daß die Fotografie der französischen Filme zu weich war. Ich träumte von einem Kino, dessen Fotografie sich auf harte Kontraste stützte. Ich beschränkte schließlich Catherines Make-up auf einen besonders dick aufgetragenen weißen Fond de teint; alle anderen Farben, einschließlich der Rot- und Rosatöne, übersetzte ich in Schwarz. Ihr Mund und ihre Augen waren total schwarz umrandet. Sie wurde dadurch zu einer Art Puppe, einer genialen Puppe, das muß ich sagen, in schwarz und weiß. Ich sagte mir: Wenn das Kino schon schwarzweiß ist, weshalb soll ich dann andere Farben fotografieren?

Während der Aufnahmen zu dem Film *Catherine*, bei dem ich nicht Regisseur, sondern Produzent war, konnte ich es nicht bleiben lassen, ständig in die Regie einzugreifen. Dieudonné mußte eine Engelsgeduld aufbringen, um Catherine und mich nicht hinauszuwerfen. Mit Bachelet, dem zweiten Kameramann, machte ich Versuche. Ich dachte mir, die monströse Vergrößerung von Einzelheiten aus der Natur könne dem Zuschauer dazu verhelfen, in eine Traumwelt einzutauchen.

Mein größter Erfolg in dieser Richtung war die Verwirklichung eines Kindertraumes, die Großaufnahme einer Eidechse, die die ganze Leinwand ausfüllte und so zu einem ungeheuren Krokodil wurde. Wie Sie wissen, hatte ich immer eine Schwäche für Krokodile. Ich habe sie noch heute. Mein Sohn hat diese Leidenschaft, die sicher auf Gabrielle zurückgeht, geerbt. Als er fünf war, erschien er, wenn ich Gäste hatte, mit einer Eidechse in jeder Hand, einer Blindschleiche um den Hals und einem Frosch in den Haaren. Er illustrierte diese Komödie mit folgendem Kommentar: »Ich bin der Freund der Diere.« Das Verwechseln von »d« und »t« ist in unserer Familie erblich. Ich hatte eine Vorliebe fürs »t«. Mein Sohn zieht, wie sich versteht, das »d« vor.

In Wirklichkeit waren meine Vergrößerungen der Versuch, der fotografischen Realität aus dem Weg zu gehen. Das Märchen nahm seinen Platz ein neben dem Musketier und dem »Soltaten tes Kaiserreichs«. Diese Entdeckung sollte mich zu dem bringen, was ich auch heute noch als mein tiefstes Ziel ansehe, zur Suche nach märchenhaften Elementen in einer höchst banalen Alltagswelt.

Auf der Suche nach einer Grammatik

La Fille de l'Eau entstand 1924 aus der bizarren Verbindung von Catherine Hessling und dem Wald von Fontainebleau. In Marlotte besaß ich am Rande des Waldes ein Haus. Catherine und ich entdeckten den Zauber dieser geheimnisvollen Landschaft. Die Bäume des Waldes von Fontainebleau sind zweifellos echte Bäume, dennoch bilden sie einen Dekor von verwirrender Unwirklichkeit. Vor allem die Buchen, die sich mit ihren so geraden Stämmen zur Decke des Waldes ins bläuliche Licht erheben. Man wähnte sich am Grund des Meeres, umgeben von den Masten gesunkener Schiffe.

In diesem Dekor habe ich einen Teil des Traums von *La Fille de l'Eau* gedreht. Eines Tages bemerkte uns eine Gruppe von Spaziergängern, gerade als ich Pierre Champagne mit den Beinen am Ast eines Baumes aufhängte. Einer von ihnen fragte: »Was drehen Sie denn da?« »Das ist ein Traum«, antwortete ich. »Ein Traum!« wunderte sich der Mann. »Aber weshalb machen Sie es dann nicht ›wie im Kino‹?« Die Verwendung realer Mittel bei der Aufnahme eines Traums schien dem guten Mann ganz unverständlich.

Seltsamerweise brachte mich das Geheimnis dieses phantastischen Dekors gerade zu der Einsicht, daß ich andere Mittel überhaupt nicht brauchte. Für einen Regisseur, der sich die Mühe macht, wirklich hinzuschauen, hat alles im Leben eine märchenhafte Seite. Eine Metrostation kann so geheimnisvoll werden wie ein verwunschenes Schloß. Heute glaube ich, die Eigenart der Beziehungen zwischen Autor und Zuschauer besser zu verstehen. Dieser ist dem Autor dankbar, wenn er entdeckt, daß die Treppe seines eigenen Wohnhauses ihn zuweilen in ein Dornröschenschloß führen kann.

La Fille de l'Eau war eine Geschichte ohne jeden literarischen Anspruch. Lestringuez und ich hatten sie geschrieben, um die rein sichtbaren Qualitäten von Catherine Hesslings Erscheinung herauszustellen. Die Magie des Waldes von Fontainebleau half uns dabei. Die Handlung beschäftigte uns nur in zweiter Linie. Sie war nur Vorwand für Einstellungen, die rein visuellen Wert besaßen. Wir richteten uns damit gegen den Standpunkt der Intellektuellen, die dem Sujet den Vorrang geben und den Inhalt für wichtiger halten als das, was ihn enthält. Sie bewundern »Das Floß der Medusa« von Géricault aus verkehrten Gründen. Es ist ein prachtvolles Bild, aber nur wenige sind sich darüber im klaren, daß es so großartig ist wegen seines ausgewogenen Zusammenspiels von Farben und Formen. Seine Aussage ist sekundär. Entscheidend ist, daß der Autor sich in ihm vollkommen ausgedrückt hat, daß er sich dem Sujet in einer Art Überschwenglichkeit hingegeben hat.

Ein Kunstwerk ist dieses Namens nur würdig, wenn es dem Publikum die Möglichkeit gibt, dem Autor zu folgen. »Das Floß der Medusa« zu betrachten, das ist wie eine Unterhaltung mit Géricault. Alles übrige, vor allem die Wiedergabe der Situation, ist Literatur. Mit der Kunst ist es wie mit dem Leben. Man liebt eine Geschichte, weil man ihren Erzähler liebt. Dieselbe Geschichte, von einem anderen erzählt, ist ohne jedes Interesse. André Gide faßt diesen Tatbestand kurz so zusammen: »In der Kunst zählt allein die Form.«

In dem Traum von *La Fille de l'Eau* und später in der *Petite*

Marchande d'Allumettes habe ich mir nichts versagt: Rücklaufaufnahmen, das plötzliche Auftauchen von Personen, ein Pferd, das mit Catherine Hessling durch die Wolken galoppiert, und vor allem Catherines besonders gelungener Sturz durch den Himmelsraum.

Technisch hatte ich diese zuletzt genannten beiden Dinge mit außerordentlich einfachen Mitteln gemacht. Damals machte man Doppelbelichtungen noch nicht im Kopierwerk. Sie entstanden unmittelbar bei der Aufnahme. In den alten Gaumont-Studios auf den Buttes-Chaumont hatte ich aus Leinwand einen Zylinder von etwa zwanzig Metern Durchmesser bauen lassen. Dieser Zylinder war innen ganz schwarz angestrichen, sogar der Boden. Catherine, ganz in Weiß, ritt ein ebenfalls ganz weißes Pferd. So mußte sie vor dem dunklen Hintergrund reiten, so weit davon entfernt, daß es keine Schatten gab. Die Kamera war in der Achse des Zylinders auf einer sich drehenden Plattform installiert und folgte dem Galopp in einem kompletten Panoramaschwenk. Die Aufnahmen wurden in zwei Gängen auf demselben Material gemacht. Erst wurde Catherine mit dem Pferd aufgenommen, und dann, die Kamera immer noch auf dem Drehfuß, nahmen wir auf demselben nicht entwickelten Material einen Wolkenhintergrund auf.

Ebenso leidenschaftlich wie mich selbst interessierten diese Tricks auch das kleine Team, das teilweise aus Amateuren bestand, die ich zu diesem, der »Erneuerung« des französischen Kinos gewidmeten Unternehmen versammelt hatte. Die Jugend schreckt vor nichts zurück. Die Kameraleute Gibory und Bachelet und ein paar Techniker waren Professionelle. Die Schauspieler waren zum größten Teil Freunde. Mein Freund Pierre Champagne besorgte den Transport des Aufnahmematerials. Mimi Champagne, seine Frau, und Catherine Hessling kümmerten sich um die Kostüme.

Ich hatte zu Beginn meiner Kinokarriere ziemlich starre Vorstellungen. Ich sah die Wichtigkeit des Sujets nicht ein. Ich fand es notwendig, aber ich bestritt ihm das Recht, den Verlauf der Erzählung zu beeinflussen. Das Ideal wäre für mich ein Film ohne

Sujet gewesen, der sich ausschließlich auf die Empfindungen des Regisseurs stützte, die durch die Schauspieler dem Publikum vermittelt würden.

Wenn Theaterliebhaber ihre Bewunderung für ein Stück zum Ausdruck bringen wollen, verwenden sie oft den Ausdruck »solide gebaut«. Dieser solide Bau, das ging mir wahnsinnig auf die Nerven. Was für mich zählte, war eine schöne Großaufnahme. Nun brauchte man, damit das Publikum die Großaufnahme auch schluckte, eine Geschichte. Dieser Notwendigkeit unterwarf ich mich, wenn auch widerwillig. Selbstverständlich war ich entschieden dagegen, literarische Meisterwerke auf die Leinwand zu übertragen. Nie würden wir uns darauf einlassen, sagten wir. Ein Säuferschwur.

Ich glaubte an die Improvisation im Atelier und am Drehort, und ich glaube noch immer daran. Das menschliche Vorstellungsvermögen ist auf gefährliche Weise beschränkt. Es neigt dazu, Klischees zu verwenden. Erst der Kontakt mit den Schauspielern, dem Dekor, den Requisiten öffnet einem die Augen für Aspekte, die man nicht geplant hat. Dennoch fürchtete ich mich davor und tue es heute noch, die Natur so wiederzugeben, wie sie ist. Ich glaube, man muß sie mit leidenschaftlicher Intensität betrachten und durch Kameraperspektiven und Beleuchtung den Sinn eines Dekors, einer Landschaft, eines menschlichen Gesichts erweitern.

Ich war fasziniert von der schnellen Montage. In *La Fille de l'Eau* bestehen bestimmte Einstellungen aus nicht mehr als fünf Bildern. Das verdutzte Publikum hat das Gefühl, es bekommt eine Faust aufs Auge. Ich war nicht der einzige, der diese Art Montage praktizierte. Großartig hatte Abel Gance sie in »Napoléon« verwandt. Diese Montageweise lag wohl in der Luft, ebenso wie die deformierende Aufnahme, vor allem aus Untersicht, denn gleichzeitig mit den Russen und ohne sich mit ihnen abzusprechen hatte er sie angewandt. Die schnelle Montage ist nur der Versuch, die Steigerung im Spiel des Schauspielers durch die Steigerung in der Montage zu ersetzen. Indem man in kurzen Stößen die Einstellung eines Schauspielers wiederholt, kann man beim Publikum den

Eindruck von Intensität erzielen. Diese Art von Montage hielt sich nicht lange und blieb beschränkt auf einige sogenannte Avantgarde-Produktionen. Sie ist übrigens nur ein Aspekt des Kampfs des Künstlichen gegen das Natürliche. Nach einem halben Jahrhundert sollte sie im amerikanischen Fernsehen in Varieté-Sendungen wie »Laugh in« eine brillante Wiederbelebung erfahren. Ich verzichtete schon bald auf diese Art Experiment, und heute bin ich der Ansicht, daß die beste Montage die ist, die man nicht sieht. Ich schwärmte für ungewöhnliche Einstellungsperspektiven. Heute glaube ich, daß die beste Perspektive die ist, die durch die Augenhöhe eines menschlichen Wesens von normaler Größe bestimmt wird. Bei Großaufnahmen sollte das Objektiv auf der Höhe sein, die der Position des Auges des Helden entspricht.

Meine Methoden der Schauspielerführung waren den Prinzipien, die ich später anwenden sollte, genau entgegengesetzt. Ich wollte, daß die Darsteller ihre Rolle auf die von Automaten beschränkten und in den Film nur ihre äußere Erscheinung einbrächten. Ich versagte ihnen das Recht auf jede Gefühlsbewegung. Was sie »sich in eine Rolle einfühlen« nannten, war in meinen Augen nur ein Vorwand für Mimerei. Ich werde nie vergessen, wie lächerlich ich mich einmal bei einer Großaufnahme von Catherine aufführte. Entgegen meinen Anweisungen liefen ihr, da sie als echte Schauspielerin von der Situation ergriffen war, ein paar richtige Tränen die Wangen herunter. Ich ließ die Aufnahme abbrechen und schickte sie weg, damit sie sich neu schminkte, und drehte die Einstellung noch einmal mit Glyzerintränen.

Die Kopierarbeit interessiert mich brennend. Gespannt verfolgte ich die verschiedenen Entwicklungsphasen meines Films. Bald hatte ich heraus, daß man mit Projektoren in einer bei trübem Wetter gedrehten Tagszene Nachteffekte von hoher Qualität erreichen konnte. Eben diese Methode verwandte ich dann später bei *La Nuit du Carrefour*. Nach und nach sollte mir die Kamera die Notwendigkeit beibringen, mich dem Gesetz zu unterwerfen, das, angefangen bei Aristoteles, alle Weisen, deren Namen in die Geschichte eingegangen sind, anerkennen: das Gesetz des *juste milieu*. Für die Fotografie läßt es sich leicht darlegen. Das absolute Schwarz ist nur für ganz bestimmte Effekte brauchbar. Und ebenso verhält es sich mit dem absoluten Weiß: ein starkes Licht zerstört alle anderen Lichter.

Ich war der Ansicht, die Welt und vor allem das Kino sei vollgestopft mit falschen Göttern. Und meine Aufgabe sei, sie zu stürzen. Mit gezogenem Säbel sollte ich ihr mein ganzes Leben widmen. Die falschen Götter sind immer noch da. Meine Ausdauer hat während eines halben Jahrhunderts Kino vielleicht dazu beigetragen, ein paar von ihnen vom Sockel zu stoßen. Sie hat mir auch zu der Entdeckung verholfen, daß einige dieser Götter doch wahr waren und es nicht verdienten, entthront zu werden.

Ein falscher Gott, der weiterhin allmächtig ist, ist der sogenannte »gute Geschmack«, der nur der Geschmack am Mittelmäßigen ist. Im Namen des guten Geschmacks tötet die Gesellschaft jeden ungewöhnlichen Versuch. Meine Freunde und ich sprachen uns ganz eindeutig für den schlechten Geschmack aus. Noch andere Ausdrücke brachten uns in Harnisch, zum Beispiel: »das ist übertrieben«. Er verrät nichts als die Verlegenheit des Publikums, wenn es sich einem Werk gegenübersieht, das sein Fassungsvermögen übersteigt.

Der Angst vor der Übertreibung entspricht die blöde Bewunderung für das falsche Natürliche. Lestringuez und ich hatten einen Ausdruck dafür, der auf seine verschiedensten Erscheinungsweisen paßte. Es war das Wort »hostellerie«* – auszusprechen »hossetellerie«. Im Theater ist der Schauspieler, der glaubt, Dialekt sprechen zu müssen, um die Rolle eines Bauern »natürlicher« zu gestalten, »hostellerie«. Der Kellermeister, der im blauen Kittel mit falschem Kellerschlüssel am Hals den Wein in einem imitierten alten Krug serviert, ist »hostellerie«. Eine moderne Burg mit Pechnasen, die sich ein Kaufmann im Ruhestand hat bauen lassen, ist »hostellerie« – meistens sind im Wachtturm die Klos

* Preziöse Verwendung der alten Form des Wortes »hôtellerie«: Wirtshaus, Herberge (A. d. Ü.).

untergebracht. Ein alter, in einen »Bauernhof« umgewandelter Pferdestall mit nachträglich angebrachten auffallenden Balken ist »hostellerie«. Der *yachtsman*, der glaubt, er müsse, wenn er in der Kneipe an der Ecke seinen Aperitif einnimmt, eine Admiralsmütze tragen – und dies vor allem, wenn er gar keine Yacht besitzt –, ist »hostellerie«.

Aber der falsche Gott, der am sichersten in seiner Festung sitzt, der Feind Nummer eins, ist das Klischee. Unter Klischee verstehe ich ein Bild, eine Meinung, einen Gedanken, die sich heimlich an die Stelle der Realität gesetzt haben. Manche Klischees halten sich jahrhundertelang. So zum Beispiel: der gute Greis, die alle Widerstände überwindende Liebe, der treue Diener, militärischer Schneid, der Sinn der Engländer für Humor, die bunt gekleideten Südländer, der Zweck, der die Mittel heiligt. Das Leben lehrt uns aber, daß es bösartige Greise gibt, daß die Liebe oft besiegt wird, daß Diener nicht immer treu sind, daß es absolut feige Militärs gibt, daß viele Engländer absolut humorlos sind, daß die meisten Südländer sich schwarz kleiden, daß es keinen Zweck gibt, der einen Mord rechtfertigt. Und dann füge ich noch hinzu, daß die blonden, parfümierten jungen Kinoschönheiten es nicht entfernt mit den jungen Mädchen aufnehmen können, wie sie in Wirklichkeit sind. Damit sie dem Klischee entsprechen, klatscht man ihnen blonde Lockenperücken an. Ich möchte gern glauben, daß die Verwendung von Klischees niemand täuschen könnte. Aber nein, gespeist mit Lügen, hängt das Publikum an seinen Gewohnheiten und findet Gefallen an der Falschheit einer Welt, die man ihm vorgesetzt hat.

Technische Spiele

Die Schminkweise von Catherine Hessling in unseren ersten Filmen ist ein Beispiel für die Unbeständigkeit meiner Überzeugungen. Dieses Suchen nach übertriebenen Kontrasten, diese Sucht, vom reinsten Schwarz unvermittelt zum strahlendsten Weiß überzugehen, das war an dem Tag vorbei, an dem ich das panchromatische Filmmaterial für mich entdeckte. Ich hatte meine ersten Filme gedreht, ohne zu wissen, daß alle Kameraleute der Welt für Innenaufnahmen orthochromatisches Material verwendeten, das heißt, ein Material fast ohne Nuancen mit reinen Schwarz- und Weißtönen. Sobald man aber die Ateliertür hinter sich schloß und auf der Straße arbeitete, ging man zu nuancenreichem panchromatischem Film über, der die Rots, die Blaus und die Gelbs, alle Farben des Spektrums durch Grautöne von unterschiedlicher Intensität wiedergab. Die Beleuchtung in den Ateliers stammte aus den ersten Anfängen des Kinos und bestand vor allem aus Merkurlampen, die sich für das panchromatische Filmmaterial als ungünstig erwiesen hatten. Aber das Sonnenlicht im Freien war von einer ganz anderen Beschaffenheit, mit ihm konnte man aus diesem Material alle Nuancen herausholen.

Sehr schnell hatte sich mein Geschmack einer nuancierteren Fotografie angepaßt. Ich machte eine komplette Kehrtwendung. Ich erkannte, wie damit Einstellungen von bezaubernder Sanftheit möglich wurden. Leider gab es aber keine elektrische Ausrüstung, die die Verwendung des panchromatischen Materials auch bei Innenaufnahmen erlaubt hätte. Zwei Jahre vergingen, bis ich auf die Idee kam, diese Ausrüstung selbst herzustellen. Jean Tedesco, der Leiter des Avantgardekinos Le Vieux Colombier, fand meine Idee ausgezeichnet und tat sich mit mir für dieses Unternehmen zusammen. Inzwischen hatte ich schon *La Fille de l'Eau*, *Nana*, *Sur un air de Charleston* und *Marquitta* gedreht. Aus Mangel an Mitteln war ich schon davon abgekommen, meine Produktionen selbst zu finanzieren. Raleigh, ein alter Freund, der mir als technischer Berater diente, war Feuer und Flamme für meine Idee. Bachelet, mein erster Kameramann, war ebenfalls ganz begeistert. Das Problem war ziemlich einfach. Bei unseren Versuchen hatte sich erwiesen, daß das panchromatische Material auf Licht aus ganz gewöhnlichen Birnen mit leichter Überspannung reagierte, man brauchte die Birnen nur entsprechend aufzuladen.

Die ausschließliche Verwendung von panchromatischem Material war für mich ein Schritt hin auf die Farbe, die ich zum erstenmal zwanzig Jahre später in *The River* verwenden sollte. Fast zur selben Zeit war den Technikern jenseits des Atlantik diese Notwendigkeit ebenfalls aufgegangen. Es dauerte nicht lange, bis sie auch für Innenaufnahmen panchromatischen Film verwendeten. Plagiat gibt es nicht: Ideen verbreiten sich wie Epidemien. Die scharfen Kontraste des orthochromatischen Materials gehörten nun der Vergangenheit an. Man tat sie zu den Erinnerungen an die Pionierzeit – wie die Zeitrafferaufnahmen, mit denen man komische Effekte erzielte. Diese neue Art der Fotografie, die die Wirklichkeit besser übersetzte, eröffnete einen Weg zu anderen Drehbüchern und zu einem anderen Schauspielstil und damit auch zum Traum der Anhänger des Realismus, dem Tonfilm.

Künstlerische Entdeckungen sind praktisch das direkte Resultat technischer Entdeckungen. Ein Beispiel dafür, das mir als besonders schlagend erscheint, ist in der Malerei die impressionistische Revolution. Vor dem Impressionismus verwandten die Maler Farben in kleinen Töpfen. Diese Behälter waren schwer zu transportieren. Die Farben liefen aus, was die Arbeit außerhalb des Ateliers sehr unpraktisch machte. Als man auf die Idee kam, die Farben in Tuben mit Schraubverschlüssen zu tun, konnten die Künstler der neuen Schule ihre Farben leicht transportieren und direkt nach der Natur malen. Selbstverständlich war die impressionistische Revolution zuerst in den Köpfen der Maler, aber sie hätte sich nicht auf dieselbe Weise geäußert, hätten die Künstler ihre Farben nicht in den Wald von Fontainebleau tragen können. Auch wenn die Verwendung panchromatischen Materials nicht dieselben Auswirkungen wie die der Tubenfarben in der Malerei hatte, bedeutete sie doch für das Kino eine vergleichbare Bereicherung. Die Mehrzahl der Meisterwerke des Films ist auf panchromatischem Material in Schwarzweiß gedreht worden.

Raleigh, mein Helfer in dieser Geschichte, war ein hervorragender Kinotechniker. Er war Engländer und hatte sich auf seine alten Tage in Paris niedergelassen. Er war viel herumgekommen. In Hollywood hatte er die ersten Filme von Mary Pickford und Douglas Fairbanks entwickelt. 1912 vertrat er den American Biograph in Frankreich. Für diesen Apparat brauchte man einen breiteren Filmstreifen als für die Pathé-Apparate. Um den American Biograph ins Geschäft zu bringen, hatte Raleigh sich die Rechte für die Aufnahmen bei dem Boxkampf Jeffries-Johnson besorgt. Das brachte ihm ein kleines Vermögen ein. Kurz vor dem Ersten Weltkrieg drehte er einen Dokumentarfilm über die deutsche und die französische Armee. Dabei teilte er den Filmstreifen durch einen Cash in zwei Teile: die Franzosen bekamen den linken Teil und die Deutschen den rechten. Die Franzosen griffen von links an und schossen nach rechts, die Deutschen griffen von rechts an und schossen nach links.

Der Grund, weshalb Raleigh in Frankreich seßhaft geworden war, hatte mit seinen Ansichten über sexuelle Beziehungen zu tun. »Die Engländer und die Amerikaner«, erklärte er, »verstehen nichts davon. Hier in Paris hat man begriffen.« Er hatte die siebzig schon weit hinter sich, als er sich in dieser Weise äußerte.

Man bot mir an, den Speicher des Vieux Colombier in ein Panchromatikstudio umzuwandeln. Wir machten uns selbst Reflektoren aus Weißblech und die entsprechenden Rheostaten. Den Strom bekamen wir über einen Dynamo, den ein Motor antrieb, der aus einem verunglückten Auto, Modell Farman, stammte. Das Entwicklungslabor hatte Raleigh, der selbst Holzwannen und Rahmen gebastelt hatte, in seiner Küche untergebracht. Den Dekor für die Totalen bauten wir auf der Bühne des Vieux Colombier auf.

Das Resultat war *La Petite Marchande d'Allumettes* (Das Mädchen mit den Schwefelhölzern), ein recht gelungenes Märchenstück mit Catherine Hessling, deren Spiel bewegend und eindrucksvoll war. Sie interpretierte die Andersen-Heldin im Stil einer Tanznummer. Das war ihr ganzer Traum, und ich bin froh, daß ich geholfen habe, ihn zu materialisieren – es war unser letzter gemeinsamer Film, 1928. Die Großaufnahmen, die wir mit unserem Amateurmaterial von ihr machten, sind wirklich prachtvoll.

Zur Zeit von *Marquitta* war ich auf dem Höhepunkt meiner Leidenschaft für technische Neuerungen angelangt. Ich hatte einen Kamerawagen entwickelt, der die Stöße dämpfte, die so schwer zu vermeiden sind, wenn man mit Schienen arbeitet. Den »Zoom« gab es noch nicht. Mein System bestand aus einer Sperrholzbahn. Die Lücken zwischen den Platten waren sorgfältig mit Glaswolle ausgestopft. Die Platten selbst waren gewachst. Die Kamera stand auf einem Wagen, dessen Räder wir durch Kissen ersetzt hatten. Das Ergebnis war mehr als zufriedenstellend. Auf diesem Gleitweg konnte man die Kamera mit der Fingerspitze in Bewegung setzen. Man erzielte die überraschendsten Bewegungen, man brauchte die Rutschbahn nur zu erweitern. Die Kamera konnte plötzlich zur Seite gleiten, sich um sich selbst drehen, sich den Bewegungen eines Schauspielers anpassen. Dieses System, von dem Jean Bachelet begeistert war, wurde von den meisten Kinotechnikern nicht beachtet. Vielleicht lag das an seinem Aussehen, das der technischen Ästhetik der Studiowerkzeuge so wenig entsprach. Außerdem spielte eine Rolle, daß die Studios lieber ihre eigene Ausstattung verwendeten. Und dazu kam, daß die Techniker an die Schienen gewöhnt waren und ihnen unser Stück Polsterer- und Schreinerarbeit lächerlich vorkam.

Ein anderes meiner Lieblingskinder war ein von uns entwickeltes System, das es gestattete, Schauspieler in einen Miniaturdekor hineinzustellen. Ich habe es in *La Petite Marchande d'Allumettes* angewandt. Das Verfahren bestand darin, den Miniaturdekor in einem Spiegel zu fotografieren. Die Schauspieler mußten sich an vorher sorgfältig bestimmte Stellen halten. Diesen Stellen entsprechend wurden Löcher in den Spiegelbelag gekratzt. Durch diese Löcher hindurch sah man die lebensgroßen Schauspieler in einem Miniaturdekor, der sich hinter der Kamera befand und von dem Spiegel vor der Kamera reflektiert wurde. In *Marquitta* zeigte dieser Miniaturdekor die Kreuzung Barbès-Rochechouart mit den Trägern der Metro und Zügen, die über die Brücke fuhren. Selbstverständlich stellte man hinter die Schauspieler ein Stück naturgetreuen Dekor, in dem sich das Stück Miniaturdekor fortsetzte. Die Gefahr bei diesem Verfahren lag darin, daß ein Schauspieler eine Geste machte, die über den natürlichen Dekor hinausging, und er durch den Miniaturdekor plötzlich eines Armes beraubt wurde.

Die Vorbereitung und Ausführung dieses Trickverfahrens verlangte einen solchen Arbeitsaufwand, daß ich mir schwor, das nie wieder zu machen. Überraschenderweise erwiesen sich die technischen Resultate als wirklich gut. Die Schauspieler gingen nicht über die verbotene Grenze hinaus, während über ihnen eine kleine elektrische Eisenbahn den Eindruck hervorrief, daß man sich wirklich am Barbès-Rochechouart befand. Ein anderer Vorteil des Verfahrens war, daß man die Beleuchtungskörper sehr nah an die Schauspieler heranbringen konnte, was ein genaueres und sparsameres Licht ermöglichte. Später erfuhr ich, daß in Deutschland der Kameramann Karl Freund ein entsprechendes System entwickelt hatte, und in Frankreich hatte Abel Gance Versuche in derselben Richtung gemacht. Wie Sie sehen: Plagiat gibt es nicht.

Am meisten Freude hat mir von meinen technischen Erfindungen 1928 die Aufnahme eines Banketts in *Le Tournoi dans la Cité* gemacht. Ich wollte die Gäste eines großen Banketts filmen, ohne dabei die übliche Abfolge von Großaufnahmen zu verwenden. Ich wollte auch keine Kamerafahrt am Tisch entlang machen, die nur eine Reihe wenig attraktiver Rücken präsentiert hätte. Ich ließ den Tisch für das Bankett ganz lang und schmal machen, etwa zwanzig Meter lang und nur einen Meter breit. Darüber ließ ich eine auf vier Fahrradräder montierte Brücke bauen. Die Kamera war mitten unter der Brücke befestigt und wurde bis in die Mitte des Tisches geschoben. Das Objektiv ging eben über die Köpfe der Schauspieler weg. Die Techniker brachten während der Aufnahmen jeweils die Requisiten an, die sonst vom oberen Teil der rollenden Brücke abgeschlagen worden wären. Das Ergebnis war ein Erfolg. Damals waren die Filme noch stumm. Das erlaubte mir, etwas zu machen, was ich verabscheue und heute bestimmt nicht wieder machen würde: während der Aufnahme den Schauspielern Anweisungen zu geben. Ich lernte, daß man den Schauspielern das Leben nicht unnötig schwer machen soll, indem man sie in technische Probleme hineinzieht, die nicht in ihr Ressort fallen.

Die Freundschaft

Ein Element, das zweifellos meinen Werdegang als Filmautor beeinflußt hat, ist das Wasser. Ohne Wasser kann ich mir das Kino nicht vorstellen. Die Bewegung des Films hat etwas Unausweichliches, das an den Lauf von Bächen und das Dahinströmen von Flüssen denken läßt. Das ist allerdings nur die linkische Erklärung einer Empfindung. In Wirklichkeit sind die Bande zwischen dem Kino und dem Fluß weit subtiler und um so stärker, als sie unerklärlich sind. Wenn ich mit Godefer am Boden eines Nachen lag und die Zweige über unsere Gesichter strichen, empfand ich ähnlich wie heute, wenn ich einen Film sehe, der mich bewegt. Ich weiß, daß man nicht gegen den Strom schwimmen kann, aber das Streicheln des Laubs auf meiner Nasenspitze kann ich empfinden, wie ich will. Genau das ist für mich ein guter Film: das Streicheln des Laubs, wenn ich mit einem Freund eine Bootsfahrt mache.

Etwas ähnliches wie Godefers Einfluß auf mein Leben hat es zwanzig Jahre später in der Person Pierre Champagnes noch einmal gegeben. Auch er gehörte zu den Reinen. Pierre Champagne war erst dann glücklich, wenn er für einen anderen da sein konnte. Während der Dreharbeiten zu *La Fille de l'Eau* machte er alles mögliche. Er war mein Assistent, hatte eine Rolle als Schauspieler, war der Fahrer des Teams und half den Kameraleuten die Ausrüstung tragen. Für mich war seine wichtigste Rolle, daß er er selbst war.

Seine Reinheit war gepaart mit einem unfehlbaren Spürsinn. Sein Empfinden für Wahrheit wurde nur noch von seiner Hartnäckigkeit übertroffen. Ein Maulesel – wirklich ein Maulesel. Ein Freund von ihm erzählte mir folgende Geschichte. Seine Braut war nicht die Frau, die der alte Champagne für seinen Sohn vorgesehen hatte. Sie war aus sehr guter Familie, genau das, was man eine gute Partie nennt, aber der alte Champagne hatte schon eine andere Wahl getroffen. Nach einer stürmischen Auseinandersetzung mit seinem Vater trat Pierre Champagne auf den Balkon ihrer Wohnung im fünften Stock und stieg über das Geländer. Er erklärte kühl, er werde hinunterspringen: »Ohne Mimi kann ich sowieso nicht leben, da ist es schon besser, ich mache gleich Schluß. Das vereinfacht das ganze.« Das Schauspiel seines riesigen Körpers, der aus dem fünften Stock über dem Abgrund baumelte, erregte das Interesse der Passanten. In kürzester Zeit gab es einen Auflauf. Frauen schrien vor Aufregung. Eine von ihnen wälzte sich am Boden wie in einem epileptischen Anfall. Der Widerstand gegen Pierre Champagnes Heirat mit Mimi war gebrochen.

Nächst dem Kino waren Autos seine größte Leidenschaft. Pierre Champagne war Besitzer einer Autowerkstatt, und wenn mein alter Napier einer Behandlung bedurfte, wandte ich mich an ihn. Mimi Champagne glich einer hübschen, kleinen braunen Maus. Sie war aus Agen, was ihre Aussprache deutlich verriet. Die sanfte Mimi protestierte unentwegt gegen das ständige Eindringen der Autowerkstatt in ihr Privatleben. Doch vergeblich. Nicht selten passierte es, daß ihr Mann einen Motor auf dem Eßzimmertisch auseinandernahm und sich stundenlang damit amüsierte, mit den Fingern die Ventile in Betrieb zu setzen. »Laß mir wenigstens soviel Platz, daß ich den Tisch decken kann. Die Lammkeule ist bestimmt gleich wieder zu sehr durchgebraten.« Manchmal konnte sie darüber in Tränen ausbrechen. »Du möchtest die Keule immer schön rosa, aber bis du den Tisch abgeräumt hast, ist sie verkohlt.« Pierre Champagne nahm sie in die Arme und räumte Motor und Werkzeug schnell aufs Buffet.

Der Papst der Autoreligion war für ihn Ettore Bugatti. Es kam vor, daß Pierre Champagne bei einem Bugatti stehen blieb und dessen Besitzer ansprach: »Gestatten Sie, Monsieur, ich möchte gern mal die Haube Ihres Wagens aufmachen.« Der verdutzte Mann versuchte zu protestieren. »Aber ... was haben Sie denn mit meinem Wagen vor?« »Ich möchte nur mal hineinsehn.« Er war lang und dünn, mit einer Adlernase. Er glich Don Quijote. Der Autobesitzer lächelte und war zufrieden. Verrückte soll man nicht reizen. Pierre Champagne machte die Haube auf, streichelte den Motor, prüfte den Ölstand, beglückwünschte den Herrn zu seiner fabelhaften Bremse und ging weiter, während der andere beglückt über diese Mitteilung zurückblieb.

Den Sommer verbrachten die Champagnes in ihrem Häuschen an der Garonne. Ich war immer eingeladen und fuhr meistens schon im Mai hin. Ich wollte die richtige Zeit zum Fang der Maifische nicht verpassen, die im Frühjahr in Schwärmen die Flüsse hinauf zu ihren Laichplätzen ziehen. Das waren immer sehr aufregende Unternehmungen. Der Sohn eines Bauern aus der Nachbarschaft hatte ein riesiges Netz, mit dem man den ganzen Flußarm absperren konnte. In einer mondlosen Nacht stiegen wir bis zum Gürtel ins Wasser, um das Netz da aufzuspannen, wo die Maifische flußaufwärts zogen. Von diesen Zügen brachten wir immer eine riesige Menge Fische heim. Dann gingen wir bei allen Freunden in der Umgebung vorbei und schenkten ihnen ein paar schöne Stücke. Dazu ist zu sagen, daß der Maifisch ein besonders feiner Fisch ist. Etwas zuviel Gräten, aber von sehr delikatem Geschmack. Zusätzlich hatten diese Unternehmungen den Geschmack verbotener Früchte. Sie vollzogen sich in allergrößter Heimlichkeit. Die Gendarmen und die Fischhüter paßten auf und überwachten sorgfältig den Fluß. Pierre Champagne kam aus Paris an, und kaum war er aus seinem Auto gestiegen, einem Ford Modell »T«, verfiel er auch schon in die Sprechweise der Gegend. Darauf war er stolz. Schließlich war es der Dialekt von Henri IV. Pierre Champagne ging so weit, dieselben Flüche zu gebrauchen wie der berühmteste aller Béarnaiser, und zierte seine Reden etwa mit einem klangvollen »Ventre d'ânesse« – beim Bauch der Eselin. Ein schlagendes Beispiel für den Einfluß der Umwelt.

Viele wunderten sich, weshalb ich darauf bestand, Pierre Champagne immer wieder als Schauspieler einzusetzen. Man verstand mein Bedürfnis, einen »einfachen« Mann um mich zu haben. Ihn deshalb aber gleich den ehrenwerten Beruf des Schauspielers ausüben zu lassen, schien einigen meiner Freunde denn doch zuviel. In Wahrheit fand ich Pierre Champagne gar nicht so einfach. Seine Menschenkenntnis war einmalig. Er hatte ein einmaliges Gespür für Vulgarität und Noblesse. Selbst war er ein Aristokrat.

Vielleicht hatte Pierre Champagne, weil er Hunde so liebte, sich selbst einige ihrer Eigenschaften angeeignet. Wenn wir über einen Hundebesitzer sprachen, nannte er nie dessen Namen. Er sagte »Macarons Herr« oder »Mirzas Frauchen«. Das Tier bestimmte die Identität seines Besitzers. Dieselbe Eigenart war mir schon bei Gabrielle aufgefallen. Für sie zählten wie für Pierre Champagne die Personalien des Hundes, dann erst kam der Herr.

Nicht nur die Hunde ignorierten in Pierre Champagnes Welt die soziale Hierarchie. Alle Tiere, ja sogar die Pflanzen hatten Anspruch auf gleiche Wertschätzung. Der Lümmel, der einen Obstbaum mißhandelte, um eine Frucht abzureißen, war für ihn ebenso schuldig wie ein Strolch, der eine alte Dame umbrachte, um ihr die Handtasche zu stehlen. Dieser totale Gleichheitsstandpunkt begeisterte mich. Er begeistert mich immer noch, wenn auch leider nur noch in der Erinnerung.

Was Pierre Champagnes schauspielerische Karriere betrifft, so beschränkte sie sich allerdings auf meine Filme. Er war unfähig zur Verstellung, er konnte sich nur verändern. Das war wie mit seinem Gascogner-Dialekt. Die Verwandlung kam bei ihm aus seiner Zuneigung für das, was um ihn herum war. Es war nicht die Maske, die ein Schauspieler aufsetzt, wenn er auf die Bühne tritt. Es war ein Schritt in der Entwicklung eines Individuums unter dem Einfluß seiner Umgebung.

Man mußte Pierre Champagne so nehmen wie er war oder die Finger von ihm lassen. So wie er war, teilte er den Rollen, die er verkörperte, eine unbezweifelbare Authentizität mit. Leider entsprach diese Authentizität nicht den Personen, die er darzustellen glaubte. Er »spielte« nicht. Ob in der Rolle des La Faloise in *Nana*, eines eleganten Snobs, oder der des Justin Crépois in *La Fille de l'Eau*, eines grobschlächtigen Bauern, immer blieb er Pierre Champagne. Diese Unfähigkeit zur Verstellung schadete sicher dem Ablauf der Handlung. Wenn er auf der Leinwand erschien, hatte man den Eindruck, plötzlich in einer ganz anderen Geschichte zu sein. Aber solche Dinge kümmerten mich damals nicht. Ich ignorierte absichtsvoll alle Regeln der dramatischen Kunst. Mir war nur wichtig, Gesichter um ihrer selbst willen wiederzugeben. Und dann liebte Pierre Champagne das Kino fast so sehr wie ich. Diese gemeinsame Leidenschaft war ein mächtiges Band, wie es das zwischen Rauschgiftsüchtigen oder den Neubekehrten einer religiösen Sekte gibt. Da für ihn Kino und Auto abstrakte Leidenschaften bleiben mußten, konkretisierte sie Pierre Champagne in seiner Liebe zu mir. Seine Aufopferungsbereitschaft war grenzenlos.

Ein Vierteljahrhundert später sollte ich in Indien, während der Dreharbeiten zu *The River*, ähnlichen Leidenschaften wiederbegegnen. Vielleicht ist es das, was mich mit diesem Land so tief verbunden hat. Das Wort Freundschaft paßt nicht zu Indien – Liebe wäre richtiger. Man liebt sich, oder man kann sich nicht ausstehen. Die Freundschaft besteht darin, von der Gegenwart eines Freundes zu profitieren, ohne daß ein Wort fällt. Ein Hund sitzt gern neben seinem Herrn, und dabei sagen sie sich nichts. Übrigens gibt es beim Austausch von Gefühlen keine Herren und Diener. Dagegen basieren westliche Freundschaften oft auf einer Art

Tauschhandel. Man liebt seinen Freund, weil er einem im Beruf hilft oder weil er komische Geschichten erzählt oder weil man ihn bewundert. In Indien kann man Leute treffen, die sich ohne jeden Grund lieben. Ein Freund besucht seinen Freund. Leise tritt er in das Zimmer, in dem dieser sich ausruht. Er hockt sich hin und sieht wortlos zu, wie der andere ein paar Stunden seines Lebens verbringt. Dann steht er auf und geht wieder, erquickt durch diesen Besuch.

Der Hund legt sich zum Sterben auf das Grab seines Herrn. Das ist weder Ergebenheit noch Dankbarkeit. Das Fehlen des Herrn hat eine Leere geschaffen, in der er nicht länger atmen kann. Die indische Freundschaft ist mehr als Uneigennützigkeit. Sie ist ein physisches Bedürfnis. Es ist, wie wenn es einen geheimnisvollen Radar gäbe, der zwischen den Wesen, die einander zugetan sind, eine Kommunikation herstellte, die für unsere Mathematikerhirne nicht denkbar ist. Diesen Radar besaß Pierre Champagne. Wir genossen die Gegenwart des anderen, wie man einen Sonnenstrahl im Herbst genießt oder die Brise, die vom Meer her weht.

Das Schicksal sollte meine Trennung von der Amateurzeit mit einem tragischen Zeichen markieren. Als Pierre Champagne nach *Marquitta*, worin er einen Taxifahrer gespielt hatte, endlich seinen Traum verwirklichen und sich einen Bugatti kaufen konnte – Verzeihung, nicht irgendeinen Bugatti, sondern einen vom Typ »Brescia« –, sollte ich ihn als erster mit ihm ausprobieren. In höchstem Tempo jagte er eine der Anhöhen hinauf, die den Wald von Fontainebleau durchziehen. Vor uns hatte ein Auto Öl verloren, der Asphalt war glitschig. Pierre Champagnes Bugatti kam auf dem Ölfleck ins Rutschen, wirbelte um die eigene Achse, und seine beiden Insassen flogen in den Graben. Pierre Champagne fiel auf einen Steinhaufen und war auf der Stelle tot. Ich landete dagegen auf der Grasnarbe und kam auf einem mit Wild bepackten Lieferwagen wieder zu mir. Er gehörte Wilderern, die ihre Jagdbeute in die Pariser Hallen transportierten. Um mich im Hospital abzuliefern, nahmen sie bedenkenlos einen Umweg auf sich, obwohl sie dadurch Gefahr liefen, erwischt zu werden. Ich bin ihnen heute noch dankbar dafür. Außerdem verdanke ich ihnen die Inspiration zu meinem Bühnenstück »Orvet«.

Das genaue Gegenstück zu Pierre Champagne war Pierre Lestringuez, ein vollkommenes Beispiel dessen, was Diderot im achtzehnten Jahrhundert einen »Ehrenmann« nannte. Er war noch mehr als ein Freund aus der Kinderzeit, er war ein Freund von vor der Kinderzeit. Sein Vater und mein Vater kannten sich sehr, sehr gut. Der alte Lestringuez hatte einen Buckel. Mir kam er vor wie die Verkörperung des Teufels. Er gehörte zu einem Zirkel, der sich mit Hexerei befaßte und magische Experimente machte. Er beschrieb seine Erfahrungen mit einer schmetternden Stimme; der Kontrast hob das Mysteriöse seiner Geschichten noch hervor. Oft vergaß man mich über diesen Unterhaltungen in einer Ecke des Ateliers, und ich bekam schreckliche Geschichten zu hören. Renoir war der letzte, der auf Komödien dieser Art etwas gegeben hätte. Er amüsierte sich darüber, und so konnte auch ich beruhigt darüber lachen. Renoirs echt französischer Sinn für Logik hatte nichts mit diesen dämonischen Äußerungen im Sinn. Bestand Lestringuez auf der Echtheit seiner Beziehungen zum Teufel, so provozierte das bei Renoir nur Reflexionen wie: »Das ist alles nichts gegen einen ordentlichen Hintern.« Was übrigens nicht dem entsprach, was mein Vater wirklich dachte.

Der Lestringuez meiner Generation war ein Schriftsteller mit großem Talent. Er war mit Jean Cocteau befreundet und gehörte demselben ausgesuchten Kreis an. Neben seinem Schriftstellertalent besaß er eine Eigenschaft, die ihm sowohl zum Triumph als auch zum Verderben gereichen sollte: Pierre Lestringuez war ein Faun, und das ließ ihm wenig Zeit für seine literarischen Arbeiten. Er sah schon so aus. Er hatte ein tolles Gesicht, das an Porträts von Fragonard oder Boucher erinnerte. Dieses edle und strenge Gesicht war häufig bewegt von einem Ausdruck der Wollust. Ich sah ihn vor mir in einem Tierfell, wie er im Schatten der Säulen eines verfallenen Tempels den Nymphen nachstellte. Man wunderte sich, daß er keinen Pferdefuß hatte. Louis Jouvet sagte von ihm: »Pierre hat nicht den literarischen Erfolg, den er verdient, aber das wird noch kommen, denn Gott hat ihn mit einem Stab der Weisheit ausgestattet.«

Auch mit Jean Giraudoux war Lestringuez befreundet. Wir trafen uns oft in netten Bistros: Pierre Lestringuez, Giraudoux, Louis Jouvet und ich. Dann ging es immer darum, Lestringuez' okkulten Einfluß auf Frauen auszuprobieren. Die Dämonen, die seinen Vater so begeisterten, interessierten ihn überhaupt nicht. Dagegen entfachte die Kommunikation, die ihn mit Angehörigen des schwachen Geschlechts verband, stets von neuem unsere Verblüffung und Bewunderung. Er brauchte kein Wort zu sagen, keine Geste zu machen – sie »wußten sofort Bescheid«. Frauenhelden gehen mit einer anderen Männern unsichtbaren Aureole durchs Leben. Wenn Lestringuez in ein Restaurant kam, so war das wie der Auftritt des Hahns im Hühnerstall. Die Damen begannen zu glucksen, drehten und wanden sich, schmolzen förmlich dahin.

Giraudoux und Jouvet gehören unbedingt in dieses Buch über die Einflüsse. Sie zählen sogar zu den wenigen Vorbildern, die mich direkt beeinflußt haben. Ich habe viel an Giraudoux gedacht, als ich *La Règle du Jeu* schrieb, und an Jouvet, wenn ich sein System der Proben »à l'italienne« praktizierte.

Ein anderer Pierre, der eine entscheidende Rolle in meinen Erfahrungen als Filmmacher gespielt hat, ist Pierre Braunberger, der Mann, der mein »Komplize« bei manchen kinematographischen Abenteuern werden sollte, derselbe, der ein halbes Jahrhundert später eine entscheidende Rolle bei den Anfängen der Nouvelle Vague spielte. In diesem Mann, der vor Ideen platzte, der sich von Projekten aufzehren ließ, der vor Nervosität pausenlos von einem Bein aufs andere hüpfte und auf seinem Löschpapier herumkaute, um seine Ungeduld zu zügeln (einmal hat er sogar einen Scheck aufgegessen), war und ist noch immer von einer heftigen Leidenschaft für das Kino besessen. Ich hätte ihn mir vorstellen können, wie er sich lieber von Löwen zerfleischen ließ als sein Idol preiszugeben. Carl Koch, ein anderer meiner Komplizen, behauptete allen Ernstes, Pierre Braunberger sei eine Wiedergeburt von Harlekin. Das stimmte. Braunberger wäre ein genialer Darsteller in Goldonis Komödien gewesen. Seine Aufgabe in unserer kleinen Gruppe bestand darin, daß er versuchte, meine Filme zu verkaufen. Er war einer der wenigen, die in *La Fille de l'Eau* Qualitäten entdeckten, die bei den Kunden Begeisterung hätten hervorrufen müssen. Leider waren diese Qualitäten rein esoterischer Art, aber vielleicht war es gerade das, was Pierre Braunberger so reizte.

In der Woche, als die Deutschen zur Wahl eines neuen Kanzlers schritten, waren Braunberger und ich in Berlin und versuchten unter größten Mühen, ein Filmgeschäft zustandezubringen. Mein ganzes Leben habe ich damit zugebracht, das für meine Filme notwendige Geld aufzutreiben. Von wenigen Ausnahmen abgesehen, habe ich es nur – und das selten genug – dank des Eingreifens der göttlichen Vorsehung geschafft. Ich bin für das sogenannte Geschäft nicht begabt, und Braunbergers Einfallsreichtum war nicht unbedingt das richtige, um meine Ungeschicklichkeit wettzumachen. Braunbergers Einfall, ausgerechnet zum Zeitpunkt der Wahlen von 1933, die über das Geschick der ganzen Welt entscheiden und Hitler an die Macht bringen sollten, in Berlin Geld aufzutreiben, war allerdings eine Harlekinidee. Der Zeitpunkt war schlecht gewählt, aber Harlekin glaubte, er könne sich mit einer Pirouette aus der Affäre ziehen.

Kinowahnsinn

Heute steht der Schauspieler im Vordergrund meines Interesses. Bei den Dreharbeiten geht meine Arbeit vom Schauspieler aus. Ihm sieht und hört das Publikum zu. Er bestimmt unseren Erfolg oder Mißerfolg.

Bei *La Fille de l'Eau* war ich noch nicht so weit. Was mich damals vor allem interessierte, war der visuelle Aspekt des Films. Ich nahm Laien, deren Gesichter mich begeisterten. Der Maler André Derain war der Kneipier vom Bon Coin, dem Bistro in *La Fille de l'Eau*. Van Doren, ein junger Amerikaner, der in Marlotte, wo ich mein Haus hatte, zur Sommerfrische war, ließ sich die Rolle des jugendlichen Helden aufhalsen. Pierre Lestringuez spielte unter seinem Pseudonym Pierre Philippe den »Bösen«, und Sie können versichert sein, der Böse war wirklich ein Böser. Mein Bruder Pierre, ein wirklicher Schauspieler, spielte einen Bauern.

Mit diesem Film, einer billigen Produktion, hatte ich nicht vor, den Filmmarkt umzukrempeln. Ich hätte ihn den Kinobesitzern geschenkt, hätten sie ihn nur spielen wollen. Die einfache Geschichte erzählte von den Mißgeschicken einer jungen Waisen, der Tochter eines Schiffers, die dem Haß der Dorfbewohner und den Nachstellungen ihres Onkels, der sie vergewaltigen will, ausgesetzt ist. Um ihren Verfolgern zu entfliehen, rettet sie sich in einen Wald, und dort hat sie einen Traum. Dieser Traum, glaube ich, war es, der die Verleiher mißtrauisch stimmte. Eine junge Frau, die auf einem weißen Pferd reitet, umringt von deformierten Gestalten, die sie in Furcht und Schrecken stürzen: das ist nicht »natürlich«. Am meisten Anstoß erregte die Einstellung, in der sich ein Strick um den Hals des bösen Onkels, Pierre Lestringuez, in eine Schlange verwandelt. Schließlich sind die Zuschauer keine Kinder ... Wie dem auch sei, *La Fille de l'Eau* wurde von den Vertretern des Filmgewerbes einstimmig abgelehnt.

Einen einzigen Nutzen konnte ich daraus ziehen: Mir ging die leider flagrante Wahrheit auf, daß ich mit dem Filmgewerbe, wie es nun einmal ist, nichts zu tun hatte. Wenn man das erringen möchte, was man gemeinhin Erfolg im Leben nennt, darf man sich nicht allein in den Kampf stürzen. Man muß einer Gruppe angehören. Fluch dem Alleinstehenden! Mein Geschmack und meine Vorstellungen waren und sind immer noch dem Geschmack und den Vorstellungen derer, die in diesem Gewerbe den Ton angeben, diametral entgegengesetzt. Anfangs hatte ich geglaubt, die Menge müßte meine grenzenlose Aufrichtigkeit und meinen Wunsch, ihr zu gefallen, spüren. Wichtig war, sie zu erreichen, was unmöglich ist ohne die Hilfe der Kinobesitzer. Es ist ja gut und schön, einen Film zu machen, aber man muß ihn auch zeigen. Das Problem also war, in die Kinos hineinzukommen. Da ich aber nun mal keins hatte und die Kinobesitzer sich nicht für mich interessierten, war es wohl gescheiter, daß ich auf den Film verzichtete und meine Aktivität auf ein Gebiet verlegte, auf dem die Kunden mir bei meinen Experimenten folgten. Warum nicht wieder zurück zur Töpferei? Mein Ofen war immer noch da und wartete nur auf mich. Meine Fingerfertigkeit würde beim Herumfummeln mit dem Ton schon bald zurückkommen.

Aber auch das war nur ein Traum. Die Kunden, die sich für meine keramischen Produkte interessiert hatten, waren allein vom Namen meines Vaters angezogen worden. Sie hofften, von der Doppeldeutigkeit profitieren zu können: »Ich habe eine Renoir-Vase.« Das schmeichelte ihrer Eitelkeit. Zu meinem Leidwesen mußte ich nun einsehen, daß sie das, was ich machte, eigentlich gar nicht mochten.

Ich versuchte, im Handel mein Geld zu machen, und eröffnete einen Laden mit Kunstgegenständen. Es war ein sehr hübscher, sehr gut gelegener Laden gleich neben der Madeleine, und die Gegenstände, die ich anbot, schienen mir wirklich sehr schön. Unter anderem hatte ich von Maleck, der Frau von Albert André, bemalte Stoffe, die ich phantastisch fand. Das war auch die Meinung der Besucher des Casino de Paris, für das Maleck viele Stoffmalereien gemacht hatte, aber es war nicht die meiner Kunden. Ich war eben nicht zum Kaufmann geboren, eine traurige, aber unbezweifelbare Wahrheit. Ich bin unfähig, irgendetwas zu verkaufen. Beim Film aber muß man verkaufen. Man muß vor allem sich selbst verkaufen. Ich sah nur einen Ausweg aus dieser Situation, nämlich Clochard zu werden. Für dieses schwierige Gewerbe waren Catherine und ich aber schlecht vorbereitet.

In dieser Gemütsverfassung untersuchten Catherine und ich, was wir von der Zukunft wohl zu erwarten hätten. Um weiter Filme machen zu können, hätten wir Geld gebraucht – viel Geld, und das hatten wir nicht. Catherine war untröstlich. Entschlossen, das Kino, ja seine bloße Existenz total zu vergessen, machte ich mich in meinem Laden an die Arbeit. Jeden Morgen beim Erwachen sagte ich mir: Kino gibt es nicht, es gibt das Kino nicht. Catherine schmiedete mit der bewundernswerten Verbissenheit schöpferischer Menschen weiterhin Pläne. Das Kino, das sie sich vorstellte, sollte noch mehr als unsere fruchtlosen Versuche mit Tanz zu tun haben.

Eines Tages, als ich ziellos in einer Straße am Montmartre herumlief, traf ich meinen Freund Jean Tedesco. Er hatte eben das Théâtre du Vieux Colombier in ein Avantgardekino umgewandelt und Mittel aufgetan, um dort gute Filme zu zeigen und auch ein wenig Geld zu machen. Er hatte dieses Kino zum Treffpunkt der Liebhaber des »wahren« Films gemacht. Ich erfuhr von ihm, daß er in ein Programm mit Auszügen aus Filmen auch die Traumsequenz aus *La Fille de l'Eau* aufgenommen hatte. »Du solltest dir das mal ansehen«, meinte er. Ich wurde wütend: mit welchem Recht hatte er einfach ein Stück Film aus seinem Zusammenhang gerissen, und das dazu noch ohne Einwilligung des Autors? Ich war der Meinung und bin es immer noch, daß ein Film ein Ganzes ist und allein der Autor bei der Montage das Recht hat, ihn zu verändern. Tedesco hörte sich meine Vorwürfe mit mysteriösem Lächeln an. Er sagte nur: »Komm doch heute abend mal im Vieux Colombier vorbei. Wir sprechen uns dann nachher.« Trotz meines Schwurs, mich nie wieder mit dem Kino einzulassen, nicht einmal als Zuschauer, erzählte ich Catherine von meiner Begegnung.

Unsere Neugier war geweckt. Noch am selben Abend, nachdem wir bei Dominique, dem russischen Delikatessenhändler am Montparnasse, ein Sandwich gegessen hatten, machten Catherine und ich uns auf zum Vieux Colombier, ohne zu ahnen, daß dieser abendliche Spaziergang über unser weiteres Leben entscheiden sollte. Das Programm begann mit einem ziemlich langweiligen Dokumentarfilm über ein Elektrizitätswerk. Als das Licht wieder anging, herrschte allgemeine Gleichgültigkeit. Das Publikum kam uns sogar feindselig vor und entschlossen, sich für nichts zu interessieren. Wir waren ganz schön nervös. Kaum, daß die Unterhaltung verstummte, als es wieder dunkel wurde. Der Titel »Auszüge aus La Fille de l'Eau« erschien auf der Leinwand. Der Hauspianist präludierte mit ein paar Akkorden und begleitete den Anfang des Films mit einer sehr sanften Musik, der für den Ritt eine Improvisation im heroischen Stil folgte. Die Bilder folgten aufeinander, wie mir schien, mit einer entsetzlichen Langsamkeit. Würden »sie« es mögen oder nicht? Fünf Minuten, und der Saal war gewonnen. Bei verschiedenen Passagen wurde geklatscht. Catherine und ich spürten, wie unsere Beklemmung einer beglückten Hochstimmung wich. An der Stelle, an der Catherine vom Pferd gleitet und in einem endlosen Fall davongetragen wird, brach Applaus los. Als das Licht wieder anging und die Leinwand leer war, setzte er von neuem mit einer Begeisterung ein, deren Aufrichtigkeit außer Zweifel stand. Es war wie ein hartnäckiges Prasseln. Zum erstenmal in meinem Leben spürte ich den Rausch des Erfolges. Jean Tedesco hatte uns in die Mitte des Saales gesetzt, so daß die Zuschauer uns sehen konnten. Man erkannte Catherine, und der Beifall ging von neuem los. Wie auf ein Kommando erhob sich der ganze Saal. Eins war sicher: Wir würden das Kino nicht aufgeben.

Das Resultat dieser Kehrtwendung war *Nana*, der 1926 entstand. Weshalb *Nana*? Einfach deshalb, weil Pierre Lestringuez und ich Zolas Roman sehr bewunderten. Ich erzählte Catherine davon, und sofort begann sie, eine Nana nach ihrer Art zu mimen. Jeden Tag präsentierte sie uns eine neue Nana. Und in kommerzieller Hinsicht konnte *Nana* einfach nicht schiefgehen: Mit dem Titel würden wir ohne jeden Zweifel die Barrieren einreißen, die uns vom kommerziellen Kino trennten – glaubten wir. Um die Finanzierung von *Nana* sicherzustellen, mußte ich Schulden machen. *Nana* würde ein teurer Film werden, aber was spielte das für eine Rolle, bei einem so bombensicheren Unternehmen. Wir gingen aufs Ganze. Die Familie Leblond-Zola erleichterte uns den Kauf der Romanrechte und war mehr als entgegenkommend. Das war ein gutes Zeichen. *Nana* war eine Koproduktion mit einer deutschen Firma, die die Drehkosten in Deutschland übernahm. Der Grund dafür, daß wir in Berlin drehten, war die Mitwirkung deutscher Schauspieler, unter denen die bedeutendsten Werner Krauss und Valeska Gert waren.

Nana

Die Wichtigkeit des Schauspielers zu verstehen, hat Werner Krauss mich gelehrt. Ich bewunderte ihn, und deshalb hatte ich ihn gebeten, die Rolle des Grafen Muffat in *Nana* zu übernehmen. Meine Bewunderung ging auf »Caligari« zurück. Ich hatte ihn noch in anderen Filmen gesehen und in einer Aufführung von Ibsens »Wildente«. Was mich bei ihm so beeindruckte, waren seine überlegene Technik, seine Schminkkunst, der Einsatz von kleinen körperlichen Tricks. Nach einigen Versuchen hatte er schließlich einen Grafen Muffat entwickelt, der nicht mehr Werner Krauss war und es dennoch war. Später erst sollte ich verstehen, daß diese Virtuosität in der Darstellung einer Rolle nicht das Entscheidende im Beruf des Schauspielers ist und daß äußere Genauigkeit, wenn sie auch eine große Hilfe sein kann, doch beschränkt bleiben sollte auf ihre Hilfsfunktion.

Werner Krauss stand auf dem Gipfel seines Ruhms. Er war schon, was er auch geblieben ist, der beste Schauspieler deutscher Sprache. Meine Unerfahrenheit dauerte ihn. Er war mir freundschaftlich gesonnen und erkannte, worum es mir ging. Nach einigen Wochen gemeinschaftlicher Arbeit waren wir sehr offen zueinander. Er gestand mir, daß auch er Klischees verwende. Er hatte vor allem seinen berühmten Gang mit dem Rücken zum Publikum erfunden. Für die begeisterten Zuschauer wurden seine hängenden Schultern und der Nacken, der das Elend der ganzen Welt trug, zum Ausdruck ihres eigenen Unglücks. In jedem seiner Filme mußte der Regisseur einen Vorwand finden, um diesen berühmten Gang unterzubringen. Und ich habe ihn mir für *Nana* auch nicht entgehen lassen. »Als ich anfing«, erzählte mir Werner Krauss, »war dieser Gang wirklich ehrlich. Die Beinbewegungen, das Zusammensacken des Körpers kamen daher, daß ich wirklich den Schmerz der Personen empfand, die ich darstellte. Heute nehme ich die Haltung ein, wie ich einen alten Anzug anziehe. Aber was mir erlaubt, mich ehrenvoll aus der Affäre zu ziehen, ist, daß ich diesen Anzug vergessen habe, so wie ich einen wirklichen Anzug vergessen würde. Ich bediene mich seiner wie eines Requisits. Er ist nicht mehr die Hauptsache. Die Hauptsache ist das, was ich empfinde und was sich ausdrückt in Reaktionen, die nicht mehr von mir abhängen.« Aber er glaubte wirklich, daß für den Zuschauer allein das Klischee zählte. »Das Publikum erwartet unter gewissen Umständen eine bestimmte Reaktion des Schauspielers. Wenn man ihm diesen Kuchen nicht gibt, ist es einem böse, und man läuft Gefahr, seine Gunst zu verlieren.« Wenn man bedenkt, wie schwierig es ist, in diesem Beruf Erfolg zu haben, kann man es den Schauspielern und Regisseuren nicht verübeln, wenn sie ihren »Lebensunterhalt« zu sichern versuchen, indem sie der Menge eine gut vorgekaute Kost servieren.

Die Rettung für den ehrlichen Autor wie für den ehrlichen Schauspieler liegt darin, eine Fassade zu präsentieren, die so gut ankommt, daß das Wesentliche dahinter verborgen bleibt und nur von den besonders hellhörigen Zuschauern aufgespürt wird. Häufig kennt der Autor selbst den eigentlichen Sinn seines Werks nicht. Zu einem Beispiel für dieses Phänomen sollte *La Grande Illusion* werden, der von den Filmkaufleuten und vom Publikum, die darin die Geschichte eines Ausbruchs sahen, freundlich aufgenommen wurde. Später erst wurde der wirkliche Gegenstand des Films, die Frage nach den menschlichen Beziehungen, entdeckt und seinerseits akzeptiert. Aber der Weg zum Erfolg des Films war erst einmal offen, und auch noch die unorthodoxesten Äußerungen, die ich über den ganzen Film verstreut hatte, wurden von den sonst nur schwer zu bewegenden Zuschauern beklatscht. Ich gebe zu, daß es Heuchelei ist, aber wenn man will, daß bestimmte Wahrheiten geschluckt werden, muß man sie mit vertrautem Flitter behängen. Es ist damit genauso wie mit bestimmten indischen Kuchen, bei denen die ersten Bissen angenehm süß schmecken. Man ißt weiter, und plötzlich beißt man auf ein Gewürzkorn, daß es einen zerreißt.

Qualität kommt nicht auf Bestellung. Unfreiwillig nur setzt ein Autor ein Meisterwerk in die Welt. Zu viele Leute meinen, sie könnten die Qualität eines Werkes im vorhinein festlegen. Man sagt nicht: Jetzt setze ich ein Meisterwerk in die Welt. Oder aber, wenn man es sagt, kann man sicher sein, daß dabei ein ziemlicher Unsinn herauskommt. Das Meisterwerk entsteht ganz von selbst als Resultat eines Unternehmens, das alle Anzeichen des Kommerziellen trug. Wir begegnen hier der Frage des Plans, des »blueprint«, wie die englische Sprache sagt. Auf die Gefahren der »blue-print«-Zivilisation werde ich noch verschiedentlich zurückkommen. Ich werde mich nicht zu der Behauptung versteigen, daß nur aus einer schnöde kommerziellen Idee ein Meisterwerk entstehen könne. Es entsteht aus der Hochstimmung des Autors. Beim Film kann dieser Autor der Schauspieler, der Drehbuchautor oder der Regisseur sein. Ich für mein Teil glaube, es sollte der Regisseur sein. Er ist der einzige, der den Film modellieren kann, indem er alle Elemente miteinander verknetet, wie ein Bildhauer den Ton knetet. Bei *Nana* arbeitete ich mit brillanten Technikern und Schauspielern zusammen, aber es gab, wie ich es bei *La Fille de l'Eau* gelernt hatte, keine Geste, keinen Ausdruck, kein Requisit, die ich nicht selbst besprochen und ausgewählt hätte.

Nana war ein Wahnsinnsunternehmen. Die Produktionskosten beliefen sich, ohne den deutschen Anteil, auf eine Million Francs, was damals enorm war. Claude Autant-Lara, mein Ausstatter, umgab meine Inszenierung mit einem üppig dekadenten Rahmen, in dem Echtheit und Phantasie eine enge Verbindung eingingen. Oft frage ich mich, ob dieser Film nicht zu früh gemacht wurde. *Nana,* der natürlich schwarz-weiß gedreht wurde, verlangt nach Farbe, und – da wir schon mal bei dem sind, was fehlt – er verlangt den Ton. Der Kontrast zwischen dem Luxus und der Sprache der Heldin hätte das Verrückte dieser Figur noch mehr hervorgehoben. Aber es führt zu nichts, dem nachzuweinen, was nun mal nicht ist. Kommerziell mußte *Nana* ein Mißerfolg werden, und zwar wegen Catherine Hessling. Von ihrer Stilisierung habe ich schon gesprochen. In *Nana* trieb sie diese Tendenz bis zum Äußersten. Das war keine Frau mehr, sondern eine Marionette. Wenn ich das sage, ist das als Kompliment zu verstehen. Doch leider fand das Publikum diese Auffassung unerträglich. Die Leute wollten, wenn sie aus der Vorstellung kamen, sagen können: Genauso ist es, ja, das stimmt genau ... Dabei ahnen sie nicht, daß hinter einem solchen Detailrealismus meist nur Empfindungsklischees stecken.

Die Premiere von *Nana* war stürmisch. Ich hatte sie durch eine Reklameorgie vorbereitet. Die Pariser Mauern waren mit Plakaten bedeckt, die Catherine Hessling in ihrer Rolle zeigten. Die Zeitungen kündigten das Ereignis in großer Aufmachung an. Ich hatte den großen Saal des Moulin Rouge einschließlich seines ausgezeichneten Orchesters gemietet. Der Saal war brechend voll. Die Zuschauer gehörten zwei verschiedenen Kategorien von Feinden an. Auf der einen Seite die Anhänger des klassischen Kinos, die mich, ohne eigentlich zu wissen weshalb, für einen »schlimmen Revolutionär« hielten. Auf der anderen Seite die des Avantgardekinos, die mich, ebenfalls ohne zu wissen weshalb, für einen kühnen Neuerer hielten. Die Vorführung wurde begleitet von

Pfiffen und Protestgeschrei, in das sich herzlicher Beifall mischte. Man geriet sich in die Haare und beschimpfte einander. Die Gattin eines damals ganz prominenten Regisseurs brüllte mehrmals: »Das sind Boches! Das ist ein Boche-Film! Nieder mit den Boches!« Diese Aufführung war das Vorspiel zu dem, was die Geschichte meiner Karriere werden sollte. Ich sitze immer in der Klemme: meine Zuschauer sind entweder renitent oder begeistert. Niemals sowohl als auch. Jedenfalls hat dieses Publikum den Vorteil, daß es nicht gleichgültig ist.

Ich dachte, diese Aufnahme bei der Premiere verheiße für die Zukunft volle Säle. Aber es wurde doch ein Fehlschlag. Ich weiß das um so besser, als ich dabei eine Million verlor. *Nana* brachte Catherine Hessling und vielleicht auch mir ein paar Anhänger, aber das große Publikum machte nicht mit, und noch weniger die Leute der Branche.

Auf die Gefahr hin, für einen fürchterlichen Bourgeois zu gelten, kann ich nicht umhin, meine Karriere nach rein materiellen Gesichtspunkten in zwei Abschnitte einzuteilen. Während des ersten Abschnittes bezahlte ich, um Filme machen zu können. Im zweiten Abschnitt wurde ich bezahlt. Da der Hauptteil meines Vermögens aus Bildern bestand, die mein Vater mir hinterlassen hatte, wurden meine filmischen Experimente bezahlt mit dem Verschwinden dieser Bilder, die wie ein Teil von mir waren. Es war, als würde eine Unterhaltung mit meinem Vater auf immer abgebrochen. Jeder Schritt von Catherine und mir auf unserem Weg zum Film war gezeichnet mit einem Opfer, das mir das Herz zerriß. Ich machte eine neue Version vom »Chagrinleder« durch. Ich schämte mich so sehr, daß ich nichts anderes mehr denken konnte. Jeder neue Bilderverkauf kam mir vor wie ein Verrat. Des Nachts wanderte ich auf und ab in meinem Haus in Marlotte, dessen Wände langsam, aber unaufhaltsam kahl wurden. Die Rahmen hatte ich behalten. Sie waren wie klaffende Öffnungen, die in eine feindliche Welt führten. Nie zuvor hatte ich mich der Erinnerung an meinen Vater so verbunden gefühlt. Es blieben mir nur ein paar Bilder. Eines Nachts bat ich Catherine, zu mir in den Salon zu kommen. Ich weiß nicht mehr, was da genau passiert ist. Ich kann nur sagen, daß wir uns vor diesen leeren Rahmen wie schutzlose Waisen fühlten. Wir beschlossen, das Kino aufzugeben und auf jeden Fall die wenigen Werke meines Vaters zu behalten, die uns noch geblieben waren. Aber es war zu spät. Die letzten Rechnungen für *Nana* waren noch unbezahlt.

Ein paar Tage später rief meine Schwägerin Marie-Louise Iribe mich an, die gerade eine Filmgesellschaft gegründet hatte. Ihre Projekte waren völlig kommerziell. Sie hatte einen wichtigen Verleiher und eine Reihe von Kinobesitzern hinter sich. Sie bot mir die Regie eines Films mit dem Titel *Marquitta* an. Lestringuez hatte ein Drehbuch geschrieben, in dem er bedenkenlos Klischees und Banalitäten aufgehäuft hatte. Einen Tag und eine Nacht zögerte ich. Als ich am Morgen danach aufwachte, überdachte ich meine Situation, ohne mir etwas vorzumachen. *Marquitta* zu inszenieren bedeutete für mich, die Grenze zum kommerziellen Kino zu überschreiten, zu einem Kino, in dem Produzenten und Verleiher die Drehbücher umschreiben, die Schauspieler aussuchen und sich zu Repräsentanten des sogenannten Publikumsgeschmacks aufwerfen, der in Wirklichkeit nichts ist als ihr eigener Geschmack. Über den wirklichen Geschmack des Publikums weiß man nichts, er wird immer ein Rätsel bleiben. Würde man ihn kennen, wäre unser Metier zu einfach. *Marquitta* zu drehen, bedeutete den Verzicht darauf, einen Film so zu machen, wie man ein Gedicht schreibt oder eine Sonate komponiert. Ja, aber es ging ums Überleben, und meine Gage würde helfen, mich aus einer schwierigen Situation zu befreien.

Ich nahm an und trat so aus den Reihen des Avantgardefilms über in die der Industrie.

Marquitta weist ein anderes, für mich sehr wichtiges Merkmal auf. Es war der erste Film, den ich ohne Catherine drehte. Es war die erste Produktion, in der ich für meinen eigenen Erfolg arbeitete und nicht für den meiner Gefährtin. Wenn ich mir meine Anfänge in Erinnerung rufe, stellt sich mir die Frage: Ist Erfolg möglich ohne Verrat? Der Kinodämon war in mir, und nach ein paar

Wochen hinter der Kamera verschwanden meine Skrupel unter dem Ansturm all der Dinge, die mich nun beschäftigten.

Gleichzeitig mit dem Auftrag zu diesem Film bekam ich ein zumindest ungewöhnliches Angebot. Madame Régina, Besitzerin mehrerer Freudenhäuser im Midi, darunter eines sehr luxuriösen in Nizza, hatte den Traum aus *La Fille de l'Eau* gesehen und Lestringuez, den sie kannte, viel davon erzählt. Sie bot mir an, mehrere Filme für ihre Etablissements zu drehen. Sie ließ uns ein paar vorführen, die ein Filmmacher aus Nizza für sie gedreht hatte. Vorsichtig gesagt, zeigten diese Filme einen Mangel an Erotik, der einem in der Seele wehtat. Und was für grenzenlose Möglichkeiten bieten sich gerade hier! Aber diese Filme kamen über das Niveau von Pornographie leider nicht hinaus. Der beste von ihnen, oder, besser gesagt, der am wenigsten schlechte, hieß »Der Baron«. Er zeigte die Abenteuer eines Barons, der in die Spiele zweier Damen eingreift, ohne daß diese deshalb von ihren Tätigkeiten ablassen. Ich fragte Madame Régina, wie sie nur einen Mann mit einer derartigen erektilen Potenz aufgetrieben habe. Worauf sie antwortete, der Baron sei sehr geschickt im Einsatz von Hilfsmitteln gewesen. Einen komischen Aspekt gab dem Film der Umstand, daß der Baron Mantel, Plastron und Zylinder nicht einen Augenblick ablegte. Lestringuez und ich entwickelten die wahnwitzigsten Geschichten. Wir träumten von einer Verfilmung des Marquis de Sade. Die sehr kultivierte Madame Régina folgte unseren Hirngespinsten mit Interesse. Aber ich mußte mit der Arbeit an *Marquitta* anfangen und verzichtete auf den Marquis de Sade.

Jacques Becker

Ehe ich fortfahre, meine Erinnerungen zu beschwören, muß ich von meinem Assistenten Jacques Becker sprechen. Ich kann mich einfach nicht abfinden mit dem Gedanken, daß Jacques tot sein soll. Jacques Becker, mein Bruder, mein Sohn, ich kann es nicht hinnehmen, daß du im Grab liegst und verwest. Lieber stelle ich mir vor, du wartest auf mich in einer Ecke der anderen Welt, und wir drehen wieder zusammen einen Film.

Als Jacques Becker zu mir stieß, war er noch ein Junge oder vielmehr ein junger Mann. Alles, was ich nicht mag, verkörperte er in Reinkultur: er kam aus dem französischen Großbürgertum, kannte sich aus in allen Bars und war Mitglied teurer Sportclubs. Als ich diesen Lack abgekratzt hatte, traf ich auf einen Menschen, der mich begeisterte und der selbst begeisterungsfähig war. Seine Begeisterung für Filme, die auch ich mochte, wie Stroheims »Greed«, und vor allem seine Haltung gegenüber anderen Menschen brachten mich ab von dem Eindruck, er sei ein Snob. Er liebte die Menschen – nicht mit einer allgemeinen theoretischen Liebe, sondern direkt und persönlich. In der Wahl seiner Freunde hatte er nicht die geringsten Vorurteile, mit derselben Anhänglichkeit konnte er sich einem Klempner wie einem berühmten Schriftsteller anschließen.

Kennengelernt hatte ich ihn durch Paul Cézanne, den Sohn des Malers. Renée, Pauls Frau, war die Tochter von Georges Rivière, dem Jugendfreund meines Vaters und Autor des Buchs »Renoir et ses amis«. Als kleines Mädchen hatte Renée ihre Mutter verloren und war dann zeitweise von der meinen aufgezogen worden. Ich erwähne diese Details, um die familiäre Atmosphäre zu beschreiben, in die Jacques Becker eintauchte, wenn er hin und wieder zu Besuch kam. Die Cézannes besaßen in Marlotte, wo Catherine und ich uns niedergelassen hatten, ein phantastisches altes Haus, das La Nicotière hieß.

Die Sonntage in La Nicotière gehören zu meinen genußreichsten Erinnerungen. Aline und Jean-Pierre Cézanne waren noch Kinder. Mit Paul und Renée Cézanne wurden wir alle wieder zu Kindern. Noch auf der Schwelle zum Altar glich Paul Cézanne dem Harlekin, als den sein Vater ihn porträtiert hat. Er war kurzsichtig wie ein Maulwurf und hatte erstaunliche Kräfte. Ein wenig glich er einem Herkules, der auf dem Rondell am Boulevard Rochechouart seine Gewichte stemmt. Ging der Spätnachmittag zuende und war das Mittagessen endgültig verdaut, wurde unter den Kastanienbäumen der Aperitif eingenommen. Die Gäste, die immer sehr zahlreich waren, schlürften ihren Weißwein und spielten eine Partie Boule oder balancierten auf rollenden Tonnen. Paul war dabei von einer unschlagbaren Tolpatschigkeit. Unterdessen leerten die Kinder die Gläser der Gäste. Renée lachte darüber.

Und Paul Cézanne präsidierte diesem kunterbunten Hofleben, bei dem unschuldige Spiele, philosophische Diskussionen, kulinarische Ereignisse und schlüpfrige Geschichten einander abwechselten. Die Abende bei den Cézannes in Marlotte standen unter dem Zeichen einer absoluten Freiheit. In meiner Erinnerung stellen sie sich dar wie Fêtes galantes für ein kultiviertes Bürgertum.

Jacques Becker, um auf ihn zurückzukommen, verfolgte voller Eifer meine kinematographischen Versuche und war dabei völlig überzeugt, daß bei ihm diese Leidenschaft absolut platonisch bleiben würde. Er sah keine Möglichkeit, dem Schicksal eines ehrenwerten Akkumulatoren-Fabrikanten zu entgehen. Er war zwanzig und besaß eine natürliche Eleganz. Er verstand die »Mode« und wußte sie sich anzupassen. Damit meine ich nicht nur die Kleidung, sondern auch die Art zu denken, sich zu verhalten, sich hinzusetzen, dem Ober das Geld zu geben für das Getränk, das in der Clique derer, die eben Bescheid wissen, gerade im Schwange ist. In all diesen rituellen Gesten des Lebens war er der Zeit um Jahre voraus.

Während der *Grande Illusion* hatten wir beschlossen, ganz zusammenzuziehen. Unsere Freundschaft ging über den Rahmen einer gewöhnlichen Freundschaft hinaus. Hätte unser Äußeres nicht von vornherein Vermutungen dieser Art ausgeschlossen, so hätten Böswillige auf die Idee kommen können, unser Verhältnis grenze an ein Liebesabenteuer. Und weshalb eigentlich nicht? Ich glaube fest an leidenschaftliche Freundschaften, die ohne jegliche sexuelle Implikation sind. In *La Grande Illusion* ist das Erlebnis, das von Rauffenstein und Boieldieu verbindet, nichts anderes als eine Liebesgeschichte. Unsere Verbindung sollte acht Jahre dauern. Der Zweite Weltkrieg trennte uns. Als ich nach Frankreich zurückkam, war Jacques Becker ein großer Regisseur. Er ging seinen Weg wie ich den meinen. Er besaß ein Talent, das so ungewöhnlich war wie er selbst. Sein Film »Casque d'Or« (Goldhelm) wird immer zu den Meisterwerken der Leinwand gehören.

Auch abgesehen von den Filmen liebten wir dieselben Dinge: Sportwagen, amerikanische Sicherheitsrasierer und vor allem Jazz. Mit achtzehn hatte er eine Arbeit bei der Compagnie Générale Transatlantique angenommen, um nach New York fahren und dort einige seiner Götter, voran Duke Ellington, besuchen zu können.

Der Zufall wollte es, daß er dort Doucet kennenlernte, den Pianisten, der zusammen mit Wiener versuchte, die Grundlagen für einen französischen Jazz zu legen. Doucet spielte Jacques eine Platte mit amerikanischem Jazz vor. Wenn ich mich recht erinnere, war es eine Brunswick-Platte. Die Musiker darauf waren aus Chicago und hatten sich unter dem Namen »Mound City Bluebirds« zusammengetan. Jacques war so begeistert, daß er sich die Platte auslieh und kam, um sie Catherine vorzuspielen. Als ich an jenem Abend nach Hause kam, fand ich meine Frau und Jacques neben einem tragbaren Plattenspieler am Boden sitzen, umtost von den schrillsten und absonderlichsten Tönen. Meine erste Reaktion war Verärgerung darüber, daß ich wegen der Platte auf mein Abendessen warten mußte, dann war ich gefangen von der Fremdheit dieser Musik. Sie erinnerte an Tiere im Urwald. Bei diesen Schreien dachte man an monströse Pflanzen, an knallig bunte Blumen. Aber dann wich das Exotische der Neuen Welt. Die

Catherine Hessling in La Fille de l'Eau, *1924*

Pierre Champagne in Nana, *1926*

Catherine Hessling in Nana, *1926*

Catherine Hessling und Johnny Higgins in
Sur un air de Charleston, *1926*

Le Tournoi dans la Cité, *1928*

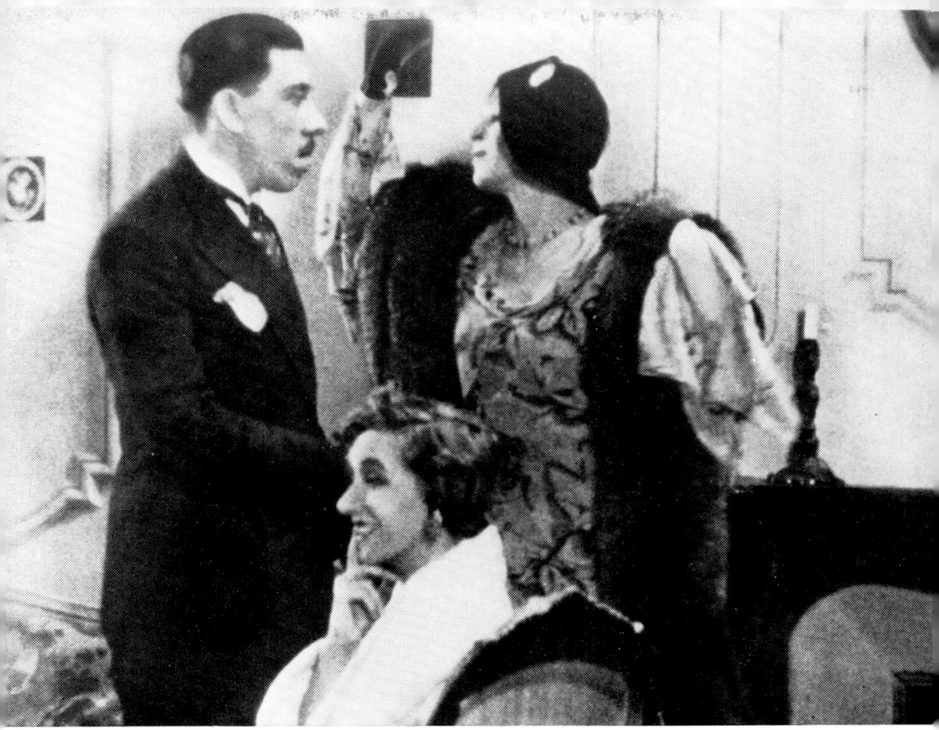

Fernandel in On purge bébé, *1931*

Michel Simon und Janie Marèse in La Chienne, *1931*

Michel Simon in Boudu sauvé des Eaux, *1932*

Valentine Tessier in Madame Bovary, *1933*

Platte wurde für mich zur Inkarnation von Chicago, der riesigen Stadt, aus der sie kam. Das war natürlich nicht das wirkliche Chicago, sondern das der Kriminalromane, der leichten Mädchen in kurzen Röcken, der grellen Lichter auf den holzverkleideten Vorderfronten der Speakeasies, kurz: das Chicago, das ein junger Franzose nach dem Ersten Weltkrieg sich vorstellte.

Fast jeden Abend gingen Catherine und ich mit Jacques Becker aus. Er hatte uns mit einem schwarzen Tänzer aus New York, Johnny Higgins, bekanntgemacht. Dieser war auf einer Tournee nach Paris gekommen und hatte sich dann entschlossen, nicht mehr nach Hause zurückzugehen. Paris war damals das Paradies der Farbigen.

Es war nach dem Fehlschlag von *Nana*. Als letzten Gruß ans Kino erlaubte ich mir den Luxus, die zahlreichen Reste ungebrauchten Filmmaterials zu einem »kompromißlosen« Kurzfilm zu verdrehen. Die Geschichte spielte in der Zukunft und war Vorwand zu einem Tanz von Catherine und Higgins. Die Idee war von außerordentlicher Einfachheit. Ein schwarzer Wissenschaftler kommt von einem anderen Planeten auf die Erde. Ein Weltraumkrieg hat unseren Planeten verwüstet. Der Wissenschaftler landet neben einer Litfaßsäule, dem einzigen Bauwerk, das in dieser Wüste stehengeblieben ist, und wird von einer Wilden entdeckt, die die Sprache des Wissenschaftlers nicht versteht und sich deshalb durch den Tanz ausdrückt. Nach dem Tanz reist der Wissenschaftler wieder zu seinem Planeten zurück und nimmt seine Wilde mit.

Dieser Film, *Charleston*, ist nie ganz zu Ende gedreht worden. Ich bedaure das sehr. Die wenigen Meter, die es davon gibt, scheinen mir interessant, und Catherine Hessling ist darin wirklich umwerfend. Seltsamerweise wurde dieser rein avantgardistische, aus meiner Jazzbegeisterung hervorgegangene Film – oder vielmehr das Stück Film – von der Presse gut aufgenommen. Aber deshalb öffneten sich ihm die Kinos noch lange nicht.

Paris hatte eben die große Negerrevue zu Gast gehabt, die Josephine Baker zu uns brachte. Nach der Vorführung im Ambassadeurs oder im Théâtre des Champs-Elysées verteilten sich die

Mitglieder der Truppe auf gewisse Pariser Nachtlokale und verwöhnten deren Stammgäste, zu denen auch wir gehörten, mit Lekkerbissen aus ihrem Repertoire. Ich glaube nicht, daß sie Geld dafür nahmen. Der Jazz war eine Religion, die mit selbstlosem Eifer praktiziert wurde. Ich bin froh, daß ich die Zeit miterlebt habe, in der die Genies des »hot jazz« sich offenbarten. Nach unserer Runde durch die Nachtlokale berauschten wir uns zu Hause an Nummern von Red Nichols und Duke Ellington – wir, das heißt Catherine und ich, immer in Begleitung von Jacques Becker. Das höchste für uns war Louis Armstrong, Satchmo, damals noch ganz jung. Mit einer Sechs-Mann-Band machte er eine Tournee durch Frankreich. In Paris hatte er nicht den von uns erhofften Erfolg. Sicher lag das an dem Theater, dem großen Saal des Théâtre des Champs-Elysées. Die Armstrong-Fans hätten ihn lieber in einem weniger feierlichen Rahmen gesehen.

Ich wollte wissen, wie die Provinz Satchmo empfing. Als ich in Marseille ankam, sah ich als erstes Reklameschilder, die mehrere Auftritte von Armstrong im Palais de Cristal ankündigten. Das ist ein Theater mit einem riesigen Saal. Außerdem konnte ich mir nicht vorstellen, daß das Marseiller Publikum diese Art von Musik goutieren würde. Ich täuschte mich. Es wurde ein Triumph. Am ersten Tag war der Saal einigermaßen voll. Am zweiten mußten Leute weggeschickt werden. Die begeisterten Zuschauer feierten einen in seiner Art für sie völlig neuen Künstler, der eine ihnen ganz unbekannte Musik vorstellte. Einen Grund für diesen Erfolg kenne ich. Der amerikanische Jazz kommt aus New Orleans, einer Hafenstadt wie Marseille, mit den in allen Hafenstädten gleichen Elementen. Diese Übereinstimmung im Geschmack reicht über das Mittelmeer und den Golf von Mexiko hinaus. Ich bin sicher, ein Docker aus Wladiwostok findet manche Gemeinsamkeit mit seinen Kollegen in Neapel oder Konstantinopel.

Berlin – weitere Einflüsse

Ich bin ein Mann des Jahres 1914, und wie viele meiner Generation, der Weltkriegsveteranen, fühle ich mich angezogen vom deutschen Geist. Ich verdanke den Deutschen viel. Ich verdanke ihnen Carl Koch, ohne den der Film *La Grande Illusion* nicht wäre, was er ist.

Deutschland, das ist für mich der Karneval in den rheinischen Städten: strenge Bürger, die sich wildesten Ausschweifungen hingeben, weil gerade Karneval ist – ein Klischee. Deutschland, das ist auch der Grünewald-Altar in Colmar, im Widerspruch zu Nietzsches dämonischen Phantasien – das wiederum ist das Antiklischee. Deutschland war und ist für mich ein aufregendes Rätsel. Hinter seiner Fassade vermutete ich ein intensives und geheimnisvolles Leben.

Während eines Berlin-Besuchs nahm ich mir vor, Alfred Flechtheim zu besuchen, den Kunsthändler, Künstler und Schriftsteller, den ich unbedingt näher kennenlernen wollte. Ich klingelte an seiner Galerie und nannte meinen Namen einem jungen Mann mit seltsam weibischem Gehabe; er trug eine Chauffeursuniform und schien mit dem Öffnen der Tür betraut zu sein. Er ließ sich meinen Namen ein paar Mal wiederholen, musterte mich mißtrauisch und hieß mich warten. Dann verschwand er in den Tiefen der Galerie. Später erfuhr ich, daß er mich folgendermaßen angekündigt hatte: »Da draußen ist einer, der behauptet, er wäre Renoir. Passen Sie auf, der nächste ist Rembrandt!« Nachdem ich den zweideutigen Zerberus hinter mich gebracht hatte, fand ich mich dem Herrn des Hauses gegenüber. Mit seinem langen, mageren Körper und seiner Adlernase war er das jüdische Gegenstück zu Pierre Champagne. Er unterhielt sich gerade mit einem Besucher, dessen überkorrekter Anzug mir in die Augen sprang. Es war der Maler Paul Klee. Allein diese Begegnung wäre die Reise nach Berlin wert gewesen.

Ich ließ Pierre Braunberger mit seinen Filmverleihern essen gehen und brach mit meinen beiden neuen Freunden, Flechtheim und Klee, auf zur Entdeckung Berlins, das für mich voller Überraschungen steckte. Flechtheim war Mitarbeiter des »Querschnitt«. Die Art dieser Publikation erkläre ich am besten, indem ich eine ihrer Doppelseiten beschreibe. Links ein Photo, das eine Truppeninspektion bei der preußischen Garde zeigt: die in ihre Uniformen fest eingeschnürten Männer, starr wie mechanisches Spielzeug, präsentieren ihre Gewehre vor einem Hauptmann. Auf der rechten Seite war ein Foto von der Inspektion der Pagen im Hotel Adlon: genauso eingezwängt in ihre Uniformen und mindestens so militärisch wie die richtigen Soldaten.

Flechtheim war vertraut mit den seltsamsten Aspekten dieser großen Stadt. Die beiden bevorzugten Vergnügungen im Berlin der Zeit zwischen den Weltkriegen waren, so kann man wohl sagen, Boxen und Homosexualität. Sodom und Gomorrha erhoben sich aus der Asche. Ich kann nicht umhin, einen solchen Abend im großen Ballhaus am Alexanderplatz zu beschreiben, an dem das Bemerkenswerte nicht die Ereignisse, sondern das Fehlen von Ereignissen war. Der riesig große Saal war brechend voll, dicht drängte sich die Menge der männlichen und weiblichen Tänzer. Bei näherem Hinsehen erst merkte man, daß die weiblichen Wesen verkleidete männliche waren. Nur wirkte alles verwirrend unaufdringlich. In Paris kannte ich Tuntenkneipen, deren Gäste wahnwitzige Kleider und ein übertriebenes Make-up zur Schau trugen. Hier nichts dergleichen. »Er« war bestimmt ein kleiner Angestellter oder Vorarbeiter in einer Fabrik, »sie« hätte Ladenmädchen sein können. Sie war der Prototyp der Kleinbürgerin, von zurückhaltendem Benehmen, in einem Kleid, das die Beine so weit verbarg, wie es sich gehörte, und selbstverständlich ungeschminkt.

Wir setzten uns an einen Tisch, an dem bald darauf auch ein solches Paar Platz nahm. Wir redeten übers Wetter und über die Aufdringlichkeit der Revue im Admirals-Palast, den Berliner Folies Bergères: »Stellen Sie sich vor, die Mädchen mit einem Ausschnitt bis zum Bauchnabel!« Man spürte bei diesem sonderbaren

»Ehepaar« den Hang nach Ordnung und Anstand. Dieser Abend überzeugte mich vollends von einer Annahme, die mir eigentlich schon klar war: die Niederlage hatte dieses Volk vollständig aus der Bahn geworfen. Verletzter Stolz ist gefährlich. Eins ist sicher: hinter dieser Maske totaler Gleichgültigkeit verbargen die Berliner ihren Groll. Der damalige Berliner Witz versteckte unter sarkastischer Verve sorgfältig seine grandiose Verzweiflung. Dieses Berlin war ein fruchtbarer Boden für das Beste und das Schlimmste. Das Beste, das war eine Malerei wie die von Paul Klee, ein Theater wie das von Bertolt Brecht, Filme wie »Caligari«, »Die freudlose Gasse« oder »Nosferatu«. Das Schlimmste war eine feminine und maskuline Prostitution, die hinaufreichte bis zu den Repräsentanten des strengsten preußischen Großbürgertums.

Die Niederlage hatte Deutschland korrumpiert, aber nicht mehr, als es der sogenannte Sieg mit Frankreich gemacht hatte. Heute weiß ich: der Dekadenz, die die Kriege nach sich ziehen, können sich die Nationen, ob sie gesiegt haben oder nicht, nicht entziehen. In wenigen Monaten zerstören die Kriege, was eine langsam akzeptierte Kultur in Jahrhunderten aufgebaut hat. »Du sollst nicht töten«: im Prinzip wird dieses Gebot allgemein anerkannt. Aber es braucht nur ein Krieg auszubrechen, und von heute auf morgen gilt es als richtig, seinen Nächsten zu töten, nur weil er einer Volksgruppe angehört, die sich von der eigenen unterscheidet.

Diese beunruhigende Verschiebung der moralischen Werte ergreift vor allem die Jugend. Gefährlich früh liegt inzwischen der Beginn der Jugendkriminalität. Noch ein paar Kriege, und das fängt schon in der Wiege an. Ich selbst habe gar nichts gegen Ausschweifungen in jungen Jahren, aber ich denke an die fürchterliche Langeweile, die auf diese frühreifen Genießer wartet, wenn sie erstmal groß sind. Es gibt für sie gar nichts mehr zu entdecken. Was für Aussichten!

Hitler wurde gewählt. In der Annahme, ich könne Zeuge historischer Ereignisse werden, beschloß ich, in Berlin zu bleiben. Was die historischen Ereignisse angeht, so erlebte ich einen verabscheuungswürdigen Vorfall: Junge Kämpfer in braunen Hemden hatten eine alte Jüdin gezwungen, hinzuknien und das Pflaster abzulecken – das sei die einzige Beschäftigung, die den Juden zukäme. Ich bat Braunberger inständig, vor mir nach Paris abzureisen, noch bevor die Kontrollen, die unter solchen Umständen zu erwarten waren, die Rückkehr unmöglich machten. Braunberger lehnte es kategorisch ab, die Flucht zu ergreifen. Ich bekam mit, wie er sich, klein und mit seiner unverkennbaren Physiognomie, vor einem riesigen uniformierten Nazi aufbaute, die eine Hand zum Nazigruß erhob und mit der anderen seine Nase verdeckte. Ich fand diese heroischen Harlekinaden ziemlich sinnlos. Fast mit Gewalt steckte ich Braunberger in einen Mitropa-Schlafwagen. Am nächsten Morgen rief er mich an, um mir zu sagen, daß er gut angekommen sei. Ein paar Tage später entschloß auch ich mich zur Abreise.

Der Zufall beendete meinen Aufenthalt mit einer tragikomischen Note. Ich saß in einem Taxi, der Chauffeur war ein alter Berliner. Die Berliner Taxifahrer sind Typen für sich. Man hat den Eindruck, sie schauen sich einen Fahrgast genau an, ehe sie ihn nehmen. Ihre pointierte Sprache drückt ihre Entschlossenheit aus, sich von niemand verblüffen zu lassen. Während der ganzen Fahrt hörte mein Fahrer nicht auf, vor sich hinzubrummen. Der kürzeste Weg zu der Adresse, die ich ihm angegeben hatte, führte über den Kanzlerplatz, das heißt vorbei an der Residenz des neuen deutschen Kanzlers Adolf Hitler. Ein SA-Kordon umgab den ganzen Platz und hielt eine hysterische Menge zurück, die sich in den angrenzenden Straßen staute. Am Zugang zu dem Platz wollte eine Wache das Taxi anhalten. Mein Chauffeur war wütend, daß man ihm Vorschriften machen wollte, drückte um so kräftiger auf die Tube und fuhr herrschaftlich auf den leeren Platz, ohne sich um die Weisungen der Wache zu kümmern.

Als das Taxi gerade das Eingangstor des Palais erreicht hatte, fuhr ein riesiger offener Mercedes heraus. Neben dem Chauffeur in Uniform stand eine Gestalt, unverkennbar Adolf Hitler. Ungerührt hielt mein Chauffeur sich auf einer Höhe mit dem Wagen des Führers. Wir setzten unseren Weg fort und fuhren unter donnerndem Beifall einige Meter Kühler an Kühler nebeneinander her, Hitler die Hand zum Gruß erhoben. Frauen knieten nieder, als das Auto vorbeifuhr, Männern traten Tränen in die Augen. Es sah so aus, als gälten mir diese Bezeugungen, und mir war gar nicht wohl dabei. Die Generäle auf dem Rücksitz des Mercedes schauten mißtrauisch zu mir herüber. Ich merkte, wie sie Vermutungen über mich austauschten. Wahrscheinlich kamen sie zu dem Schluß, daß ich ein von einer anderen Abteilung akkreditierter Journalist sein müßte. Hitler selbst war vielzusehr mit seinen Grußübungen beschäftigt, um seine Aufmerksamkeit einem so geringfügigen Detail zu widmen. Mein unerschütterlicher Chauffeur hatte keinen Blick übrig für den großen Mann. An einer Kreuzung bog der Wagen des Führers schließlich nach links ab und mein Taxi nach rechts.

Ist Film Kunst?

Ist der Film eine Kunst? Darauf antworte ich: Was spielt denn das für eine Rolle? Macht Filme oder bebaut euren Garten. Beides ist genauso Kunst wie ein Gedicht von Verlaine oder ein Bild von Delacroix. Sind eure Filme und eure Gartenarbeit gut, dann praktiziert ihr die Kunst der Gärtnerei oder die Filmkunst: ihr seid Künstler. Der Konditor, dem eine Torte gelingt, ist ein Künstler. Der Bauer, der hinter dem Pflug geht und seine Furche zieht, macht ein Kunstwerk. Kunst ist kein Beruf, es ist die Art, wie man einen Beruf ausübt. Es ist überhaupt die Art und Weise, in der man gleich welche menschliche Tätigkeit ausübt. Dies ist meine Definition von Kunst. Kunst ist das »Machen«. Dichtkunst ist die Kunst, Gedichte zu machen. Liebeskunst ist die Kunst, Liebe zu machen.

Mein Vater hat mir gegenüber nie von Kunst geredet. Er konnte das Wort nicht ausstehen. Wenn seine Kinder sich der Malerei, dem Theater oder der Musik widmen wollten, dann konnten sie das tun, aber unter keinen Umständen sollten sie dazu gedrängt werden. Die Lust, ein Bild zu malen, muß so stark sein, daß man sie nicht zurückhalten kann. Über Mozart, den er über alles liebte, sagte mein Vater: »Er hat Musik geschrieben, weil er dem Bedürfnis zu komponieren nicht widerstehen konnte.« Und er fügte hinzu: »Das überkam ihn wie die Lust zu pinkeln.« Er war der Ansicht, daß die Wahl des Ausdrucksmittels sekundär sei. Wenn Mozart nicht Musik gemacht hätte, hätte er Gedichte geschrieben oder Gärten angelegt.

Der Einfluß meines Vaters auf mich läßt sich nicht leugnen, aber er äußert sich vor allem in den winzigen Details des täglichen Lebens. Ich glaube, in Wirklichkeit lassen sich die Einflüsse eines Menschen auf einen anderen nicht definieren. Sie haben zu tun mit dem Geruch des Körpers, mit der Farbe der Haare, mit dem Gang und vor allem mit dieser Art unsichtbarem, unanalysierbarem Radar, an den ich so fest glaube, dessen Wirken jenseits aller wissenschaftlichen Erklärung liegt.

Obwohl mein Vater entschieden wünschte, seine Kinder nicht zu beeinflussen, hat er uns auf dem Umweg über die Bilder, die die Wände unserer Wohnung bedeckten, ganz real beeinflußt. Unbewußt gewöhnten wir uns daran, seine Malerei für die einzig mögliche zu halten. Ich erinnere mich nur an einen einzigen Fall, in dem Renoir in einer Unterhaltung so etwas wie den Ratschlag eines Meisters einem Schüler gegenüber äußerte. Er sprach mit seinem jungen Freund, dem Maler Albert André. »Ganz ausfüllen«, sagte Renoir. »Die guten Bilder, die guten Romane, die guten Opern sprengen die Grenzen, die das Sujet ihnen auferlegt.« Albert André wandte ein, daß es sehr schöne Bilder mit leeren Stellen gäbe, vor allem bei den italienischen Malern der Frührenaissance. Renoir antwortete, die leeren Stellen, die Albert André meinte, seien in Wirklichkeit ebenso lebendig wie die scheinbar mit Aktion vollgestopften Partien. Eine Pause in der

Musik kann genauso klangvoll sein wie das Tschingbumm von zehn Militärkapellen. Diese Regel vom Rahmen, der den Inhalt umfaßt, gehört vielleicht zu den wenigen Ratschlägen künstlerischer Art, die mein Vater mir indirekt gegeben hat. Ich wundere mich, daß mein mit Dummheiten, mit den »Soltaten tes Kaiserreichs« und den Musketieren vollgestopften Hirn das damals registriert hat.

Mein Leben lang habe ich versucht, den Einfluß meines Vaters auf mich zu bestimmen. Das ging von Zeiten, in denen ich alles tat, um diesem Einfluß zu entkommen, ohne Übergang zu solchen, in denen ich nicht genug bekommen konnte von Formeln, die ich von ihm zu haben glaubte. Während meiner Anfänge im Kino habe ich getan, was ich konnte, um eine Gegenposition zu der meines Vaters zu beziehen. Seltsamerweise ist in den Produktionen, mit denen ich mich von Renoirs Ästhetik zu entfernen glaubte, ihr Einfluß am sichtbarsten. Ich sage Ästhetik, weil ich kein anderes Wort finde. Mein Vater hätte es nicht gebilligt. Tatsächlich war es eine Philosophie, die er sowohl im Leben wie in der Malerei praktizierte. Seiner Vorstellung nach war die Welt ein Ganzes, gebildet aus ineinander verschachtelten Teilen. Das Gleichgewicht der Welt hängt von jedem einzelnen Stück ab.

Dieser Glaube an die Einheit der Welt fand bei Renoir seinen Ausdruck im Respekt und der Liebe gegenüber allem Lebendigen. Wenn er auf einer Wiese spazieren ging, vollführte er einen seltsamen Tanz, nur um ein Büschel Löwenzahn nicht zu zertreten. Er stellte sich vor, daß man, wenn man eine Ameise tötete, vielleicht das Gleichgewicht eines großen Reichs zerstörte. Mein unbewußter Glaube an Renoirs Einsichten treibt mich zu Menschen, die man »einfach« zu nennen pflegt, die aber wahrscheinlich im Besitz einer Parzelle der ewigen Weisheit sind, wie Pierre Champagne zum Beispiel.

In der Praxis fand Renoirs Glaube an das Gleichgewicht seinen Ausdruck in der Liebe zu Proportionen. Er führte das Parthenon an, diesen griechischen Tempel, dessen vollkommene Proportionen ihn zu einem der größten Baudenkmäler der Welt machen.

Dagegen war der Arc de Triomphe auf dem Etoile für ihn ein mißlungener Bau, ein Ungeheuer mit dickem Bauch auf schmächtigen Beinen. Der Arc de Triomphe du Carrousel dagegen fand seinen ganzen Beifall, mit seinen schönen dicken Beinen und der winzig kleinen, gar nicht intellektuellen Stirn darüber.

Vom Stummfilm zum Tonfilm

Nach *Marquitta*, der niemand vom Stuhl riß, aber Geld machte, glaubte ich, endgültig von der Branche akzeptiert zu sein. Welch ein Irrtum! Die drei Filme, die ich danach drehte, wurden von Privatleuten finanziert. Die Filmindustrie hatte nichts mit ihnen zu tun. Mehrmals kam mir das älteste Gewerbe der Welt zur Hilfe, ich meine die Prostitution. Um einer Geliebten zu gefallen, stürzten sich Finanziers, die vom Film keine Ahnung hatten, ins Abenteuer. Zunächst schockierte mich diese Lösung. Doch nach und nach fand ich sie normal und sogar empfehlenswert. Dieses System hat sein Gutes: schließlich gibt es eigentlich keinen Grund, weshalb sich die Geliebte eines reichen Mannes im Kino nicht ebenso gut auskennen sollte wie die offiziellen Repräsentanten der Filmproduktion.

Von den Stoffen dieser Filme hatte ich keinen selbst ausgewählt, aber ich muß sagen, daß ich mir die Drehbücher nach einigen Wochen Arbeit ganz zu eigen gemacht hatte und mich mit Begeisterung ans Werk machte. Einmal mehr mußte ich feststellen, daß in der Kunst der Stoff weniger zählt als die Ausführung. *Tire au flanc* (Drückeberger), den ich 1928 nach einem Militärschwank drehte, brachte mir ein königliches Geschenk ein. Durch ihn lernte ich Michel Simon kennen.

Wenn ich an *Tire au flanc* denke, fällt mir eine entzückende

Schauspielerin ein, die darin eine kleine Rolle spielte. Sie wurde von mehreren ungeheuer reichen Liebhabern luxuriös ausgehalten. Jeden Morgen, wenn sie das Studio betrat, hielt der Portier sie an, der großes Interesse an dem Schmuck bezeugte, den sie gern zur Schau trug. »Von wem ist das?« fragte er und zeigte auf einen dicken Diamanten. Die schlichte Antwort der Schauspielerin irritierte den Neugierigen, der einen wohltönenden Namen erwartete. »Von Arthur«, antwortete sie mit einem kessen Lächeln. Am nächsten Morgen war es ein Perlenkollier. »Von wem sind die Perlen?« »Von Arthur.« Jeden Tag kam sie mit einem anderen Schmuckstück, einem neuen Zeugnis von Arthurs Großzügigkeit. Der Portier kriegte sich vor Verwunderung nicht ein: »Ja aber, wer ist denn eigentlich dieser Arthur?« »Meine Fotze«, antwortete die Schauspielerin.

Mir wurde immer klarer, daß ein Regisseur beim Film seine Stoffe erst dann selbst wählen darf, wenn seine Berühmtheit für die Filmhändler außer Zweifel steht. Wenn ich die Auftragsfilme auch wirklich gern drehte, war ich doch enttäuscht, nicht drehen zu können, was ich im Kopf hatte. Nach *Marquitta* suchte ich einen Produzenten für eine Idee, an der Lestringuez und mir sehr viel lag. Diese Geschichte mit dem Titel »La Belote« versetzte einen mit Hilfe eines Spielautomaten ins Paradies. Gottvater trat darin auf mit einer Melone auf dem Kopf, auf die er sehr stolz war. Vergeblich trugen wir dieses Projekt Avantgarde-Produzenten an, keiner von ihnen war zu überzeugen. Ich zitiere diesen Mißerfolg, einen von vielen, nicht, um den Märtyrer zu spielen. Wer weiß, vielleicht wäre »La Belote« eine Pleite geworden. Ich denke an die jungen Regieanwärter, von denen manche gewiß vor Ideen platzen, die aber überhaupt keine Möglichkeit haben, die Tore der Zitadelle einzurennen. Ein komisches System, das das Recht auf Ausdruck davon abhängig macht, daß man ein Bankkonto besitzt oder einen Vetter auf dem richtigen Posten. Meine eigenen Produktionen waren finanzielle Mißerfolge gewesen, aber meine Mittel hatten es mir immerhin erlaubt, *La Fille de l'Eau* und *Nana* zu drehen. Hatten mir diese Filme auch weder Ruhm noch Geld eingebracht, so hatten sie doch immerhin etwas Aufmerksamkeit auf mich gelenkt. Ihnen hatte ich es zu verdanken, daß man mich für *Marquitta* engagiert hatte.

1929 tauchte ein Monstrum auf, das die Branche total verändern sollte, ich meine den Tonfilm. Ich begrüßte ihn begeistert. Mir war von vornherein klar, was man alles aus dem Einsatz des Tons herausholen könne. Ist die bessere Kenntnis des Menschen nicht der Gegenstand aller Kunst, und ist die Stimme nicht der unmittelbarste Ausdruck der Persönlichkeit eines menschlichen Wesens? Ich nahm mit mehreren Produzenten Kontakt auf und schlug ihnen vor, einen Roman von La Fouchardière mit dem Titel *La Chienne* (Die Hündin) zu verfilmen. Meine Vorstöße waren vergeblich. Diesmal machte man mir den zwei Jahre zuvor gedrehten *Le Tournoi dans la Cité* zum Vorwurf, der viel Geld gekostet hatte. Mir standen üppige Dekors und schimmernde Kostüme zur Verfügung und obendrein die Kavallerie-Schule von Saumur mit Hunderten von Pferden, kurz, ein Luxus, den man für unvereinbar hielt mit dem Tonfilm. Schon ohne all diesen Luxus erwiesen sich die Tonfilmaufnahmen als sehr langwierig. Nun belastet aber im Kino, wie in der Industrie überhaupt, gerade die Zeit das Budget am meisten.

Ich hatte mit meinem Mißtrauen den Theaterleuten gegenüber nie hinterm Berg gehalten. Während dieser Übergangsperiode aber glaubte das Kino nur den Theaterleuten. Mir schien ihr Stil für den Tonfilm noch weniger geeignet als für den Stummfilm. Die Leute stellen sich vor, daß im Tonfilm allein der Dialog zählt. Ich glaube an den »Dialog«, aber er ist nur ein Teil des »Tons«. Ein Seufzer, das Knarren einer Tür, Schritte auf dem Pflaster können für mich genau so beredt sein wie ein Dialog.

In *La Chienne* sah ich die Möglichkeit zu hinreißenden Szenen für Catherine Hessling und Michel Simon. Und vor allem sah ich die Möglichkeit, eine dramatische Szene auf einem Gassenhauer aufzubauen, den ich wahnsinnig mochte, die »Pflasterserenade«. Dieses Mittel, in einem Film eine Situation zu schaffen, habe ich oft verwandt. *La Grande Illusion* verdankt seinen Stil zum Teil dem »Petit Navire«, das Fresnay in der Uniform eines Husarenhauptmanns auf einer Flöte spielt. In *Toni* tragen die Lieder aus Piemont und Korsika entscheidend zum Ton des Films bei, und in *La Bête Humaine* ist »Ninons kleines Herz« von außerordentlicher Wichtigkeit.

Das glückliche Ereignis, das mir Hoffnung machte, *La Chienne* drehen zu können, war der Aufstieg Pierre Braunbergers zum Co-Direktor der Studios von Billancourt. Als ich die Neuigkeit erfuhr, stürzte ich zum Telefon. Braunberger erklärte mir, daß er einen Sozius habe und daß er sich selbst mit der Zustimmung dieses Sozius nicht ohne das Einverständnis aller seiner Gesellschafter auf die Verwirklichung eines Projekts dieser Größenordnung einlassen könne. Er versicherte mir, es läge ihm sehr daran, mich diesen Film drehen zu lassen. Ohne Zweifel war es ihm damit ernst, aber er wollte seinen Posten behalten, und das verstehe ich. Sein Sozius war Roger Richebé, der Sohn eines bedeutenden Kinobesitzers. Der Vater Richebé besaß, vor allem in der Gegend von Marseille, zahlreiche Kinos. Außerdem besaß er eine Rolle Film, die einen Stierkampf zeigte. Wenn er den Film, der gerade bei ihm lief, langweilig fand, legte er seine Rolle ein. »Back Street« wurde für einen Augenblick zur Corrida, sehr zur Überraschung der Zuschauer, die von der Geschichte nichts mehr verstanden. Der Zusammenschluß von Roger Richebé mit Braunberger machte aus den Studios von Billancourt ein gewichtiges Unternehmen.

Der Hauptgesellschafter, den Braunberger einbrachte, war Monsieur Monteux, Besitzer der größten französischen Schuhfabrik.

Verzeihen Sie, daß ich mich so lange bei der Entstehungsgeschichte von *La Chienne* aufhalte, aber dieser Film sollte für mich eine Wende bedeuten. Ich glaube, mit ihm einem Stil nahegekommen zu sein, den ich »poetischen Realismus« nenne. Tatsächlich zeigten sich, trotz eines katastrophalen Starts, Publikum und Kritiker schließlich empfänglich für die Opferung meiner Überzeugungen auf dem Altar der äußeren Wahrheit, um so mehr als diese äußere Wahrheit sich als eine mächtige Hilfe für die innere Wahrheit erwies.

Doch ehe ich zu den Dreharbeiten von *La Chienne* komme, möchte ich von den Knüppeln berichten, die man mir in den Weg warf. Das fing an mit einer Art Versetzungsexamen, mit dem ich beweisen sollte, daß ich ein sparsamer Regisseur sei. Dieses Examen vollzog sich in Gestalt der Verfilmung von Feydeaus Komödie *On purge bébé* (Baby bekommt sein Klistier).

Daß Joseph de Bretagne, der später bei fast allen meinen französischen Produktionen mitmachte, bei diesem Film Tonassistent war, bedeutete eine große Bereicherung meiner kinematographischen Ausbildung. Er bekehrte mich zur Religion des authentischen Tons. Wenn wir zusammenarbeiteten, habe ich wirklich nur ein Minimum an künstlichem Ton verwandt. Meine Ansicht in dieser Frage hat sich nicht geändert. Ich halte die Synchronisation, das heißt das nachträgliche Hinzufügen des Tons, für eine Niederträchtigkeit. Wenn wir noch im zwölften Jahrhundert lebten, einer Zeit hoher Kultur, würden die Anhänger der Synchronisation als Ketzer auf den Marktplätzen verbrannt. Die Synchronisation entspricht dem Glauben an den Dualismus der Seele.

In *La Chienne* gibt es nicht einen Meter nachsynchronisierten Ton. Wenn wir auf der Straße drehten, bemühten wir uns, die Hintergrundgeräusche durch Decken und Matratzen zu filtern. Wir versuchten, ein Mikrophon in einem Scheinwerfer anzubringen. Hotchkiss, der Direktor der Firma Western Electric, verfolgte meine Dreharbeiten mit großer Anteilnahme. Er legte selbst mit Hand an, weil er sah, daß meine Versuche dazu beitragen könnten, die Möglichkeiten des Tonfilms zu erweitern. Damals dachte man nicht daran, den Ton am Drehort aufzunehmen, vor allem nicht in der Stadt, wo der Straßenlärm groß ist und den Dialog stören kann. Ich wollte aber die Straßenszenen nicht im Studio drehen. Ich wollte mich stützen auf die Echtheit wirklicher Gebäude, richtiger Straßen, richtigen Verkehrs. Ich erinnere mich an einen kleinen Bach, der an einem Haus vorbeifloß, das mir in einer wichtigen Szene als Hintergrund diente. Im Mikrophon hörte sich das Geräusch an wie ein Sturzbach. Damals standen uns noch keine Richtmikrophone zur Verfügung. Ich löste das Problem, indem ich den Bach in Großaufnahme zeigte, wodurch das Geräusch gerechtfertigt war. Jo de Bretagne war begeistert, daß er, wenn auch nur als Tonassistent, an diesem Experiment teilnehmen konnte. Seine Begeisterung erfüllte mich mit Freude. Es war der Beginn einer Freundschaft, die immer noch währt.

Ich bestand die Prüfung von *On purge bébé* mit Erfolg. Mit Hilfe meiner Assistenten Pierre Prévert und Claude Heyman schrieb ich das Drehbuch in einer Woche, eine weitere Woche brauchte ich für die Dreharbeiten und dann nochmal eine Woche für den Schnitt. Drei Wochen nach Beginn der Aufnahmen startete der Film im Gaumont Palace und spielte viel Geld ein. Nicht nur, daß ich aus dieser Prüfung erfolgreich hervorging: es umgab mich nun außerdem noch die Aura des Neuerers. Wie der Titel sagt, spielt die Handlung von *On purge bébé* in einer Klosettatmosphäre. Mehrmals im Film wird die Wasserspülung betätigt und bekommt den Rang einer musikalischen Begleitung. In meinem Bemühen um Realismus verwandte ich die echte Wasserspülung einer echten Studiotoilette. Das Ergebnis war ein Lärm wie ein Wasserfall, die Vertreter der Produktion waren begeistert, und mir verhalf das zum Rang eines bedeutenden Mannes. Ein weiterer Beweis, daß man nicht versuchen soll, sein Geschick in bestimmte Bahnen zu lenken; die göttliche Vorsehung weiß es besser als wir. Ich habe schon gesagt, welch eine Freude es für mich war, mit Michel Simon zu drehen. Dazu kam noch die, daß ich Fernandel entdeckte. Das Studio glaubte nicht an die Verwendungsmöglichkeit dieses unwahrscheinlichen Gesichts. Man verglich ihn mit einem Pferd. Um ihn durchzusetzen, bedurfte es Braunbergers nachdrücklicher Verwendung.

Nachdem ich sie zufriedengestellt hatte, waren meine Prüfer bereit, *La Chienne* zu produzieren. Das war 1931. Später erfuhr ich, daß das Eingreifen von Monsieur Monteux, den Braunberger alarmiert hatte, den Ausschlag gab. Doch damit waren meine Probleme nicht erledigt. Die Rolle der Frau hätte großartig für Catherine gepaßt, aber das Studio hatte die Schauspielerin Janie Marèse unter Vertrag und gab, wie zu erwarten war, ihr den Vorrang.

Außerdem war Catherine genau der Typ von Schauspielerin, der Richebé nicht paßte. So verzichtete ich auf Catherine und akzeptierte Janie Marèse. Dieser Verrat bezeichnete das Ende unseres gemeinsamen Lebens. Catherine konnte diese Enttäuschung nicht verwinden. Ich bot ihr an, mich zu opfern und auf *La Chienne* zu verzichten. Das lehnte sie ab in der Hoffnung, ich würde darauf bestehen. Doch ich bestand nicht darauf, und das war das Ende eines Abenteuers, das im Zeichen des Glücks hätte weitergehen können. Das Kino erwies sich für uns als ein grausamer Gott.

La Chienne

Die Hauptdarsteller von *La Chienne* waren Michel Simon, Janie Marèse und Georges Flamant. Alle drei erwiesen sich als gleichermaßen bemerkenswert und trieben den Realitätskult so weit, daß ihnen in ihrem Privatleben eine Geschichte widerfuhr, die der des Films nicht unähnlich war. Es war eine bestürzende Geschichte, aber da sie auf dem Roman eines als Humoristen bekannten Autors basierte, erwarteten viele Leute, allen voran Roger Richebé, einen Spaß. Welch eine Enttäuschung! Es geht, kurz gesagt, um einen kaufmännischen Angestellten, der auf die schiefe Bahn gerät: er greift seinem Arbeitgeber in die Kasse, um die Ansprüche einer kleinen Nutte zufriedenstellen zu können. Dieser Angestellte ist Amateurmaler, und die Kunsthändler entdecken, daß er nicht unbegabt ist. Sein ganzes Geld gibt er dem Mädchen, das einen in seinen Forderungen unersättlichen Liebhaber hat. Er entdeckt die Existenz des Zuhälters, und mit einem Brieföffner erdolcht er die Geliebte. Der Zuhälter wird verhaftet, für schuldig befunden und geköpft. Der wahre Mörder wird Clochard.

Es ergab sich, daß die Hauptdarsteller, ganz im Bann ihrer Rollen, schließlich wie die Figuren empfanden. Michel Simon, der die Rolle des kaufmännischen Angestellten spielte, verliebte sich wirklich in Janie Marèse, die ihrerseits nur Augen hatte für Flamant, der den Zuhälter spielte. Für diese Rolle hatte ich einen hervorragenden Amateurschauspieler gefunden, der so viel unter Ganoven verkehrte, daß er deren Sprache und Benehmen angenommen hatte. Ich will nicht behaupten, daß Flamant Janie Marèse auf den Strich schickte, beileibe nicht. Er hatte sie dazu gebracht, einen reichen Beschützer zu verlassen, dessen Einfluß im Film- und Theatermilieu der Karriere seiner Geliebten sehr zustatten gekommen wäre. Flamant fesselte Janie Marèse an sich mit den besten Mitteln aus dem Repertoire der »Apachen«. Sie mußte sich ausziehen, nackt auf ein Sofa legen, an dessen Fuß er sich hinkauerte. So verharrte er stundenlang, »ohne sie anzufassen«. »Verstehst du, mein Alter, ich schau sie nur an, ich schau sie an mit Hingabe, aber ich rühr sie nicht an. Nach einer Stunde kann ich mit ihr machen, was ich will. Ohne sie anzurühren, darauf kommt es an.«

Janie Marèse war die Tochter ehrenwerter Bürger und im Kloster erzogen worden. Ehe wir mit den Dreharbeiten begannen, erarbeitete ich mit ihr die Rolle. Nur eins hatte sie, was gegen sie sprach: einen zu feinen Akzent. Ich versuchte, sie ihren Text ohne Bindungen sprechen zu lassen. »Quand hil imite Maurice Chevalier, il est hépatant.«* So ging es dann sehr gut.

Was den Mord betrifft, so trat im Leben ein Unfall an seine Stelle. Geblendet von der Aussicht auf eine Starkarriere, hatte sich Flamant ein dickes amerikanisches Auto gekauft. Er konnte kaum fahren. Nach Beendigung der Dreharbeiten nahm er Janie Marèse darin mit und hatte einen Unfall, bei dem die junge Frau getötet wurde. Michel Simon traf dieser Schlag so sehr, daß er bei der Beerdigung ohnmächtig wurde. Bei den wenigen Schritten, die er um das Grab herum tat, mußte er gestützt werden. Im Verlauf

* Statt »Quandil imite Maurice Chevalier, il estépatant.« (Wenn er Maurice Chevalier imitiert, ist er toll.) (A. d. Ü.)

meiner Filmkarriere habe ich eine Menge Schauspieler getroffen, die ihre Rolle lebten, aber keiner hat den Pirandellismus so weit getrieben wie er. Michel Simon war nicht mehr er selbst, sondern Monsieur Legrand, der kaufmännische Angestellte. So etwas brachte nur er fertig.

Michel Simon war schon zu Beginn seiner Karriere von Legenden umwoben. Man sagte ihm ein besonderes Interesse an den ungewöhnlichsten sexuellen Spielen nach. Er stritt es nicht ab. Ich glaube sogar, das Gerede amüsierte ihn. Mit einer seltenen Sicherheit erkannte er die Dummheit und den schlechten Geschmack unserer Zeit und stellte ihn bloß. Mit seinem Glauben an unpräparierte Nahrung war er seiner Zeit weit voraus. Ich machte ihn darauf aufmerksam, daß die fermentierten Käse heute überhaupt keine Maden mehr haben. Wenn man in meiner Jugend vergaß, ein Stück Camembert zuzudecken, konnte man sicher sein, daß er am nächsten Tag von Würmern wimmelte. Heute sind die Würmer aus der Käserinde verschwunden, weil man der Milch chemische Produkte zusetzt. Michel Simon trauerte der Zeit der Maden ehrlich nach: »Man brauchte doch nur die Kruste abzukratzen, dann waren die Viecher weg.« Für ihn war diese Madengeschichte das Symbol der modernen Zeit, die die Qualität der Bequemlichkeit opfert. Wenn man auf seine vermeintliche Perversität anspielte, antwortete er: »Das einzige Ding auf der Welt, das noch ein bißchen lebendig ist, das ist die Klitoris einer Frau.« Er war vernarrt in Tiere, vor allem in Affen. Manche Leute behaupteten sogar, er unterhielte sexuelle Beziehungen zu einer Äffin. Ich habe meine Zweifel an der Echtheit der Extravaganzen, die man Michel Simon nachsagte. Was das Affenweibchen betrifft, so kann ich mich jedenfalls für die Reinheit dieser Liaison verbürgen. Dieses liebe Tier zeigte eine seltene Zuneigung zu ihm. Es war ein Bedürfnis nach Liebe, eine rührende und vollkommen reine Liebe.

Nachdem der Film abgedreht war, ging die Montage ohne Zwischenfall vonstatten. Braunberger, der die Dreharbeiten aufmerksam verfolgt hatte, war begeistert. Richebé, der auf Reisen gewesen war, ließ sich den fertigen Film vorführen. Da er eine Komödie erwartet hatte, fiel er aus allen Wolken. Er glaubte, den Film durch Schnitte seiner Vorstellung entsprechend verändern zu können. Er wandte sich an den Regisseur Fejos, der den Eingriff vornehmen sollte. Als der hörte, daß ich nicht einverstanden sei, lehnte er ab. Daraufhin vertraute Richebé den Film der unternehmungslustigen Madame Batcheff an. Ich protestierte vergeblich. »Es ist nur zu deinem Besten«, sagten mir Zeugen des Diebstahls. »Seit Monaten steckst du nun schon bis über den Hals in deinem Film drin. Was er jetzt braucht, um zu einem Meisterwerk zu werden, ist etwas Abstand, ein neuer Blick.« Diesen Witz von dem neuen Blick habe ich oft zu hören bekommen. Es ist nur ein Euphemismus, damit es der Autor leichter schluckt, daß man ihm ins Handwerk pfuscht.

Am Tag nach der Entscheidung, mir meinen Film wegzunehmen, ging ich ins Studio, um zu sehen, was noch zu machen sei. Ich fand den Eingang von zwei Polizisten bewacht, die mir erklärten, sie hätten darauf zu achten, daß ich das Studio nicht beträte. Alles Protestieren, alles Rufen nach Braunberger, Richebé und den anderen großen Tieren nützte nichts. Ich durfte meinen Schneideraum nicht mehr betreten, und das Geschick meines Films lag in den Händen einer Person, die gewiß nicht unfähig war, aber mit meinem Film sicher nichts anfangen konnte. Während dreier Tage und Nächte irrte ich durch die Bars am Montmartre und suchte auf romantische Weise Vergessen im Alkohol. Ein junger Regisseur, Yves Allégret, holte mich da heraus. Er brachte mir Braunberger, der mir riet, mich an Monsieur Monteux zu wenden. Er verhalf mir zu einer Unterredung mit ihm. Monteux empfing mich in der Wohnung seiner Gefährtin, der entzückenden Berthe de Longpré, die in ganz Paris für ihren makellosen Busen bekannt war. Als ich ihr von meinen Sorgen mit *La Chienne* erzählte, war sie empört und verlangte von ihrem Freund, er solle Richebé sofort klarmachen, daß er mich meinen Film so schneiden lassen müsse, wie ich es wolle. Ich mache hier eine Parenthese, um zu berichten, daß ich Monteux und seine Gefährtin später unter sehr veränderten

Umständen wiedersehen sollte. Es war in Cannes, während des Zweiten Weltkriegs. Monteux war Jude und deshalb in großer Gefahr. Berthe de Longpré hatte sich nicht von ihm trennen wollen und blieb treu an seiner Seite.

Die Premiere von *La Chienne* fand im Palais Rochechouart statt. Jacques Becker, der seinen Militärdienst ableistete, hatte sich Urlaub geben lassen, um dabei sein zu können. Als die Lichter im Saal wieder angegangen waren, sah ich vor mir einen Husarenunteroffizier mit einem so verkrampften Gesicht, daß ich schon eine Nervenkrise befürchtete. Ich erkannte Jacques und vertraute ihn der Obhut von Valentine Tessier an, die hemmungslos schluchzte; auch sie war so erschüttert von dem Film. »Kümmere dich um Jacques«, bat ich sie, »er hat einen Gesichtskrampf.« Aber Valentine Tessier umarmte mich, immer wieder umarmte sie mich. Sogar mein Bruder Pierre, der immer sehr zurückhaltend in seinen Äußerungen war, wiederholte mit zitternder Stimme: »Jean, ist das schön, ist das schön!« Schließlich hatte auch Jacques Becker sich wieder gefangen und sagte: »In zwei Monaten habe ich meinen Militärdienst hinter mir. Dann werde ich täglich bei dir klingeln. Ich werde dir solange auf die Nerven gehen, bis du mich zu deinem Assistenten machst.«

Für die Dreharbeiten zu *La Chienne* hatte ich einen erstklassigen Generalstab: Claude Heyman, Pierre Schwab und den hinreißenden Pierre Prévert, eine Figur wie aus dem »Sommernachtstraum«. Sein Bruder Jacques besuchte uns häufig und half uns, die sarkastische Verve zu behalten, die wir für unser Unternehmen brauchten. Es war die große Zeit der Gruppe Octobre. Der Surrealismus strahlte in jungem Glanz. Wir träumten davon, eine Gesellschaft der überflüssigen Geste zu gründen, deren Ziel es sein sollte, vollkommen unnütze Handlungen zu belohnen. Zum Beispiel sollte belohnt werden, wer das Haus eines Nachbarn, der ihm nie etwas getan hatte, in Brand setzte. Dagegen sollte bestraft werden, wer in die Seine springt, um einen Hund zu retten. Wer Autos auf der Straße anhielt, um eine alte Frau vorbeigehen zu lassen, sollte bestraft werden; wer dagegen Autos anhielt, um niemand vorbeizulassen, sollte belohnt werden. Dieses Auszeichnungssystem würde auf die Dauer den universellen Frieden herbeiführen: Verbrechen werden gemeinhin mit einem Ziel begangen, Kriege werden erklärt in der Hoffnung auf Eroberungen. Wenn man den Gewinn bei derartigen Dingen ausschaltete, würde man den Frieden auf Erden haben – ein paar Irregeleitete immer ausgenommen.

Trotz des Premierenerfolgs von *La Chienne* traute Richebé der Sache nicht. In einer Provinzstadt wollte er das Terrain sondieren. Er entschied sich für Nancy. Da kam dann die Politik ins Spiel. Ein paar rechtsextreme Gruppen, darunter die »Feuerkreuzler«, bildeten sich ein, es sei ein revolutionärer Film, der Himmel mochte wissen, wieso. Vielleicht sahen sie in ihm eine Beleidigung der Justiz. Jedenfalls begann die Aufführung in Nancy mit einem Wahnsinnstumult, Sitzgeklapper und Pfiffen und der Ankündigung, der Radau ginge sofort von neuem los, wenn der Film nicht abgesetzt werde. Das war das Ende meiner kinematographischen Hoffnungen. Wieder einmal mußte ich daran denken, den Beruf aufzugeben. Ich hatte mein Selbstvertrauen verloren. Vielleicht hatten diese Zuschauer und Kritiker ja recht. Vielleicht hatte ich unrecht weiterzumachen, aber glücklicherweise, wie der Dichter Georges Fourest sagt, hat Gott einen Finger, und dieser Finger sollte meine Feinde durcheinanderbringen.

Ich hatte Freundschaft geschlossen mit einem Kinobesitzer namens Siritzky, den ich bei Marcel Pagnol kennengelernt hatte. Er war russischer Jude und liebte das Kino leidenschaftlich. Seine Muskelkraft war der Grund, aus dem Pagnol sich für ihn interessierte. Er konnte einen Schmiedehammer hochheben, ihn auf ein aufgestelltes Geldstück herabsausen lassen und im allerletzten Moment anhalten. Er war Maat in der türkischen Marine gewesen. Marcel Pagnol sagte von ihm: »Ein Mann, der in der türkischen Marine gedient hat, kennt sich notwendigerweise im Kino aus.« Sein Leben war eine ununterbrochene Folge von Höhen und Tiefen gewesen. Ein Mißerfolg mehr machte ihm keine Angst.

Er hatte zuerst ein kleines Kino in der hintersten Vorstadt eröffnet. Er zeigte ungewöhnliche Filme, an die sich der normale Verleih nicht herantraute. Sein Erfolg hatte ihm finanzielle Beteiligungen eingetragen, und zur Zeit meiner Schwierigkeiten mit *La Chienne* leitete er ein halbes Dutzend Kinos, darunter ein sehr luxuriöses in Biarritz. Er bat mich, ihm meinen Film vorzuführen, was ich tat, und er gefiel ihm sehr. Er schlug Richebé vor, ihn in seinem Kino in Biarritz herauszubringen. Dafür dachte er sich eine ungewöhnliche Vorreklame aus. In Zeitungsanzeigen und auf Plakaten riet er Familien ab vom Besuch des Films. Dieses Horrorspektakel, warnte er, sei nichts für empfindliche Seelen. Und dabei war ich, wenn man an die heutige Produktion denkt, wirklich nur ein schüchterner Vorläufer. Am ersten Spieltag mußte das Kino Leute wegschicken. Der Film blieb mehrere Wochen auf dem Spielplan, was bis dahin in Biarritz noch nie passiert war. Dieser Erfolg ließ den Direktor des Colisée in Paris aufmerken, der Richebé antrug, den Film ins Programm zu nehmen. Es wurde ein riesiger Erfolg. *La Chienne* blieb eine Rekordzeit lang auf dem Spielplan.

Ich hatte angenommen, nach dem Erfolg von *La Chienne* würde mein Weg mit Rosen und Lilien gepflastert sein. Nichts davon. Nach dem Tumult von Nancy galt ich als umstrittener Regisseur. Außerdem wollte ich meine Ideen und Gedanken unterbringen, während die Produzenten auf den ihren bestanden. Ich wiederhole hier, sicher nicht zum letzten Mal: die Kinokaufleute glauben, den Publikumsgeschmack zu kennen; in Wirklichkeit kennen sie ihn überhaupt nicht, ich übrigens auch nicht. Der Irrtum rührt daher, daß die meisten Leute glauben, man verkaufe eine Geschichte. In Wirklichkeit verkauft man aber die Persönlichkeiten des Autors und der Schauspieler. Der Autor ist davon überzeugt, die Geschichte werde ihm erlauben sich auszudrücken. Der Kaufmann wiederum glaubt, die Geschichte seiner Wahl werde die Massen anlocken. Ich spreche hier von den ehrlichen Autoren und den ebenso ehrlichen Kaufleuten. Die einzige Möglichkeit, Filme zu machen, besteht darin, den Standpunkt der Finanziers zu akzeptieren. Wenn die Persönlichkeit des Regisseurs stark genug ist, wird sie die Gesamtheit der Vorgänge beherrschen und ihn, wie das sein sollte, zum wirklichen Autor des Films machen.

Der Glaube der Kaufleute an ihre Unfehlbarkeit erinnert mich an eine Anekdote, die diesen Tatbestand besser illustriert als jede Erklärung. Ich hatte mit einem gewichtigen Produzenten deutscher Herkunft eine Verabredung, um mit ihm über ein Projekt zu sprechen. Dieser Produzent war sehr fett, ein wahrer Elefant, außerdem hatte er einen penetranten Akzent. Wir nahmen in seinem Büro Platz. Er machte es sich bequem. Ich setzte mich und sammelte mich. Ich hatte eben erst zu reden begonnen, da unterbrach er mich: »Sie stehen im Ruf, Filme für Intellektuelle machen zu wollen«, sagte er mir. »Das sind Besucher, die kein Geld bringen. Wenn wir Geld verdienen wollen, müssen wir den Midinetten gefallen.« Er ließ seine hundert Kilo in dem Sessel Platz greifen und sagte mit seinem unnachahmbaren Akzent: »Machen Sie weiter, ich höre.« Dann fügte er mit einem neckischen Lächeln hinzu: »Moi . . . midinette.«

Meinen nächsten Film verdanke ich Michel Simon. Wir waren beide der Meinung, daß das Stück *Boudu sauvé des Eaux* von Fauchois einen großartigen Filmstoff abgeben würde. Vor allem lagen die Möglichkeiten auf der Hand, die die Rolle des Boudu Michel Simon bot. Die Rolle des Clochards, der allen Versuchen, ihn anzupassen, widersteht, war wie geschaffen für diesen genialen Schauspieler. Die Finanzierung des Films war durch das Ansehen Michel Simons gesichert. Der Erfolg übertraf unsere kühnsten Erwartungen. Das Publikum reagierte mit einer Mischung aus Amüsement und Wut. Boudu kündigte lange vor ihrer Zeit die Hippiebewegung an. Was sage ich – Boudu war der perfekte Hippie. Bei der Szene, in der er seine Schuhe mit einer Bettdecke abputzt, stießen die Zuschauer, vor allem die weiblichen, Wutschreie aus, waren dann aber schnell wieder eingenommen von der unwiderstehlichen Komik der Situation und der Schauspieler.

Wie immer hatte ich die ursprüngliche Geschichte stark abgeändert. Fauchois war beleidigt und wollte seinen Namen zurückziehen. Dreißig Jahre später war er, als er einer Vorführung des

Films beiwohnte, glücklich und überrascht über die begeisterte Reaktion des Publikums. Er mußte auf die Bühne kommen. Die Ovation, die man ihm darbrachte, ließ ihn meinen Verrat an seiner Geschichte vergessen.

Nach einer Periode unfreiwilliger Arbeitslosigkeit, die nicht die erste und nicht die letzte meines Lebens war, verfiel ich neuerlich der Versuchung, selbst einen Film zu produzieren. Das Geld hatte ich aus privaten Quellen. Mit der Filmindustrie bestand kein Zusammenhang. Die Vorlage war ein wundervoller Roman meines Freundes Simenon, *La Nuit du Carrefour* (Die Nacht an der Kreuzung). Jacques Becker war Produktionsleiter, mein Neffe Claude Renoir Kameraassistent und Mimi Champagne Scriptgirl, Jo de Bretagne machte den Ton, kurz, lauter Freunde. Mein Bruder Pierre spielte die Hauptrolle. Sonst waren die Darsteller, abgesehen von einigen befreundeten Schauspielern, allesamt Laien. Mit von der Partie waren der Musikologe Jean Gehret, der Maler Dignemont, der Filmkritiker Jean Mitry, der Bühnenautor Michel Duran. Ich hatte mir vorgenommen, das Geheimnis dieser durch und durch geheimnisvollen Geschichte rein durchs Bild wiederzugeben. Ich wollte die Handlung der Atmosphäre unterordnen. Simenons Buch läßt großartig das Grau dieser Ecke, rund fünfzig Kilometer vor Paris, vor unseren Augen entstehen. Ich glaube, auf der ganzen Welt gibt es keinen deprimierenderen Winkel. Diese paar Häuser, verloren in einem Meer von Nebel, Regen und Dreck, beschreibt der Roman phantastisch. Sie hätten von Vlaminck gemalt sein können.

In meiner Begeisterung für die Atmosphäre, die Simenon zu schaffen verstanden hatte, vergaß ich wieder einmal, was ich über die Gefahren wußte, die die Verfilmung eines literarischen Werks mit sich bringt. Wir mieteten eins der Häuser an der Kreuzung, das gerade leerstand, und schlugen dort unsere Zelte auf. Der größte Teil des Teams schlief im Hauptraum auf dem Boden. Dort aßen wir auch. Wenn die Nacht gerade richtig geheimnisvoll war, weckten wir die Schläfer und fingen an zu drehen. Fünfzig Kilometer vor Paris lebten wir wie Forscher am Ende der Welt. Geheimnisvoll wirkte der Film in einem Maß, das unsere kühnsten Absichten übertraf. Zusätzlich fiel dabei ins Gewicht, daß zwei Rollen verloren gingen, wodurch der Film schlechthin unverständlich wurde, selbst für seinen Autor.

Marcel Lucien, dem Kameramann, gelangen phantastische Nebeleffekte. Die Schauspieler, ob Laien oder nicht, standen so unterm Eindruck dieser finsteren Kreuzung, daß sie ganz eins wurden mit dem Dekor. Sie spielten »geheimnisvoll«, wie es in einem bequemen Studio gar nicht zu schaffen gewesen wäre. *La Nuit du Carrefour* bleibt ein total verrücktes Unternehmen, an das ich nicht ohne Wehmut zurückdenken kann. Heutzutage, wo alles bestens organisiert ist, könnte man so gar nicht mehr arbeiten.

Wegen meiner Neigung, mit guten Freunden zu arbeiten, habe ich oft die Lust des intimen Einvernehmens während der Herstellung eines Films kennengelernt. Während der Dreharbeiten zu *Madame Bovary*, 1933, ließ unser Leben in Lyons-la-Forêt, einem kleinen Ort in der Normandie, uns alles vergessen, was uns sonst beschäftigte. Zu unserer »Familie« gehörte übrigens auch dabei mein Bruder Pierre. Valentine Tessier war für mich wie meine Schwester. Jeden Abend versammelten wir uns um Gaston Gallimard, einen der Finanziers des Films. Jacques Becker und Le Vigan waren auch dabei. Unsere hauptsächliche Unterhaltung bildete ein Spiel, zu dem uns die »Gaîtés de l'Escadron« von Courteline inspiriert hatten und das das Lefoutro-Spiel hieß. Es bestand darin, während der Mahlzeiten, wenn wir um den Tisch herumsaßen, in die Mitte eine Serviette zu legen, die so zusammengedreht war, daß sie aussah wie ein männliches Glied. Die Regel bestand darin, um dieses Symbol herum in respektvollem Schweigen zu verharren. Der erste, der es an Aufmerksamkeit fehlen ließ, bekam mit dem Lefoutro drei Schläge auf die Finger, dazu wurde folgender Satz gesprochen: »Ich habe gesehen, wie du deiner Nachbarin Zeichen gemacht hast. Du hast Monsieur Lefoutro beleidigt. Das Vergehen muß gesühnt werden, dann kann es vergeben werden.« Der Schuldige konnte Protest einlegen. »Ich protestiere«, sagte er dann, »ich kann Monsieur Lefoutro gar nicht beleidigt haben in Anbetracht der Tatsache, daß ich vollauf damit beschäftigt war, mein Huhn zu zerlegen.« Über den Protest wurde abgestimmt und die Strafe verdoppelt, wenn das Vergehen bestätigt wurde. Diese unschuldigen Spiele bereiteten uns besser auf die Arbeit des nächsten Tages vor, als gelehrtes Gerede es getan hätte.

Marcel Pagnol

Selten ist auf dieser Erde der Typ Mensch, der gleichermaßen begabt ist fürs Geschäft wie für die Kunst des Schauspiels. Charlie Chaplin ist dafür das geniale Beispiel. Auf einer finanziell bescheideneren Ebene kann man den Schweden Ingmar Bergman dazu rechnen. Dieser hat es geschafft, die Filme seiner Wahl zu drehen und leben zu können dank einer Organisation, die mir in jeder Weise als bemerkenswert erscheint. Er arbeitet mit dem Königlichen Theater von Stockholm zusammen. Im Winter, wenn das Wetter für Außenaufnahmen ungeeignet ist, arbeitet er beim Theater. Und wenn mit dem Sommer das gute Wetter wiederkehrt, dreht er Filme. Seine Schauspieler verdienen sowohl am Theater als auch durch die Filme, in denen sie spielen. Das ist eine phantastisch ökonomische Produktionsweise. Da sie in schwedischer Sprache gedreht sind, finden seine Filme natürlich nur eine begrenzte Verbreitung, aber dieser Umstand setzt zugleich den Gagen der Schauspieler Grenzen. Nur die Englischsprechenden unter ihnen können sich von Zeit zu Zeit den Luxus eines amerikanischen Engagements leisten.

In Frankreich hat ein genialer Autor es geschafft, eine perfekt funktionierende Verleihorganisation für seine Filme aufzubauen. Das war Marcel Pagnol. Er beschränkte sich nicht nur geographisch, wie Bergman, sondern auch noch historisch. Die »Films

Marcel Pagnol« funktionierten wie ein Handwerksbetrieb im Mittelalter. Während der Arbeit an meinem Film *Toni* sah ich ihn häufig. Er benutzte bei seinen Filmen meine technische Ausrüstung aus dem Vieux Colombier. Die Techniker, Schauspieler und Arbeiter brachte er, wie ein Zimmermeister im fünfzehnten Jahrhundert, bei sich in seinem Landhaus unter. Er hatte sein Studio in Marseille. Ich hatte für die Zeit der Dreharbeiten meines Films eine Wohnung nicht weit davon entfernt gemietet und gesellte mich zu seinem Team für manche spannende Pétanque-Partie. Wir leisteten uns gegenseitig Dienste in Naturalien, ich drehte für ihn gelegentlich eine Szene, er half mir bei Dialogproblemen. Er besaß seine eigene Verleihorganisation und sogar ein Kino auf der Canebière in Marseille. Das war nach »Marius« und »Fanny«. Sein Ruf war sagenhaft, das machte ihn völlig unabhängig. Der kommerzielle Erfolg Pagnols basierte auf seinem Talent. Das funktionierte, und zwar vorzüglich.

Marcel Pagnol war der Ansicht, Frauen seien nur nütze zum Kinderkriegen. Damit erschöpfe sich ihre Funktion mehr oder weniger. Er wollte ein Kind haben, blond sollte es sein, und so machte er sich auf die Suche nach einer blonden Mutter, die er übrigens auch zu heiraten gedachte. Sein Freund Léon Volterã, Besitzer des Casino de Paris, *der* Music-Hall der Nachkriegszeit, und Besitzer des Théâtre de Paris, das sich dem seriösen Schauspiel widmete, riet ihm zu einem »girl«, einer der englischen Tänzerinnen seines Etablissements. Jeden Abend schauten Pagnol und Volterã im Casino de Paris vorbei, wo die Mädchen auftraten, und diskutierten über die Vorzüge der ahnungslosen Kandidatinnen. An einem Abend fiel ihre Wahl auf die Nummer 3, am nächsten auf die Nummer 10. Schließlich fiel die Entscheidung, und Marcel Pagnol machte der Auserwählten seine Aufwartung. Sie nahm sofort an, hingerissen von Stolz bei der Vorstellung, Madame Marcel Pagnol zu werden. Ich habe sie verschiedentlich getroffen. Sie war eine charmante Frau, die aber vom Leben etwas mehr erwartete als die Aufgabe, Kinder auszutragen. In unbewußtem Protest schenkte sie ihm ein brünettes Kind.

Léon Volterã hatte eine große Schwäche für Pagnol. Dazu muß man sagen, daß sein Théâtre de Paris, das vom Casino nur durch einen Flur getrennt war, dank »Marius« und »Fanny« nie leer war. Er war außerdem der Besitzer des Lunaparks, des Rummelplatzes an der Porte Maillot. Zu den Premieren des Théâtre de Paris lud er die Attraktionen des Lunaparks ein. So konnte man irgendeine Pariser Berühmtheit zwischen dem Skelettmann und der Frau mit Bart sitzen sehen. Volterã brachte diese disparate Gesellschaft keineswegs aus Reklamegründen zusammen. Es war eine Geste der Freundschaft seinen Angestellten gegenüber.

Es ist unmöglich, von Marcel Pagnol zu reden, ohne der imposanten Figur Raimus Erwähnung zu tun. Er, der vielleicht der größte französische Schauspieler des Jahrhunderts war, war für bestimmte Fragen einfach nicht zugänglich. Vom Kino wußte er nur, daß eine Großaufnahme alle Einzelheiten des Gesichts zeigt. So verlangte er während der Dreharbeiten unentwegt vom Kameramann: »Mach mich groß!« Ich mochte ihn sehr gern, und ich glaube, er hatte auch für mich freundschaftliche Gefühle. Vielleicht empfand er, daß die allenthalben so hochgelobte Eigenschaft der Intelligenz häufig zusammengeht mit einem unangenehmen Mangel an Naivität. Er interpretierte die Rollen, die Pagnol ihm gab, ohne zu überlegen. Er verließ sich auf seinen Instinkt und auf das phantastische Geschick des Autors.

Die Ansicht, Schauspieler seien dumm, ist weit verbreitet. Es ist ein unbegründeter Gemeinplatz. Die Intelligenz kommt unter Schauspielern im gleichen Maß vor wie bei anderen menschlichen Wesen. Was die Schauspieler betrifft, so hat ihr Talent, beziehungsweise ihr Genie, nichts zu tun mit ihrem Intelligenzquotienten. Ich habe intelligente Schauspieler gekannt, die, sobald sie auf der Bühne standen, erbärmlich wirkten. Das war nicht der Fall bei Jouvet, der vor Talent und Intelligenz barst. Jouvet nahm seine Rolle Wort für Wort auseinander. Er verstand es, den versteckten Sinn eines Textes ans Licht zu befördern. Seine Proben waren eine Folge von Entdeckungen. Giraudoux hat oft nach einer Darstellung durch Jouvet seinen Text verändert.

Pagnol dagegen glaubte nur an den Dialog. Er hatte recht, es war das Mittel, das sich als treuester Diener seines Genies erwiesen hatte. Meine Auffassung ist der seinen genau entgegengesetzt. Ich glaube an den Dialog, aber nicht als ein Mittel zur Erhellung der Situation, sondern als integraler Bestandteil der Szene. Nehmen wir an, ich hätte eine Liebesszene zu drehen. Die Schauspielerin ist wie geschaffen für ihre Rolle. Sie ist schön und hat Talent. Ihr Partner ist schön wie der junge Morgen. Obendrein ist er sympathisch. Nun soll dem Publikum eine Vorstellung von dem Gefühl vermittelt werden, das die beiden ergriffen hat. Auf dem Theater gibt es nur ein Mittel, die Anteilnahme des Publikums zu gewinnen: man muß unsterbliche Worte finden, um die grenzenlose Zuneigung auszudrücken, die von den beiden Besitz ergriffen hat. Im Kino braucht man, dank der Großaufnahme, diese Erklärung nicht. Die Beschaffenheit der Haut, der Glanz in den Augen, die Feuchtigkeit der Lippen sagen mehr als jede Tirade. Die meisten Filmdialoge scheinen nur dazu bestimmt, dem Gegenstand zu größerer Klarheit zu verhelfen. Das ist ein irriges Konzept. Der Dialog ist eins mit dem Gegenstand und offenbart das Individuum. Denn der wahre Gegenstand ist das Individuum, das sich durch den Dialog, das Bild, die Situation, den Dekor, die Temperatur, die Beleuchtung offenbart. Die Welt ist ein Ganzes.

Volksfront

Kurz vor Beginn des Zweiten Weltkriegs war es für mich ein großes Rätsel, wie so viele brave Leute, die selbst keiner Fliege etwas hätten zuleide tun können, dem Phänomen Hitler ohne Zögern ihre Zustimmung gaben. In Wahrheit setzten sie auf Hitler, um sich von all den Insekten befreien zu lassen, die sie für schädlich hielten, wie etwa die Verspätung der Züge, die Streiks bei Gas, Post, Elektrizität und Müllabfuhr, ganz zu schweigen von der Telefonvermittlung und den Bergarbeitern in den Gruben. Ihr schlagendstes Argument war: »In Deutschland sind die Züge pünktlich, und niemand streikt.«

Die Trennung der Menschen in Faschisten und Kommunisten besagt absolut nichts. Faschismus und Kommunismus glauben an den Fortschritt. Ihre Anhänger wünschen sich für die Zukunft eine auf Technologie gegründete Gesellschaft. In Moskau wie in New York ist diese Technologie der allmächtige Gott. Dennoch kommt man nicht umhin, in Extremfällen Stellung zu beziehen. Wenn die Situation sich nochmal ergäbe und ich mich unbedingt entscheiden müßte, würde ich für den Kommunismus Partei ergreifen, weil mir scheint, daß die Verfechter dieser Doktrin eine ehrenwertere Auffassung vom menschlichen Wesen haben. Aber für mich ist, wie ich es schon erklärt habe, hier wiederhole und weiter wiederholen werde, der wahre Feind der Fortschritt, und zwar nicht, weil er nicht funktioniert, sondern gerade weil er funktioniert. Nicht wegen gelegentlicher Unfälle sind Flugzeuge gefährlich. Sondern weil sie pünktlich abfliegen und landen und bequem sind. Der Fortschritt ist gefährlich, weil er sich auf eine perfekte Technologie stützt. Sein Erfolg ist es, der unsere Lebensnormen umstürzt und den Menschen zwingt, in Dimensionen zu leben, die nicht für ihn geschaffen sind. Wenn dieser Feind uns wenigstens noch die Zeit zur Anpassung ließe. Aber nein, eben erst hat man eine Art Stabilität erreicht, dann stellt schon die nächste Erfindung wieder alles infrage.

Ich hatte damals gerade *Le Crime de Monsieur Lange* (Das Verbrechen des Monsieur Lange) gedreht, der großen Erfolg hatte. Dieser Film hatte mich zum Linken gestempelt, sicher weil darin von Arbeitergenossenschaften die Rede war, einer Einrichtung, die heutzutage auch unter kapitalistischsten Verhältnissen gang und gäbe ist. 1935 bat mich die französische kommunistische Partei, einen Propagandafilm zu machen, was ich mit Freuden annahm. Jeder anständige Mensch war es sich schuldig, den Nationalsozialismus zu bekämpfen. Ich bin Filmemacher, meine einzige Möglichkeit, an dem Kampf teilzunehmen, bestand darin, einen Film zu machen. Ich machte mir etwas vor, was die Wirksamkeit des Kinos betraf. *La Grande Illusion* hat trotz seines Erfolgs den Zweiten Weltkrieg nicht aufgehalten. Aber ich sage mir, viele große Illusionen, viele Zeitungsartikel, Bücher, Äußerungen können einen Einfluß haben.

Die Dreharbeiten zu *La Vie est à nous* (Das Leben gehört uns) brachten mich mit Leuten zusammen, die besessen waren von einer ehrlichen Liebe zur Arbeiterklasse. Ich glaubte und glaube auch heute noch an die Arbeiterklasse. In ihrer Machtübernahme sah ich einen möglichen Gegenpol zu unserem zerstörerischen Egoismus. Heute, in der Hemisphäre der »überentwickelten Nationen«, in die der Zufall mich verschlagen hat, gibt es keine Arbeiterklasse mehr. Mit dem materiellen Wohlstand ist eine gewisse Reinheit des Geistes ein für allemal dahin. Ein Nagel verdrängt den anderen. Wenn der Arbeiter in den Genuß der bürgerlichen Lebensweise kommt, wird er zum Bürger. Das wirkliche Proletariat findet man heute in den unterentwickelten Ländern. Der brasilianische Peon ist ein Proletarier, der Arbeiter bei General Motors ist keiner mehr.

Die militanten Linken, damals, als wir *La Vie est à nous* drehten, waren ehrlich selbstlos. Sie waren Franzosen, mit allen Fehlern und Qualitäten von Franzosen. Sie hatten nicht das Mystische der Russen und nichts von lateinischer Beredsamkeit. Es waren weitherzige Realisten. Mit verschiedenen Tendenzen, aber alle Franzosen. Ich fühlte mich wohl bei ihnen, wir mochten dieselben Volkslieder und den gleichen Rotwein.

Zufällig erlebte ich eines Tages, in Vincennes, anläßlich eines großen Anti-Hitler-Meetings, zwei verschiedene Gruppen. Auf der einen Seite war eine Gruppe von Zimmerleuten, Männern mit kräftigen Schnurrbärten, die zur Feier des Tages ihre Zunftkleidung angelegt hatten. Die andere Gruppe bestand aus jungen Laborarbeiterinnen. Die Männergruppe und die Frauengruppe diskutierten über die Ziele der Revolution. »Ich werde die Revolution genießen«, sagte ein Zimmermann, »und in den Kellern der Reichen erst mal ein paar gute Flaschen köpfen. Ihre Bilder und ihre Silberbestecke, die können sie behalten. Ich werde mir einen guten Roten nehmen.« Eins der jungen Mädchen aus der anderen Gruppe war empört, als sie das hörte: »Mit welchem Recht wollen wir an die Stelle der Bürger treten, wenn wir nur ihr ausschweifendes Leben nachmachen wollen? Ich will der Revolution mit zum Sieg verhelfen, um die allgemeine Lage des Menschen zu verbessern, um aus dem Menschen ein edleres, großherzigeres Wesen zu machen, als eine reaktionäre Gesellschaft es kann.«

La Vie est à nous, der unter meiner Oberleitung entstand, wurde zum großen Teil von meinen jungen Assistenten und Technikern gedreht. Einige Passagen habe ich gemacht, aber geschnitten habe ich ihn nicht. Ein anderer Film, *La Marseillaise*, gestattete mir, meine Liebe zu den Franzosen zum Ausdruck zu bringen. Er verdankt sein Entstehen einem höchst unorthodoxen Verfahren. Er entstand auf Subskriptionsbasis: die Käufer der Anteilscheine hatten das Recht, den Film umsonst zu sehen. So wurde dieser Film finanziert, was beweist, daß man mit Subskription Filme machen kann. Allerdings darf man nicht damit rechnen, auf diese Weise Millionär zu werden.

In *La Marseillaise* erzähle ich den Marsch der Marseiller Freiwilligen nach Paris und die Einnahme der Tuilerien, die der Monarchie ein Ende setzte. Um diese Beschwörung der Geschichte herum zeige ich, wie das Leben von ein paar der Protagonisten dieses Dramas ablief. Von Louis XVI kommen wir auf Roederer, von der Königin auf eine kleine Arbeiterin, vom Palast auf die Straße.

Ich verdanke es diesen beiden Filmen, im berauschenden Geist der Volksfront gelebt zu haben. Es war ein Augenblick, in dem die Franzosen wirklich glaubten, sie würden nun einander lieben. Man fühlte sich getragen von einer Woge der Großherzigkeit.

Der Geist und der Buchstabe

Une Partie de Campagne (Eine Landpartie) und *Les Bas Fonds* (Nachtasyl) illustrieren gut, wie ich über das Verhältnis zwischen Drehbuch und Aufnahme denke. Dieses Verhältnis ist gekennzeichnet durch einen scheinbaren Mangel an Treue. Eine Welt liegt zwischen der Absicht und dem endgültigen Resultat. Dennoch, meine Untreue ist nur oberflächlich, denn ich glaube, dem allgemeinen Geist eines Werks letztlich immer treu geblieben zu sein. Ein Drehbuch ist für mich nur ein Werkzeug, das man verändert, je näher man dem Ziel kommt, das sich seinerseits nicht ändern darf. Oft trägt der Autor dieses Ziel in sich, ohne es zu wissen, aber ohne solch ein Ziel bliebe das Resultat oberflächlich. Der Filmautor entdeckt die Charaktere, indem er sie sprechen läßt, ihre Umwelt, indem er die Dekors aufbaut oder die Drehorte wählt. Seine innere Überzeugung tritt erst mit der Zeit in Erscheinung und, im allgemeinen, durch die Zusammenarbeit mit den Filmhandwerkern, den Schauspielern, den Technikern, den natürlichen Gegebenheiten oder den Arbeiten des Dekorateurs. Wir müssen dem unabänderlichen Gesetz des Wesens gehorchen, das sich erst in dem Maß offenbart, in dem der Gegenstand zu leben beginnt.

Der Regisseur ist kein Schöpfer, er ist eine Hebamme. Sein Beruf ist, daß er dem Schauspieler hilft, mit einem Kind niederzukommen, von dessen Vorhandensein im eigenen Bauch dieser keine Ahnung hatte. Das Werkzeug, dessen der Geburtshelfer sich bei diesem Geschäft bedient, ist nichts anderes als die Kenntnis der Umwelt und die Unterwerfung unter diese Kraft. Jedes menschliche Wesen trägt in sich eine Überzeugung. Das ist wie eine unbewußte und natürliche Religion. Der Wert eines jeden Werks, das einer von uns vollbringt, wird dadurch bestimmt, wieweit wir in der Lage sind, darin diese Überzeugung zu definieren. Bei manchem bleibt der Schatz ungehoben, erstickt unter dem

Durcheinander von Lügen, mit denen unsere Existenz gepflastert ist. Interessant ist, daß dieser Wettlauf des Autors zum Ziel seiner inneren Wahrheit seine Mitarbeiter keineswegs daran hindert, ihre eigene zu entdecken. Im Gegenteil, es hilft ihnen dabei.

Wie oft mußte ich feststellen, wenn ich in einem bestimmten Dekor mit den Dreharbeiten anfangen wollte, daß der Dekor überhaupt nicht zusammenging mit der Situation. Morgens am Drehort, wenn man mit einer neuen Sequenz anfangen will, gibt es meistens eine Reihe schmerzlicher Entdeckungen. Am Schreibtisch, als der Dekor entworfen wurde, war mir nicht in den Sinn gekommen, daß diese Tür so ins Auge spränge oder daß das Durchqueren dieser meiner Empfindung nach viel zu großen Dekors den Schauspielern einen endlosen, dem Publikum unerträglichen Gang abverlangte. Der Dekor mußte also entweder verkleinert oder das Durchqueren des vorhandenen Dekors durch einen Dialog oder Gesten ausgefüllt werden. Die Schwierigkeit liegt darin, daß der Dialog und die Gesten einen dramaturgischen Sinn haben und zum Übrigen passen müssen. In manchen Fällen ist diese Anpassung fruchtbar und öffnet dem Autor den Blick auf Horizonte, die er nicht vermutete.

Ich hatte einen Film angefangen nach einer Novelle von Maupassant, *Une Partie de Campagne.* Es sollte ein Kurzfilm werden. Und dabei blieb es dann auch. Er dauert fünfzig Minuten. Er basiert auf einer Vorlage, die von ihrer Wichtigkeit her einen Spielfilm gerechtfertigt hätte. Die Geschichte einer enttäuschten Liebe, der ein verfehltes Leben folgt, könnte das Thema eines dicken Romans sein. Maupassant jedoch sagt auf wenigen Seiten das Wesentliche. Die Übertragung dieses Wesentlichen einer großen Geschichte auf die Leinwand: das reizte mich.

Zum Drehen ließen wir uns an den Ufern der Loing, ein paar Kilometer von Marlotte entfernt, nieder. Für mich war es die Erinnerung an meine Anfänge: da hatte ich *La Fille de l'Eau* gedreht. Das Drehbuch setzte voraus, daß schönes Wetter wäre. Beim Schreiben stellte ich mir sonnentrunkene Einstellungen vor. Ein paar, die wir den Wolken abrangen, gibt es auch. Aber der Wind sprang dauernd um, und der größte Teil des Films wurde bei strömendem Regen gedreht. Wir standen vor der Entscheidung, entweder abzubrechen oder das Drehbuch zu verändern. Mir lag zuviel an dem Sujet, als daß ich hätte aufgeben mögen: ich veränderte das Drehbuch. Und es erwies sich, daß das dem Film zugute kam. Das dräuende Unwetter gibt dem Drama eine zusätzliche Dimension. Nach Abschluß der Dreharbeiten war Braunberger, der den Film produzierte, so zufrieden mit dem Ergebnis, daß er mit vorschlug, den Kurzfilm in einen Film von normaler Länge umzuwandeln. Ich war nicht einverstanden. Das hätte bedeutet, gegen den Geist Maupassants und gegen den meines Drehbuches zu verstoßen. Jacques Prévert, den man dazu fragte, schloß sich meiner Meinung an. Selbst mußte ich den Film zurücklassen, weil die Dreharbeiten zu *Les Bas Fonds* begannen. Ich ließ den Film in den Händen von Marguerite, meiner Cutterin und Gefährtin. Dann kamen der Krieg und Amerika. Marguerite machte die Montage allein, nach einem sechzehnjährigen Schlaf brachte Braunberger den Film heraus. Wie ich es mir gedacht hatte, war es nicht möglich gewesen, einen langen Film daraus zu machen.

Les Bas Fonds habe ich für die von Alexandre Kamenka geleitete Produktionsfirma Albatros gedreht. Das bedeutete mir sehr viel; ich bin ein begeisterter Bewunderer der Stummfilme, die diese Gesellschaft produziert hat. Der Tonfilm wurde ihr Waterloo. Die russischen Schauspieler sprachen entweder überhaupt nicht französisch oder mit einem unausrottbaren Akzent. Sie lebten für sich am Rand der französischen Gesellschaft und hatten keine Gelegenheit, Französisch zu lernen. Ihr brillantester Schauspieler und Regisseur war Mosjoukin gewesen. Er war blendend in »Le Brasier ardent« und in »Kean«.

Zur Zeit von *Les Bas Fonds* hatte sich die Organisation aus ihren Anfängen zu einer normalen Produktionsfirma entwickelt. Aus Geldmangel hatte Kamenka nicht den handwerklichen Aspekt seines Unternehmens erhalten können, das eins der wenigen gewesen war, das man mit der Pagnol-Organisation oder der Bergman-Organisation vergleichen könnte. Jetzt arbeitete er wie seine französischen und deutschen Kollegen mit der Unterstützung der Banken. Er hatte jedoch nichts von seiner Liebe zum Kino eingebüßt und erwies sich als ein Produzent ersten Ranges.

Es gab schon ein Drehbuch von *Les Bas Fonds*, das Zamiatine und Companeez geschrieben hatten, aber ich bin unfähig, einem Plan zu folgen, den ein anderer entworfen hat. Ich akzeptiere alle Ideen, alle Vorschläge, vorausgesetzt, sie entstammen einer gemeinsamen Arbeit. Ich sagte es Kamenka, der wie alle seine Zweifel an meinem schriftstellerischen Talent hatte. Für mich sprachen die Drehbücher zu meinen vorhergehenden Filmen, von denen einige erfolgreich gewesen waren. Aber ich rangierte nun mal unter »Regisseur«, und gegen diese einschränkende Etikettierung war anscheinend nichts zu machen; ein Regisseur schreibt keine Drehbücher. Zu Kamenkas Beruhigung schlug ich ihm vor, mir Charles Spaak als Mitarbeiter zu geben, den Autor der »Kermesse Héroique«, mit dem zu arbeiten ich Lust hatte. Kamenka nahm an. Das Drehbuch, das Spaak und ich zusammen entwarfen, war ziemlich verschieden von der Vorlage Gorkis. Wir legten es ihm zur Beurteilung vor. Er antwortete mit einem Brief an Kamenka, in dem er die Möglichkeit einer freien Adaptation bestätigte und uns uneingeschränkt zustimmte.

Im Verlauf der Dreharbeiten sollte sich durch die Entdeckung der Schauspieler noch manche Änderung ergeben. Ich entdeckte Jean Gabin; das war eine beachtliche Entdeckung. Ich entdeckte nicht Jouvet, das hatte ich schon vorher, auf der Bühne, getan. Er half mir dabei, die ständig fortschreitende Enthüllung des Themas zu entdecken, die ich meine Methode nennen würde, hätte ich nicht einen Horror vor jeglicher Methode. Gabin erreichte den Gipfel seiner Ausdruckskraft, wenn er seine Stimme nicht zu forcieren brauchte. Dieser großartige Schauspieler erreichte die größten Wirkungen mit den kleinsten Mitteln. Ausdrücklich für ihn entwarf ich Szenen, die gemurmelt werden konnten. Wir zweifelten nicht, daß dieser Stil die Welt erobern und murmelnde Schauspieler bald Legion sein würden. Die Resultate dieser Mode sind nicht immer glücklich. Gabin kann mit einem leichten Zittern seines unbewegten Gesichts die heftigsten Gefühle ausdrücken. Ein anderer muß brüllen, um zu solchen Resultaten zu kommen. »Le Jean«, wie Gabrielle ihn nannte, hob das Publikum mit einem Augenzwinkern aus den Angeln.

Wann immer es nur möglich war, praktizierte ich die Proben »à l'italienne«. Michel Simon und Louis Jouvet hatten mich von deren Effektivität überzeugt. Sie bestehen vor allem darin, die Schauspieler, deren Szene gerade geprobt wird, um einen Tisch herum zu versammeln und sie ihren Text ohne jeden Ausdruck lesen zu lassen. Diese Lektüre muß, um fruchtbar zu werden, so tonlos sein wie die eines Telefonbuchs. Praktisch lernt jeder gewissenhafte Schauspieler so seine Rolle und untersagt sich jede Reaktion, ehe er nicht alle Möglichkeiten eines Satzes, eines Worts, einer Geste erforscht hat. Die Schauspieler, die ihrer Interpretation einer Rolle sofort eine Form geben, haben alle Chancen, beim Klischee zu landen. Jeder Teil eines Theaterstücks oder eines Films muß eine primäre Schöpfung sein, und hastige Arbeit erlaubt es nicht, aus ausgetretenen Wegen herauszukommen. Eine Schauspielerin soll zum Beispiel die Rolle einer Mutter vor dem Leichnam ihres Sohnes spielen. Es liegt überaus nah, daß sie sich in der Art, ihren Schmerz auszudrücken, nach ihr bekannten Vorbildern richtet. Ihre Schreie und Tränen erinnern an die Schreie und Tränen, derer sie und andere Schauspieler sich früher schon bedient haben. Wir, die Schauspieler und der Regisseur, sind also um den Tisch herum versammelt, und wir bemühen uns, den Text zwei, drei, wenn nötig zwanzigmal zu lesen. Plötzlich nimmt der Regisseur in der monotonen Lektüre eines Textes einen Funken wahr. Das ist es. Und davon ausgehend hat der Schauspieler die Möglichkeit, zu einer originellen Interpretation der Rolle zu gelangen. Das ist wie Magie und mißlingt selten. Im Grunde geht es wieder einmal um den Einfluß der Umgebung auf den Künstler. Die Umgebung ist hier der Text. In einem anderen Fall ist es möglicherweise das Make-up, der Dekor oder das Kostüm. Anders gesagt, ich glaube, daß die künstlerische Schöpfung zunächst zentripetal und dann erst zentrifugal ist. Erst wenn der Künstler die Grundgegebenheiten seines Problems wirklich in sich aufgenommen hat, kann er es sich erlauben, aus sich herauszugehen.

Wie Werner Krauss es mir sagte, wird der geschickte Schauspieler, der Klischees verwendet, immer unmittelbar Erfolg haben, weil es das Publikum befriedigt, sich auf bekanntem Terrain zu bewegen. Die Originalität und der Erfolg sind meiner Meinung nach zwei einander fremde Elemente. Ich glaube jedoch, daß entgegen dem Anschein die Originalität schließlich doch die Oberhand gewinnt und daß der leicht erworbene Ruhm bald vergessen ist. Die Leute kennen den Namen von Sarah Bernhardt nur, weil in Paris ein Theater ihren Namen trägt – mein Vater fand, sie spielte wie eine Ziege. Wer erinnert sich heute noch an Luc Olivier Merson, einen Maler, der zu seiner Zeit mit Titeln und Auszeichnungen überhäuft wurde? Ein Grund, an ein ewiges Leben zu glauben, ist der Gedanke an van Gogh, der zu seinen Lebzeiten nicht ein einziges seiner Bilder verkaufte. Oft braucht es Zeit, bis das Publikum die Werte erkennt und zuordnet. Der wahre Ruhm ist sehr oft posthum.

In jedem erfolgreichen Film gibt es eine Szene, der man seinen Erfolg zuschreiben kann. Es ist unmöglich, vorher festzulegen, welche Szene es sein wird. Es ist eine Art Schlüssel, der eine festverschlossene Tür öffnet. Dieser Schlüssel kann verrostet sein oder nur ungenau passen, jedenfalls ist er es, der mir diese Tür öffnet. Ohne daß der Autor eine Ahnung davon hatte, erlaubt er es dem Publikum, allen Personen des Films näherzukommen. Durch ihn werden sie lebendig und sogar vertraut. Ihre Gesten und ihre Reden reißen den Zuschauer, der sonst gleichgültig bliebe, mit, so daß er mehr über sie wissen will.

In *Les Bas Fonds* ist diese Szene, die Schlüsselszene, die, die ich die Schneckenszene nenne. Sie ist eine Art Beichte des Barons, Louis Jouvet, vor Pepel, Jean Gabin. Dieser ist verliebt und äußert seine ganze Hoffnung, aus der Welt der Asyle herauszukommen und auch die, die er liebt, da herauszubringen. Ebenso ist er entschlossen, seinen gegenwärtigen Beruf, den eines Diebs, aufzugeben. »Mein Vater war ein Dieb, ich bin als Dieb geboren«, sagt

Pepel. Der Baron antwortet mit einer kritischen Zusammenfassung seines ganzen Lebens. Er rekapituliert die Geschichte seines Lebens, indem er dessen verschiedene Phasen durch immer wieder andere Anzüge ausdrückt. Er ist das gewesen, was die verschiedenen Anzüge, die er im Lauf seines Lebens getragen hat, aus ihm gemacht haben. Während er redet, bemerkt der Baron eine Schnecke, die an einem Grashalm hochkriecht. Er nimmt die Schnecke und läßt sie an seinem Finger hochkriechen. Ich habe *Les Bas Fonds* mehrmals mit Publikum gesehen, das kam immer an. Wenn die Schnecke Jouvets Finger hochkroch, entspannte sich der Saal. Man spürte, wie die Menge der Zuschauer intensiv die Bewegung der Schnecke verfolgte. Der Baron wurde ihnen vertraut, und sie identifizierten sich mit Gabin, der seiner Geschichte zuhörte.

Der Schauspieler und die Wahrheit

Ich nehme meinen Filmen gegenüber dieselbe Haltung ein wie der Baron aus *Les Bas Fonds* zu den verschiedenen Anzügen, die er in seinem Leben getragen hat. Sie sind, was ich aus ihnen gemacht habe, und ich bin, was sie aus mir gemacht haben. *Les Bas Fonds* war mein neunzehnter Film. Nach zwölf Jahren Erfahrung, Fehlschlägen und Erfolg hatte ich das Gefühl, die Probleme meines Berufs langsam zu kennen. In einem Film von Pabst hatte ich sogar Statisterie gemacht und in »Le Petit Chaperon Rouge« und »La Petite Lili« von Cavalcanti eine Rolle gespielt. Auch in meinen eigenen Filmen war ich aufgetreten. Ich halte es für unerläßlich, daß ein Regisseur auch mal einen Streifzug auf die andere Seite der Kamera unternimmt. Ich habe nicht vergessen, daß einige der großen Regisseure als Schauspieler begonnen haben. Ich hatte gelernt, was mein Weg sein sollte: mich aufsaugen zu lassen von dem, was um mich herum war. Das Schauspiel des Lebens bereichert tausendmal mehr als die verführerischsten Erfindungen unseres Geistes.

Ich hatte gelernt, daß die einzige Möglichkeit, die eigene Persönlichkeit durchzusetzen, darin besteht, den Mitarbeitern zu helfen, die ihre auszudrücken. Ich muß da an die Sucht mancher Regisseure denken, sich hinter die Kamera zu hängen und jeden Blickwinkel festzulegen. Weshalb will man dem Kameramann nicht die Freude der Erfindung überlassen? Der Regisseur muß sein Metier so weit beherrschen, daß er eine Einstellung beurteilen kann, wenn er nur die Größe des Objektivs und die Entfernungen zwischen dem Objektiv und dem Gegenstand weiß. Unsere Aufgabe ist nicht, Rembrandt nachzumachen, sondern allen Elementen der Aufnahme unseren eigenen Stempel aufzuprägen.

Ich bin gegen die Methode, die darin besteht, daß der Regisseur selbst die Szene vorspielt und dann zum Schauspieler sagt: »Haben Sie gut hingeschaut? Jetzt machen Sie es wie ich.« Wenn die Schauspieler folgsam sind, ist das Ergebnis ein Film, in dem alle Rollen so wirken, als seien sie alle von einem Darsteller gespielt. Gibt es etwas Monotoneres? Ganz zu schweigen davon, daß es grotesk ist, wenn ein Herr mit Schmerbauch und möglicherweise bar jeden Schauspieltalents einer jungen Schauspielerin eine Liebesszene vorspielt und dann sagt: »Machen Sie es mir nach.« Das läßt dem Schauspieler überhaupt keine Chance, seine Persönlichkeit zum Ausdruck zu bringen.

Ein Satz, den ich gern gebrauche, ist bei den Schauspielern meiner Generation berühmt geworden. Zu einem Schauspieler, mit dessen Darstellung ich nicht einverstanden bin, sage ich bei der Probe nie »das ist schlecht« oder »so stimmt es nicht«. Ich sage: »Das ist wundervoll, Ihre Auffassung dieser Rolle ist großartig, aber ich möchte Sie bitten, die Szene noch einmal zu wiederholen, nur um ein paar winzige Details in Ordnung zu bringen.« Der Schauspieler spricht die Szene nochmal, und ich mache ihn auf offensichtliche Ungereimtheiten aufmerksam, oder aber ich richte seine Aufmerksamkeit auf die Möglichkeit, das Publikum mehr zu ergreifen, indem er dem oder jenem Punkt weniger Nachdruck gibt. Nach und nach und indem ich immer von neuem wiederholen lasse, knabbere ich immer mehr vom Widerstand des Schauspielers ab und bekomme von ihm nicht, was meine Darstellung wäre, sondern was, glaube ich, für ihn die richtige Darstellung der geprobten Szene ist. Daß ich das beabsichtigte Resultat erreicht habe, weiß ich, wenn der Schauspieler überzeugt ist, daß die aus diesen Proben resultierende Veränderung von ihm selbst stamme, und wenn er zu meinen Veränderungen erklärt: »Ich habe Renoir geraten, dieses und jenes zu ändern. Er war einverstanden, und dadurch hat die Szene wirklich gewonnen.«

Ich zitiere ein Urteil über mich, auf das ich sehr stolz war. Es stammt von Lulu Wattier, dem Schauspielagenten. Jemand empfahl ihm einen Schauspieler und wies nachdrücklich darauf hin, daß er bei mir eine Rolle gespielt habe und in ihr ausgezeichnet gewesen sei. »Das heißt gar nichts«, antwortete Lulu Wattier, »Renoir kriegt auch noch einen Kleiderschrank zum Spielen.«

Ich habe oft Schauspielern Rollen anvertraut, die sich total von denen unterschieden, in denen sie sonst eingesetzt wurden. Im großen und ganzen hat sich diese Methode kommerziell nicht als erfolgreich erwiesen, aber vom künstlerischen Standpunkt aus hat sie mir zuweilen gute Resultate gebracht. Die Verwendung eines Schauspielers in einem für ihn ungewöhnlichen Genre macht mir großen Spaß. Das gibt seinem Spiel eine Variante, die ihm selbst, durch seinen üblichen Einsatz, unbekannt bleibt. Es passiert sogar, daß er ein wenig von der Frische wiederbekommt, die das Spiel von Anfängern so hinreißend macht. Ich glaube, man sollte, bevor man sich für die Besetzung eines Films entscheidet, sogar zuerst an Schauspieler denken, die man in anderen Rollen kennt. In *La Bête Humaine* (Bestie Mensch) ist mir das sehr gut gelungen. Der Tradition folgend dachten die Produzenten daran, die Rolle der Sévérine Gina Manès, der großen Tragödin der Leinwand, anzuvertrauen. Ich verwies darauf, daß das Publikum bei einer solchen Besetzung von vornherein wisse, daß es um ein schreckliches Drama gehen würde. Ich schlug Simone Simon mit ihrem entzückenden Pekinesenprofil vor, bei der man auf alles mögliche gefaßt ist, nur nicht auf etwas Tragisches. Die Produzenten ließen sich überzeugen, und das bescherte uns eine unvergeßliche Séverine.

Wie Pascal sagt: Das einzige, was den Menschen interessiert, ist der Mensch. Alles, was um den Schauspieler herum ist, muß diesem Ziel untergeordnet werden: das Publikum mit einem menschlichen Wesen in Kontakt zu bringen. Der Dekor kann dazu in großem Maß beitragen, nicht durch die Illusion, die er dem Zuschauer verschafft, sondern durch den Einfluß, den er auf den Schauspieler ausübt. Das gilt besonders für Außenaufnahmen in natürlichen Dekors. In vielen Fällen würde es ein vergrößertes Foto auch tun. Das Publikum würde nichts merken. Aber für den Schauspieler ist es etwas anderes. In *La Grande Illusion* hatte ich eine Szene in einer bergigen, matschigen Gegend vorgesehen. Jean Gabin und Dalio spielten da einen Abschnitt ihres Ausbruchs. Es war fürchterlich kalt. Ihre Kleidung war steif von Dreck. Es war wirklich unerträglich. Ich war sehr stolz auf diese Szene, die ich selbst geschrieben hatte. Aber als wir dann mit den Aufnahmen anfingen, zeigte es sich, daß die Schauspieler nicht in der Lage waren, ihren Text zu sprechen. Die physische Anstrengung, die ich ihnen zumutete, lähmte sie. Wir mußten auf meine Szene verzichten, von der ich mir so viel versprochen hatte. Um die Situation zu besprechen, flüchteten wir uns in ein Haus, das in der gottverlassenen Gegend stand. Nach einigem Überlegen schlug einer von uns vor, ich weiß nicht mehr wer, meinen Text durch das Lied vom »Petit Navire« zu ersetzen, das mit unterschiedlichem Tonfall gebracht wird. Dieses Lied hatte den Ton für die vorausgehende Szene geliefert und stand als Symbol für den Ausbruch. Das Ergebnis war phantastisch. Der Dekor hatte gewonnen. In Wirklichkeit aber hatten alle gewonnen. Im Kino gibt es weder einen schönen Dekor noch schöne Fotografie, auch keinen großen Schauspieler und keine geniale Inszenierung, die für sich allein existieren könnten. Alles das schließt sich zusammen in einem Ganzen.

In *La Bête Humaine* ergaben sich dadurch, daß Einstellungen mit Gabin und Carette auf einer richtigen Lokomotive gedreht wurden, hervorragende Ergebnisse. Für die auf der Lokomotive spielenden Szenen habe ich nur eine einzige Rückprojektion zu verwenden brauchen. Und zwar in der Einstellung, in der Gabin sich umbringt, indem er sich, während der Zug in voller Fahrt dahinsaust, vom Tender stürzt. Immerhin konnte ich von Gabin nicht verlangen, richtig von einem Tender zu springen. Als wir diese Szene vorbereiteten, sagte er: »Angenommen, der Filmstreifen verhaspelt sich beim Drehen im Apparat, und wir müssen das ganze wiederholen. Dafür wäre es vielleicht ganz gut, wenn ich noch am Leben wär.« Das war eine Überlegung, der man gesunden Menschenverstand nicht absprechen konnte. Und so begnügte er sich damit, von einem Papptender zu springen und auf einer dicken Schicht von Matten zu landen.

Diese Direktaufnahmen der Eisenbahnszenen waren übrigens recht gefährlich. Die S.N.C.F. hatte uns ein etwa zehn Kilometer langes Schienenstück zur Verfügung gestellt, auf dem wir den Zug fahren lassen und anhalten konnten, wie wir es brauchten. An die Lokomotive hatten wir einen Flachwagen angehängt, auf dem der Generator für die Beleuchtung untergebracht war. An den angehängt war ein normaler Wagen, der den Schauspielern als Garderobe und zwischen den Szenen zum Ausruhen diente. Als ich mich entschied, mit diesem ganzen Troß zu drehen, stieß ich auf Widerspruch. Man gab zu bedenken, daß die Rückprotechnik so perfektioniert sei, daß man sie unmöglich von Direktaufnahmen unterscheiden könne. Aber ich blieb unerschütterlich überzeugt von dem Einfluß, den der Dekor auf das Spiel der Darsteller hat. Glücklicherweise setzte ich mich durch. Gabin und Carette wären vor einer Rückpro niemals so echt gewesen, und wenn auch nur wegen des Lärms, der sie zwang, sich einander durch Gesten verständlich zu machen.

Die Kamera machten Curt Courant und mein Neffe Claude Renoir. Curt Courant war ein kleiner, dürrer und leichter Mann, ein richtiges Federgewicht. Er war ständig in Gefahr, vom Wind weggeblasen zu werden, der wie der Teufel über unser rollendes Atelier blies. Bei einigen Aufnahmen mußte ich ihn in den Armen halten, damit er vom Zugwind nicht weggefegt wurde. Claude hatte längs der Lokomotive eine kleine Plattform angebracht, auf die er sich mit seiner Kamera hockte. Die Kamera stand etwas zu weit über und wurde ihm bei der Einfahrt in den Tunnel weggerissen. Claude klammerte sich fest und kam heil davon.

La Bête Humaine bestärkte mich in meiner Neigung zum poetischen Realismus. Die Stahlmasse der Lokomotive wurde in meiner Vorstellung zum fliegenden Teppich der orientalischen Märchen. Zola unterstützte mich, aus dem Grab heraus, kräftig in meinen Anstrengungen, mich auf dieser idealen Ebene zu halten. Sein Roman wimmelt von hinreißenden Passagen echter Volkspoesie. Ich zitiere: Sévérine und Jacques Lentier haben sich im Square de Batignolles verabredet. Es ist ihr erstes Rendezvous. Jacques Lentier ist so bewegt, daß er kein einziges Wort herausbringt. Mit einem kleinen Lächeln sagt Sévérine: »Schauen Sie mich nicht so an, Sie machen sich ja die Augen kaputt.« Das ist nichts besonderes, aber es muß einem einfallen. Mir hat die Ambiance der Lokomotiven, der Abstellgleise, der Dampfventile diese Poesie vermittelt, das heißt, sie hat sie den Schauspielern vermittelt und sie in die Haut ihrer Rollen gesteckt, besser als alle Erklärungen es gekonnt hätten.

Albert Pinkévitch

Wenn ich zurückdenke an all die überflüssigen Unternehmungen, die mein Dasein erfüllt haben, verschlägt es mir den Atem. Wieviele erniedrigende Konzessionen! Wieviel überflüssiges Lächeln! Wieviel Selbstverleugnung und vor allem wieviel verlorene Zeit! Ich bin ein schneller Regisseur. Wenn ich, statt mich mit erfolglosen Bittgängen zu erschöpfen, diese Zeit darauf verwandt hätte, Filme zu drehen, würde das bestimmt ein Dutzend mehr auf meinem Konto ergeben. Ich bin auch ein sparsamer Regisseur, aber das ist »denen« egal. Die Banken bezahlen ja, und das Publikum hält die Banken in Gang. Ein Wort, das im Jargon der Produzenten jeden Sinn verloren hat, ist das Adjektiv »kommerziell«. Angenommen, ein Film ist ein Meisterwerk, er ist in ein paar kleineren Kinos gelaufen und hat dem Publikum gefallen. Aber er bleibt in den Schubladen des Verleihers, weil er nicht »kommerziell« ist. Das heißt nicht, daß er kein Geld macht, es heißt, daß er zu einem Genre gehört, das den Filmkaufleuten nicht gefällt. Sogar nachdem *La Grande Illusion* seinem Produzenten ein Vermögen eingebracht hatte, fiel es mir schwer, Geld für Projekte aufzutreiben, die mir am Herzen lagen. Ich war nicht »kommerziell« und bin es bis heute nicht.

Zu einem »kommerziellen« Film gehört eine bestimmte Zahl von Stars. Die Schauspieler werden nicht ausgewählt, weil die Rolle für sie passend ist, sondern nur danach, ob ihr Name auf dem Plakat etwas hermacht. Man zögert nicht, die Rolle eines Athleten einem Mickertyp zu geben, wenn er nur einen »Namen« hat. Ein »kommerzieller« Film muß in Farbe sein und in Großformat. Und vor allem, wie ich schon sagte, müssen tausend Vorkehrungen getroffen werden, wenn man etwas Neues machen möchte. Das ist übrigens eine Regel, die nicht nur auf das Kino, sondern auf alle anderen Gebiete auch zutrifft. Das Publikum ist faul. Schmeicheln wir seiner Faulheit, und wir haben den Schlüssel zum Erfolg. Maurice Chevalier – wenn es je einen kommerziellen Künstler gegeben hat, dann war es wohl er – sagte mir, daß er nie mit einem neuen Chanson anfange. Er würde es immer einpacken in sichere Erfolgsnummern. Sein Publikum würde bei einem neuen Chanson ohne große Begeisterung hinhören. Es würde erst wach beim Klang von »Valentine« oder »Louise«, die man ihm seit Jahren immer wieder vorgesetzt habe.

Die goldene Regel für einen kommerziellen Film besteht darin, das Publikum ja nicht anders als physisch zu überraschen. Man kann ihm Schreckensschreie entreißen vor einer Anhäufung von Morden und Unfällen, aber man muß vermeiden, es mit Problemen zu konfrontieren. »Vergessen Sie nicht, das Publikum ist nicht älter als zwölf Jahre«, sagte mir mal ein Produzent. Das glauben die meisten von ihnen wirklich. Glücklicherweise gibt es Ausnahmen. Ohne sie gäbe es keine guten Filme. Ich selbst habe mehrmals das Vergnügen gehabt, mit Produzenten zusammenzuarbeiten, die mir die Frucht wirklicher Erfahrung zu bieten hatten. Ich möchte David Loew nennen, dem ich *The Southerner* verdanke, und Alexandre Kamenka, dem ich *Les Bas Fonds* verdanke.

Ich bin der Meinung, daß ein Schauspiel, ob Theater oder Film, ein bestimmtes Niveau nur erreichen kann, wenn Autor und Publikum zusammenarbeiten. Jeder Zuschauer muß auf seine Weise die Situationen und vor allem den allgemeinen Sinn eines Werks interpretieren können. Der Zuschauer ist ein der Reflexion, also der Erfindung fähiges menschliches Wesen. Als menschliches Wesen neigt er dazu, sich möglichst wenig anzustrengen, aber genauso packt ihn, als menschliches Wesen, die Neugier. In meiner Position als Autor-Regisseur nähere ich mich dem Zuschauer, wie ich mich dem Schauspieler nähere. Man braucht ihm nur eine Tür offenzulassen, daß er mit einer eigenen Interpretation der Situation und der Gefühle der Helden nach Hause gehen kann.

Wenn die Situation selbst diese Vielzahl von Schlüssen nicht zuläßt, kann der Autor auf einen deus ex machina zurückgreifen, der so naiv sein sollte, daß selbst der bornierteste Zuschauer merken kann, daß das nur ein Appell an sein Vorstellungsvermögen ist.

Tartüff wird von Sendboten des Königs festgenommen. Das ist ein Schluß, den nur wenige Zuschauer hinnehmen. Die einen sind der Meinung, Tartüff werde sich mit Glanz und Gloria von neuem im Haus seines Wohltäters niederlassen, die anderen glauben, daß er sich nach der Haft über ein neues Opfer hermachen werde. Jeder hat seine Antwort auf das Rätsel Tartüff. Gemeinhin bietet der Schluß eines Stücks keinen solchen Spielraum. In den Gefühlen der Wesen, denen die Schauspieler Leben verleihen, findet der Schauspieler Nahrung für seine Vorstellung und wird so zum Mitarbeiter des Autors.

Die Geschichte meiner Versuche, die Finanzierung für *La Grande Illusion* auf die Beine zu stellen, wäre ein Filmstoff für sich. Drei Jahre lang habe ich das Manuskript herumgeschleppt in den Büros französischer und ausländischer Produzenten, Produzenten konventioneller Filme und avantgardistischer. Ohne die Vermittlung Jean Gabins hätte sich niemand auf das Abenteuer eingelassen. Oft war er bei den Verhandlungen mit dabei. Schließlich fand sich ein Finanzier, der, beeindruckt vom unerschütterlichen Vertrauen Jean Gabins, bereit war, den Film zu produzieren.

Ich sehe uns immer noch, Jean Gabin, Charles Spaak, mit dem ich das Drehbuch geschrieben hatte, und mich, auf einem Sofa sitzen, aus dessen zahlreichen Rissen die Sprungfedern herausschauten. In einem verstaubten Büro warteten wir auf das Verdikt eines Produzenten, dessen Stimme jedesmal zu uns drang, wenn sich die gepolsterte Tür öffnete, die uns von dem Büro nebenan trennte. Albert Pinkévitch, mein Freund Albert, dessen genaue Funktionen mir ewig verborgen bleiben sollten, hatte uns in diese Höhle geführt. Ohne ihn gäbe es *La Grande Illusion* nicht. Er stellte die Verbindung zwischen dem Büro des großen Bosses und unserem jämmerlichen Sofa her und versuchte, Konzessionen zu erwirken, die zu einer Übereinstimmung führen könnten. Er machte uns klar, daß eine bestimmte Szene, die in einem Schloß spielen sollte, entschieden zu teuer wäre, ein Bauernhof müßte es auch tun. Nachdem Albert uns diese Lösung vorgetragen hatte, teilte er auf der anderen Seite der Wand unsere Ablehnung mit.

Schließlich einigten wir uns auf Militärbaracken, die es hinter den beiden Camps gab. Wenn Albert wieder zu uns kam, sagte er jedesmal wieder, der Chef wolle ganz sicher gehen, daß auch bestimmt kein Schloß vorkäme. Nachdem Albert zum letztenmal verschwunden war, fand Charles Spaak für dieses kindliche Insistieren eine Erklärung, die uns so einleuchtend schien, daß wir in brüllendes Gelächter ausbrachen. Mit seiner tiefen Stimme, die von einer beeindruckenden Langsamkeit war, sagte Spaak nur: »Er mag eben dieses Schloß nicht.« Mir kam er vor wie Athos aus den »Drei Musketieren«. In seiner Situation war er mehr denn je der Musketier des Monsieur de Tréville. Gerade als wir glaubten, die Partie endlich gewonnen zu haben, wäre beinahe noch alles an Silberbestecken gescheitert. Ich versicherte, mich mit versilberten Bestecken zu begnügen.

Albert Pinkévitch war ein geborener Unterhändler, der jedem der Kontrahenten den Eindruck zu geben verstand, er habe der Gegenpartei wichtige Konzessionen abgerungen. Dabei machte er die Angelegenheit in Wirklichkeit nur undurchsichtig. Die errungenen Konzessionen waren unerheblich. Die wichtigen Konzessionen verschwanden hinter überflüssigen Überlegungen.

Albert war Jude, der braune, rundliche Typ. Sein großes Plus war sein rührender Blick. Wenn er um etwas bat, verschleierte sich sein Blick mit Tränen. Man konnte ihm unmöglich widerstehen. Es war der Sohn eines Ingenieurs, der an der Erschließung der Rothschildschen Ölquellen in Rumänien beteiligt gewesen war. Der Baron de Rothschild, der den Vater Pinkévitch sehr schätzte, ließ den kleinen Albert nach Paris kommen und brachte ihn in seinem herrschaftlichen Haus unter. Er wollte einen Rabbi aus ihm machen. Aber damit hatte Albert nichts im Sinn. Er war um die fünfzehn und besessen vom Dämon des Handels. Eines schönen Abends, als er es nicht mehr aushielt, sprang er über die Mauer, die den luxuriösen Garten der luxuriösen Villa der Rothschilds umgab, und zog aus auf Abenteuer. Er betätigte sich in allen möglichen Straßenberufen. Alles war ihm recht, wenn es nur draußen passierte. Am Gare du Nord verkaufte er Schnürsenkel,

Szene aus Toni, *1934*

Jean Gabin und Louis Jouvet in Les Bas-Fonds *(Nachtasyl), 1936*

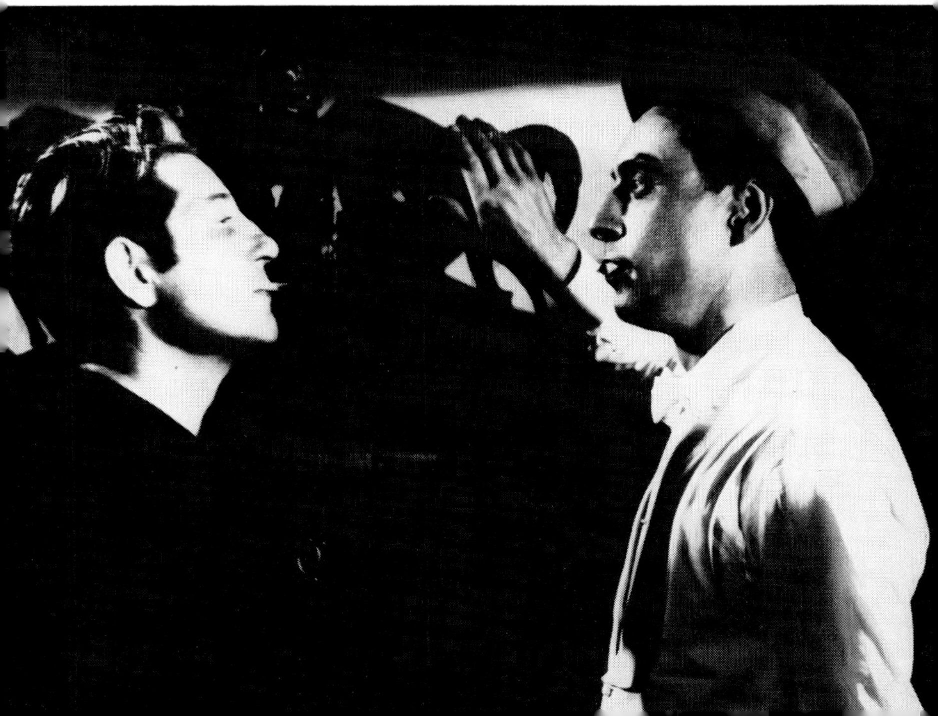

Sylvia Bataille und Georges d'Arnoux in Une Partie de Campagne *(Eine Landpartie), 1936*

Erich von Stroheim in La Grande Illusion *(Die große Illusion), 1937*

Der Kameramann Claude Renoir auf der Lok »Lison« bei den Dreharbeiten zu La Bête humaine *(Bestie Mensch), 1938*

Jean Gabin und Carette in La Bête humaine

Gaston Modot in La Règle du Jeu *(Die Spielregel), 1939*

Nora Gregor und Renoir in La Règle du Jeu.

mechanisches Spielzeug auf dem Mittelstreifen der äußeren Boulevards. Von seinen Rabbinerstudien jedoch hatte er echte Vornehmheit des Geistes bewahrt. Seine Sprache, eine Mischung aus Argot und druckreifem Französisch, war unwahrscheinlich. Er hatte eine Schwäche für Kalauer und andere billige Wortspiele. Zur *Grande Illusion* hat er manches beigetragen, vor allem die Sprache des Schauspielers, den Carette spielt.

»La Madelon«

La Grande Illusion, der im Winter 1936 entstand, hatte für mich das große Plus, daß ich nicht den Einfluß eines literarischen Meisterwerks zu fürchten brauchte. Das Projekt hatte nicht einmal einen Titel. Erst als der Film abgedreht, geschnitten und untertitelt war, kam mir die Idee, als Titel *La Grande Illusion* vorzuschlagen. Der Produzent war nicht begeistert, aber er akzeptierte ihn in Ermangelung eines besseren.

Meine Geschichte war eine gewöhnliche Ausbruchsgeschichte. Ich möchte behaupten, daß ein Stoff dem Autor um so mehr Möglichkeiten bietet, schöpferisch tätig zu werden, je banaler er ist. Ich meine Banalität nicht in dem Sinn, in dem die Produzenten sie verstehen. Ihnen geht es darum, nicht zu schockieren. Ich meine den einfachen Vorwurf, der die Möglichkeit zur Erfindung offenläßt.

Einer der Gründe, die mich trieben, aus dieser Geschichte einen Film zu machen, war mein Ärger über die Art und Weise, in der Kriegsthemen meistens abgehandelt werden. Überlegen Sie doch mal! Der Krieg, das Heldentum, der Schneid, der Poilu, die Boches, die Schützengräben, wieviele Möglichkeiten bieten sie, auf die jämmerlichsten Klischees zurückzugreifen. Der Musketier und der »Soltat tes Kaiserreichs« standen hoch im Kurs und mißbrauchten die Gunst des Publikums. Mit Ausnahme von »Im Westen nichts Neues« war mir nie ein Film untergekommen, der ein glaubwürdiges Bild der Frontsoldaten gab. Entweder versank man im Drama und kam nicht aus dem Dreck heraus, was immerhin auch übertrieben war. Oder aber der Krieg wurde zum Operettendekor für einen Helden im Stil der Bilderstreifen aus Épinal: der wackere Gemischtwarenhändler, vorübergehend in die Uniform gesteckt, was er sich auch nicht gewünscht hatte, legt los in einer heldenhaft-realistischen Sprache, die nur in der Vorstellung der Schriftsteller in der Etappe existierte. Eine der Erfindungen der Etappe, die die »Männer« königlich amüsierte, waren die Theatervorstellungen für die Truppe.

Ich habe irgendwo schon die Geschichte von der Operndiva erzählt, die im Phantasiekostüm einer Kantinenwirtin ankam, um »La Madelon« vorzutragen. Diese Person entsprach perfekt dem Bild, das man sich von so etwas zu machen pflegt. Gut im Futter, ihre Reize durch ein strammes Korsett gebändigt, so rief sie gleich, als sie sich zeigte, Rufe der Begeisterung hervor. Ihr Rock, blau-weiß-rot gestreift, war kurz und offenbarte ein paar beachtliche Schenkel.

»La Madelon« war der große Erfolg in der Etappe. Trotz seiner ungeheuren Popularität entsprach dieses Lied nicht dem Geschmack der Landser, die gefühlvollen Chansons der Jahrhundertwende den Vorrang gaben, wie »C'était le Roi de la Bohème« (Er war der Zigeunerkönig), »Écoutez le tictac du Moulin« (Hört das Ticktack der Mühle), »C'est la femme aux bijoux« (Das ist die Frau mit den Juwelen) und vor allem »C'est Quatre-Vingt-Treize à Paris« (Im Jahre dreiundneunzig in Paris). Dieses Lied war die Geschichte von einem jungen Aristokraten, der 1793 mitten während der Schreckensherrschaft nach Paris zurückgekommen war, um das Mädchen zu sehen, das er liebte, Lison, die einfache kleine Arbeiterin. Er war erkannt, festgesetzt und auf die Guillotine geschickt worden. Das Lied endet mit der rührenden Erklärung:

Ich verhöhne den Henker Sanson,
Sein Werk ist bereits vollbracht.
Denn die Liebe zu dir, Lison,
Hat mich schon um den Kopf gebracht.

Das war was! Der Erfolg der Geschichte von dem Aristokraten, den die Jakobiner hingerichtet hatten, war um so unverständlicher, als der größte Teil der Soldaten dieser Division aus Anarchisten bestand. Der Amateursänger, der seine Strophen vortrug, sprach edle Gefühle an. Der Erfolg der Opernsängerin hingegen bewegte sich auf einer ganz anderen Ebene und beruhte einzig und allein auf dem Element Sex. Zu jener Zeit war der Sex für die Franzosen noch eine Gelegenheit zu Witzeleien.

Die Opernsängerin hatte eine mächtige Stimme. Über alle Bemerkungen und Pfiffe hinweg schmetterte sie ihre Strophen mit einer nicht zu bändigenden Energie. Aus den letzten Reihen kam eine Stimme, die die der Sängerin übertönte. »Au claque«, rief jemand – ein Argotausdruck der Zeit für »ins Bordell«. Der Einwurf gefiel dem Publikum außerordentlich, und Applaus brach los in allen Ecken. Die Sängerin beendete »La Madelon« unter einem Toben von »au claque«. Der Vorhang fiel, und die Sängerin fragte den Oberst: »Was meinten sie mit dem Ausdruck ›au claque‹?« Geistesgegenwärtig antwortete der Oberst: »Das ist der Sammelruf unseres Regiments.« »Sehr hübsch«, antwortete die Sängerin, »ich werde ihn zu meinem persönlichen Sammelruf machen.«

Eine Geschichte, von der die Schreiber in der Etappe ganz hingerissen waren, war die berühmte Sache mit »Auf, ihr Toten!« Fast immer interpretierte man diesen Ruf als den heldenhaften Appell eines Offiziers, der so seine tödlich verwundeten Männer zu einem letzten Angriff auf die deutschen Stacheldrähte anfeuert. »Auf, ihr Toten!« war aber ein in der ganzen französischen Armee verbreitetes Scherzwort aus der Zeit vor dem Krieg. Es bezog sich auf die faulen Soldaten, die morgens nicht aus den Federn kamen. Die Verwandlung dieses Kasernenwitzes in einen Ausdruck höchsten Heldentums ist typisch für den Hurrapatriotismus, der in der Etappe gepflegt wurde.

Wenn man den Frontsoldaten des Ersten Weltkriegs ein Etikett anhängen kann, dann das des vollkommenen Anarchisten. Ihnen war alles egal. Sie glaubten nicht an große Ideen. Die Zerstörung der Kathedralen ließ sie kalt. Der Krieg für den Frieden, daran glaubten sie nicht. Sogar der Tod war ihnen egal, sie fanden, dieses Leben sei nicht wert, gelebt zu werden. Sie waren an der Neige der Existenz angelangt. Das Seltsame war nur, daß sie sich trotz des Skeptizismus großartig schlugen. Sie waren nun mal drin im Getriebe und sahen kein anderes Mittel, da herauszukommen.

In *La Grande Illusion* habe ich ein Ausnahmemilieu genommen. Bei den Fliegern schläft man im Bett und sitzt beim Essen am Tisch. Überhaupt kein Vergleich mit dem Matsch der Schützengräben und den Mahlzeiten, die vom Dreck der Einschläge begossen werden. Die Flieger waren Glückspilze, Privilegierte. Sie wußten das. Sie wußten auch, daß es nicht an ihnen lag, diesen wahnsinnigen Unterschied abzuschaffen.

Dann führe ich meine Figuren in ein Gefangenenlager. Auch das war ein besonderes Leben. Der große Luxus, verglichen mit den Lebensbedingungen des einfachen Soldaten. Ich wollte deren Elend nicht ausbeuten. Mein Hauptthema war eins der Ziele, die ich anstrebe, seit ich Filme mache: die Vereinigung der Menschen.

Der berauschende Geruch des Rizinusöls

Das ganze Unternehmen von *La Grande Illusion* verlief vom ersten Moment an ungewöhnlich, angefangen bei der Art und Weise, wie ich an den Stoff gekommen bin. Um die Situation besser verständlich zu machen, muß ich zurückgehen bis zu der Zeit, als ich durch meine Verwundung, 1915 als Gebirgsjäger, nach einigen Umwegen zur Staffel C 64 kam.

Die Aufträge der Staffel C 64 waren ganz verschiedener Art. Es war eine bewaffnete Staffel, das heißt, eine Staffel für alles. Wir waren mit der Beobachtung der deutschen Linien in unserem Abschnitt betraut. Wir versorgten den kartographischen Dienst mit Fotografien der feindlichen Stellungen. Außerdem standen wir den Herren vom Generalstab zur Verfügung, wenn sie die Lust nach einer kleinen Gänsehaut ankam, die sich bei einem Abstecher in den feindlichen Himmel einstellt. Unser Staffelkapitän war wie ein Kind, das man in Gottes freier Natur losgelassen hat. Wie es ihm in den Sinn kam, erteilte er den Befehl zu Einsätzen, auch ohne den Auftrag des Generalstabs. Diese Versuche, der Langeweile des Lebens in unseren Baracken, dessen ganzen Horizont ein endloses Kartoffelfeld bildete, zu entrinnen, zeitigten nicht immer glückliche Resultate.

Ich erinnere mich noch genau der letzten dieser Expeditionen. Wir hatten den Geburtstag eines Kameraden gefeiert und nicht wenig von einem hübschen kleinen Naturchampagner getrunken, den wir uns bei den Weinbauern unseres Abschnitts besorgten. Das Wetter war trüb. Einer von uns kam auf die Idee, wir könnten uns in den Wolken verstecken und, wenn sie dann aufrissen, mit einer kleinen Schießerei ohne großes Risiko die Deutschen in ihrer Verdauungsruhe stören. Zum Ziel wählten wir uns ein großes französisches Dorf, das von einem deutschen Regimentsstab besetzt war. Wir scheuchten unsere Mechaniker auf, und nach kurzer Zeit war ein halbes Dutzend zweimotoriger Caudrons startklar. Wir brachen zur Jagd auf die Deutschen so leichten Herzens auf, als hätte es sich um eine Hasenjagd gehandelt. Der Krieg verdreht einem derart den Kopf, daß wir an solchen Abscheulichkeiten nichts auszusetzen fanden. Heute wird mir übel bei der Erinnerung an solche Ungeheuerlichkeiten. Vielleicht, weil ich es mitgemacht habe, finde ich es so widerlich.

Als die Wolkendecke aufriß, gingen wir im Sturzflug auf das besagte Dorf hinunter. Die Deutschen hatten ein relativ wirksames Luftabwehrsystem errichtet. Ziemlich bald saß ich in einer Mauer von Geschossen und hatte gerade noch Zeit, mich in eine

Wolke zurückzuziehen. Ich verließ sie dann wieder mit dem Entschluß, auf die Schreiberlinge des Generalstabs, die in ihre Unterstände liefen, ein paar Maschinengewehrsalven abzufeuern. Wir verabscheuten die privilegierten Schreiberlinge, die, verglichen mit den Frontsoldaten, ein relativ annehmbares Leben führten. Eine gewisse Zuneigung empfanden wir für die deutschen Frontsoldaten, denen es genauso dreckig ging wie uns. Sie waren Brüder der gleichen Kaste. Die Schreiberlinge, das waren Drückeberger.

Das Flugzeug unseres Hauptmanns wurde heruntergeholt und verbrannte am Boden. Ich bestand nicht weiter auf meinem Vorhaben und drehte zu unserem Gebiet ab. Dieses blödsinnige Unternehmen kostete nicht nur unseren Hauptmann das Leben, sondern auch einen jungen Feldwebel, der als unser bester Pilot galt. Das veranlaßte den Generalstab, diesen Verrücktheiten ein für allemal ein Ende zu setzen. Gleichzeitig war es der Tod der zweimotorigen Caudrons. Das waren wundervolle Maschinen, aber ihre Zeit war abgelaufen; die deutschen Focker konnten sich gefahrlos aus ihrem Schußfeld bringen und sie in aller Ruhe abschießen.

Ich liebte meine alte Caudron. Das waren die letzten Maschinen, die ganz aus Holz waren. Die Verwindung machte man bei ihnen, indem man die Flügel verstellte. Mir kamen sie immer wie Drachen vor. Und dann dieser berauschende Geruch von Rizinusöl! Dieses Luxusöls bediente man sich zum Schmieren der Kreiselmotoren. Diese Motoren hielten sich noch bei den Nieuport-Jägern und bei den Caudron-Aufklärern. Wenn man nach dem Flug aus der Maschine stieg, troff einem das Öl nur so an der Montur runter. Die Kreiselmotoren von Gnôme-Rhône oder Clerget-Blin waren für mich das Symbol der Luftfahrt. Mit einer gewissen Verachtung schaute ich auf die von normalen Viertaktmotoren angetriebenen Flugzeuge herab. Die waren für Taxis gerade gut genug. Übrigens akzeptierten die Piloten der Farman-Renaults diese Abqualifizierung. Sie bezeichneten ihre Flugzeuge selbst als Hühnerkisten. Meiner Caudron verdanke ich es, daß ich den Mann kennenlernte, der der Held von *La Grande Illusion* werden sollte, den Feldwebel Pinsard.

Eines Morgens wurde ich ins Büro des Hauptmanns bestellt; er machte mich mit einem Typ vom Generalstab bekannt, der einen Auftrag hatte, über dessen Inhalt sich zu äußern er nicht geneigt war. Er war Rittmeister, und seine ganze Person strahlte jenes gewisse Etwas aus, das diese Herren von der Kavallerie zu Menschen höherer Klasse machte. Wir stiegen ins Flugzeug. Ich mußte zweimal zum Abgehen ansetzen, weil mir das erste Mal ein Schwarm Feldhühner in die Quere kam. Mein Fluggast hatte mir über den Punkt, den er zu besichtigen gedachte, die notwendigen Erklärungen gegeben. Alles lief gut ab, bis ein Focker-Jagdflugzeug auftauchte. Ich bedeutete meinem Beobachter, daß ich abzudrehen gedächte. Aber davon wollte er nichts hören. Auf meiner alten Caudron saßen der Pilot und der Beobachter hintereinander, und wenn man erst einmal flog, war es fast unmöglich, miteinander zu reden. Die Focker flog an uns vorbei und ließ eine Salve ab. Ich drehte mich zu meinem Fluggast um und fragte ihn mit Gesten, ob das Maschinengewehrfeuer ihn nun überzeugt habe. Durchaus nicht. Er war durch nichts aus der Ruhe zu bringen. Ich versuchte, über den Flügel abzudrehen, und für ein paar Sekunden kam die Focker in mein Schußfeld. Ich zielte, aber es ging daneben.

Die Focker schien sich über uns lustig zu machen. Sie stieg hoch, flog über uns weg und kam wieder zurück. Als ob eine Lerche einen Elefanten angegriffen hätte. Ich schwor mir, mich, sollte ich heil davonkommen, zu den Jägern versetzen zu lassen. Das Wild zu spielen, erschien mir als ziemlich reizlos. In dem Augenblick tauchte, wie vom Himmel gefallen, ein dritter Protagonist auf. Ich erkannte ein Flugzeug der französischen Jagdstaffel unseres Abschnitts. Diese Staffel bestand aus, so nannten wir sie, »noblen Tänzern«, das heißt, in einer weniger speziellen Ausdrucksweise, aus Piloten, die wirklich etwas auf dem Kasten hatten. Ihre Nieuports mit Rhône-Motoren waren soeben durch Spads von Hispano-Suiza neuesten Modells ersetzt worden.

Es dauerte nicht lange. Die Spad machte sich von hinten an die Focker heran, ließ eine Maschinengewehrsalve los und stieg, um von neuem anzugreifen. Ihr senkrechter Aufstieg ließ mich starr werden vor Bewunderung. Man hätte meinen können, sie stiege direkt in den Himmel. Inzwischen spuckte die Focker schwarzen Rauch. Dann begann sie zu trudeln und explodierte am Hang eines kleinen Hügels, auf dem oben eine Kapelle stand. Das Detail mit der Kapelle ist mir wichtig, weil ich es mir nicht versagen konnte, das schicksalhafte Auftauchen unseres Retters dem Eingreifen irgendeines Heiligen zuzuschreiben.

Der Sieg wurde mit einem Champagnerdiner gefeiert, das in unserer Messe stattfand. Das war nicht die erste Heldentat des Feldwebels Pinsard, eines der brillantesten Jagdflieger der französischen Fliegertruppe. Ich bewunderte ihn rückhaltlos. Abgesehen von der Tatsache, daß er mir das Leben gerettet hatte, war er in meinen Augen der vollkommene Typ des Dragoner-Unteroffiziers von vor 1914. Er blieb seiner Vorkriegsuniform übrigens treu. Ich sah ihn immer mit großem Vergnügen in seiner enganliegenden langen schwarzen Jacke über der geranienfarbenen Hose. Pinsard und ich wurden gute Freunde. Ich konnte ihm stundenlang zuhören, wenn er immer wieder seine Geschichten von den Pferden, die er dressiert hatte, erzählte. Eines schönen Tages bekam meine Staffel den Befehl, das Standquartier zu wechseln. Ich verlor Pinsard aus den Augen.

1934 sollte ich ihn in Martigues wiedertreffen, wo ich hingekommen war, um *Toni* zu drehen. Nicht weit von Martigues war ein riesiges Flugfeld. Es war zugleich Schule und Versuchsgelände. Die Piloten dort hatten unser Trüppchen entdeckt, und wenn wir draußen drehten, was fast immer der Fall war, machten sie Sturzflüge über unseren Köpfen. Ihre Neugierde behinderte die Anwendung meiner Theorien zum authentischen Ton. Pierre Gaut, der Produzent des Films, schlug vor, ich solle dem kommandierenden Offizier des Platzes einen Besuch abstatten und ihn fragen, ob er seine Flugzeuge nicht woanders hinschicken könne. Der diensthabende Offizier verwies uns an einen Hauptmann, der uns seinerseits zum Büro des kommandierenden Generals brachte. Als ich dieser wichtigen Person gegenüberstand, hatte ich sofort das Gefühl, sie schon mal gesehen zu haben.

Es war der Feldwebel Pinsard. Er hatte es zu Generalssternen gebracht und seinen Schnurrbart verloren. General Pinsard ergriff die Maßnahmen, die notwendig waren, daß ich *Toni* drehen konnte, ohne daß mein Team vom Donner der Flugübungen Trommelfellschäden bekam. Wir machten es uns zur Gewohnheit, zusammen zu essen, wann immer wir nur frei waren. Während dieser Treffen erzählte er mir seine Kriegsabenteuer. Siebenmal war er von den Deutschen abgeschossen worden. Siebenmal hatte er es geschafft, heil zu landen. Siebenmal hatte er es geschafft auszubrechen. Die Geschichte seiner Abenteuer erschien mir als ein ausgezeichnetes Sprungbrett für einen Abenteuerfilm. Ich notierte mir die Details, die mir als besonders typisch erschienen, und verwahrte die Blätter in meinen Kartons, in der Absicht, einen Film daraus zu machen.

Später erzählte ich einmal Charles Spaak davon; der begeisterte sich für das Thema und half mir, die erste Skizze dessen zu machen, woraus dann, nach manchen Änderungen, *La Grande Illusion* werden sollte. Die meisten dieser Änderungen ergaben sich dadurch, daß ein Schwergewicht auf die Waagschale kam, Erich von Stroheim.

Teil eines Ganzen sein

Man hat *Toni* oft zu einem Vorläufer der italienischen neorealistischen Filme gemacht. Ich glaube nicht, daß das richtig ist. Die italienischen Filme sind großartige dramatische Realisationen. In *Toni* habe ich mir dagegen alle Mühe gegeben, nicht dramatisch zu sein. Eine Bäuerin, die man gerade über ihrem Waschtrog sieht, war mir genauso wichtig wie der Held der Geschichte. Verschiedene Richtungen kämpften miteinander in meinem Kopf. Einerseits schienen mir einige sparsam ausgewählte Großaufnahmen ein Mittel, meine Figuren in einem abstrakten, ja kargen Stil zu behandeln. Andererseits gestattete mir die Verwendung natürlicher Elemente, einen möglichst wenig transponierten Realismus zu erreichen.

Heute, nachdem Zeit vergangen ist und ich die Dinge etwas richtiger sehe, glaube ich sagen zu können, daß das Hauptmerkmal von *Toni* das Fehlen von Stars ist, nicht nur was die Schauspieler angeht, sondern auch in den Dekors und den Situationen. Mein Ehrgeiz ging dahin, den Eindruck zu erwecken, ich hätte eine Kamera und ein Mikrophon in meiner Tasche versteckt und nähme auf, was mir gerade unterkäme, ohne jede Rangfolge. Einen Rahmen hatte ich mir dennoch gesteckt. *Toni* ist kein Dokumentarfilm. Es ist eine Geschichte aus dem Lokalteil, eine wahre Liebesgeschichte, die wirklich in Martigues passiert ist und die mein Freund Jacques Mortier, damals Polizeikommissar in dieser kleinen Stadt, mir erzählt hat. Ich habe sie für die Leinwand kaum verändert.

Ein weiterer Unterschied zum italienischen Neorealismus ist meine Verwendung des Tons. Ich habe eine Leidenschaft für Direktton. Mir ist ein technisch schlechter Ton, der mit dem Bild zusammen aufgenommen ist, lieber als ein perfekter, der nachträglich hinzugefügt wird. Die Italiener haben überhaupt keine Achtung vor dem Ton, sie synchronisieren alles nach. Ich erinnere mich, wie ich Rossellini bei den Dreharbeiten zu »Paisà« besuchte. Der Schauspieler, der gerade vor der Kamera stand, bat ihn flehentlich um einen Text. »Sag irgendwas«, sagte Rossellini, »ich verändere den Dialog beim Schnitt sowieso.« Das war natürlich ein Scherz, aber er ist symptomatisch. Dieser Unterschied hindert mich nicht daran, diese italienischen Filme leidenschaftlich zu lieben. Auch wenn Rossellini und de Sica künstlichen Ton verwenden, so ist das Pathos ihrer Filme zutiefst authentisch. In *Toni* ist das Geräusch des in den Bahnhof einfahrenden Zuges nicht nur ein echtes Geräusch, sondern es ist der Ton des Zuges, den man auf der Leinwand sieht. Dagegen ist der vollständig künstliche Ton von »Rom, offene Stadt« nur eine Art Begleitmusik zu einer der großartigsten Inszenierungen der Filmgeschichte.

Toni war der Gipfel all meiner Träume von einem unerbittlichen Realismus. Mir erschien er wie die vollkommene Niederlage des Musketiers und des Melodramenhelden. Wie ich mich täuschte! Ich glaubte, ein aus dem wirklichen Leben gegriffenes tristes Abenteuer zu drehen; dabei erzählte ich, ohne es zu wissen, eine erschütternde und poetische Liebesgeschichte.

Alle Szenen des Films spielen entweder draußen oder in echten Innenräumen. Nicht alle Darsteller waren Amateure, aber es waren ausnahmslos Leute aus dem Süden. Ihr Midi-Akzent war ebenso echt wie die Gegend von Martigues, die die Basis des Films bildet. Zum erstenmal in meinem Leben schien es mir, als hätte ich ein Drehbuch geschrieben, dessen Elemente sich natürlich ergänzten, nicht so sehr durch die Handlung als vielmehr durch eine Art natürlichen Gleichgewichts.

Toni beschleunigte meine Abwendung von der Vorstellung des »Individuums als König«. Ich begnügte mich nicht mehr mit einer Welt, die bloße Wohnstätte von Individuen ohne Verbindung untereinander war. Es kommt im Leben nicht darauf an, sich – aus Angst, diesen Schatz, das Ich, das absolute Ich, teilen zu müssen – voneinander zu isolieren, sondern darauf, teilzunehmen. In diesem Film begann ich, die Wichtigkeit der Einheit zu spüren. Ich hatte immer eine Schwäche für Großaufnahmen gehabt und habe sie auch heute noch. Wie ich schon sagte, waren es nicht zuletzt die Großaufnahmen der schönen Schauspielerinnen von Hollywood, die mich dazu trieben, Filme zu machen. Aber zu viele Großaufnahmen von Gesichtern, die die ganze Leinwand ausfüllen, drücken eine Isolierung des Individuums aus. Ein Grund der Isolierung ist, daß diese Einstellungen im allgemeinen nacheinander aufgenommen werden. Nehmen wir zum Beispiel eine heiße Liebesszene zwischen einem Mann und einer Frau. Auf der Leinwand und durch die Tricks der Montage sind sie physisch vereint.

Aber die Aufnahmen von der Frau sind nicht zur selben Zeit gedreht worden wie die mit dem Mann – aus technischen Gründen, wegen der Beleuchtung, des Tons, der Kameraperspektiven. Das sieht man, und vor allem spürt man es. Meinem Empfinden nach muß eine Liebesszene, wie jede andere auch, mit allen Darstellern zusammen gedreht werden. Sie müssen die Kamera vergessen, den Regisseur, das Mikrophon, die Lampen. In *Toni* habe ich versucht, Panoramaschwenks zu machen, die die Personen eindeutig miteinander und mit ihrer Umgebung verbinden.

Das führte mich zu zahllosen Versuchen mit Objektiven. Aus diesen Versuchen gewann ich die Überzeugung, daß es in der Optik keine Wunder gibt. Entweder verwendet man ein sehr offenes Objektiv, dann bekommt man mehr Helligkeit, aber dafür werden die Hintergründe unscharf. Oder aber die verwendeten Objektive verhelfen einem zu Schärfe in den Hintergründen, aber sie sind weniger hell und verlangen mehr Beleuchtung. Von dem Augenblick an, in dem ich die Wichtigkeit der Einheit entdeckte, habe ich mich bemüht, keine Szene mehr zu drehen, ohne sie durch eine im Hintergrund stattfindende, mehr oder weniger mit der Handlung verbundene Bewegung zu akzentuieren. Man wird sich fragen, weshalb ich nicht die Brennweiten verändert habe. Das mag ich nicht. Diese Entfernungswechsel zwischen Vordergrund und Hintergrund kommen mir künstlich vor.

Außerdem war ich immer bemüht und bin es heute noch, die Zerstückelung der Aufnahmen zu verhindern und durch lange Einstellungen dem Schauspieler die Möglichkeit zu geben, seine Interpretation des Dialogs langsam selbst aufzubauen. Das ist für mich die einzige Art, zu einem ernsthaften Spiel zu gelangen. Um diese langen Einstellungen zu bekommen, hat man zwei Möglichkeiten. Man kann auf alle Großaufnahmen verzichten und so viel wie möglich halbnahe Einstellungen oder Totalen verwenden, aber dann ist der Schauspieler weit weg vom Publikum, und diesem entgeht durch die Entfernung von der Kamera sein Ausdruck. Das andere Mittel, das mir besser scheint, besteht darin, die Schauspieler zunächst groß aufzunehmen und ihnen dann in ihren

Bewegungen zu folgen. Vom Kameramann verlangt das ein außerordentliches Geschick, aber das Ergebnis kann hinreißend sein. Mir persönlich hat diese Verfolgung der Person mit der Kamera zu den intensivsten Empfindungen verholfen, und zwar sowohl in meinen eigenen Filmen als auch in denen anderer.

La Grande Illusion ist vielleicht der Film, in dem mir die Anwendung dieser Methode am meisten Glück gebracht hat. Selbstverständlich muß diese Technik, um vollkommen zu sein, unsichtbar bleiben, wie überhaupt alle Technik. Der Zuschauer darf nicht bemerken, daß die Kamera ein wahres Ballett vollführt, indem sie unmerklich von einem Schauspieler zum anderen, von einem Gegenstand zum anderen gleitet. Eine solche Einstellung muß, soll sie gelingen, ein Akt für sich sein, ohne daß dabei aber die Hintergründe übersehen werden, die um so schwerer zu erfassen sind, als auf dem Boden überall das Material des Beleuchters herumliegt.

Ich möchte zwei Einstellungen in *La Grande Illusion* hervorheben, die ich nach diesem Prinzip gedreht habe. Die erste ist die vom Essen im Raum der Gefangenen im ersten Lager, in dem die Kamera die Bestandteile der Szene liebevoll umfährt und ihre Verknüpfungsarbeit erst mit dem Ende der Szene abschließt. Die andere ist die, in der beim Theaterabend der Gefangenen die Marseillaise gesungen wird. Diese Einstellung beginnt mit Gabin, der mitten auf der Bühne des kleinen Theaters steht, und endet, nachdem sie alle wichtigen Einzelheiten in einem Panoramaschwenk von 180 Grad mitgenommen hat, auf den Zuschauern. Der Kameramann, dem ich diese Einstellungen verdanke, ist mein Neffe Claude Renoir. Er war wendig wie ein Aal und schreckte vor keiner Akrobatik zurück.

Der Realismus in »La Grande Illusion«

Um meine Haltung zu der entscheidenden Frage der Parallelität zwischen äußerer und innerer Wahrheit zu erläutern, habe ich oft das folgende Beispiel angeführt. Ein Schauspieler hat die Rolle eines Fischers zu spielen. Um Realismus bemüht, möchte er auf alle Schminke verzichten. Er zieht in einen kleinen bretonischen Hafenort und fährt sogar mit den Fischern nach draußen, aufs Meer hinaus. Sein Teint ist getönt von der echten Salzluft des Ozeans. Wenn man ihm auf der Straße begegnet, kann man ihn nicht von den angestammten Fischern unterscheiden. Nach dieser sorgsamen Vorbereitung spielt er seine Rolle. Bestimmte Szenen werden in der Bretagne auf einem richtigen Boot gedreht. Der Regisseur läßt selbst in einer richtigen Sturmszene unseren Mann nicht doubeln. Das Ergebnis: der Schauspieler wird, wenn es ihm an Genie fehlt, wie ein regelrechter Schmierenkomödiant wirken. Es kann sogar sein, daß die um dieses künstliche Wesen herum angehäuften Einzelheiten seine Falschheit erst recht hervorkehren.

Nehmen wir nun einmal an, Charlie Chaplin spiele die Rolle eines Matrosen. Die Aufnahmen werden im Studio gemacht, vor einem gemalten Hintergrund. Chaplin hätte sich nicht einmal die Mühe gemacht, ein richtiges Seemannskostüm anzuziehen. Er trüge wie immer seine Jacke, auf dem Kopf die Melone, hätte seine großen Latschen an und spielte mit seinem Stöckchen. Nach ein paar Minuten auf der Leinwand fänden wir sein unpassendes Kostüm absolut passend und wären überzeugt, einen echten Seemann vor Augen zu haben.

Diese Frage nach der äußeren und inneren Wahrheit, das ist die ganze Geschichte des Schauspiels. Das neunzehnte Jahrhundert, die Zeit des bürgerlichen Dramas, war die Blütezeit der äußeren Wahrheit. Diese Strömung verlassen wir jetzt langsam. Die Commedia dell'arte kommt im Galopp zurück.

Zu Beginn meines Filmlebens interessierte mich nur das Künstliche. Dann, wie ich es schon im Zusammenhang mit der Verwendung des panchromatischen Films erklärt habe, hatte ich meine Periode des absoluten Realismus. Heute bin ich der Meinung, daß es unmöglich ist, Realismus und Transposition voneinander zu trennen, und zwar sowohl auf der Bühne als auch auf der Leinwand. In *Nana* hatte ich den Kult der die realen Elemente übersteigenden Phantasie praktizieren können. Die Unwahrscheinlichkeit der Realität geht über das Vorstellungsvermögen des besten Dekorateurs hinaus. Catherine Hessling studierte die Modezeitschriften der Zeit im Musée des Arts Décoratifs. Lestringuez und ich gelangten schon bald zu der Überzeugung, daß Claude Autant-Lara trotz seines Talents weit entfernt war von dem hemmungslosen Irrwitz der Kostüme der Zeit. Aber auch da irrte ich mich: die Kleider in *Nana* erschreckten die Zuschauer fast ebenso wie die Persönlichkeit der Schauspielerin. Auf diesem Gebiet, wie auch auf allen anderen, braucht das Publikum Transposition. Die Wahrheit kann schockieren. Ich muß gestehen, daß ich die Lektion von *Nana* nie ganz geschluckt habe.

In *La Grande Illusion* stand der Realismus noch immer im Vordergrund meines Interesses. Das ging so weit, daß ich Gabin bat, meine eigene Fliegerjacke zu tragen, die ich nach meiner Entlassung aufgehoben hatte. Gleichzeitig hatte ich aber keine Skrupel, gewisse Dinge willkürlich zu unterstreichen, um den Effekt zu erhöhen, wie die Uniform von Stroheim. Dessen zunächst unbedeutende Rolle hatte sich, ihm entsprechend, an Umfang vervielfacht, weil ich befürchtete, dem Block Gabin-Fresnay gegenüber würde seine Figur nicht gewichtig genug erscheinen. In der Kunst wie im Leben ist alles eine Frage des Gleichgewichts. Das Problem liegt darin, die beiden Schalen der Waage auf gleicher Höhe zu halten. Deshalb nahm ich mir mit von Stroheims Uniform Freiheiten heraus, die kaum meinen damaligen realistischen Theorien entsprachen. Seine Aufmachung ist authentisch, aber ihren phantastischen Reichtum gab es kaum beim Kommandanten eines Gefangenenlagers im Ersten Weltkrieg. Ich brauchte diesen theatralischen Reichtum, um zur Einfachheit der Franzosen ein ausreichendes Gegengewicht zu schaffen. In *La Grande Illusion* gibt es trotz des scheinbar strengen Realismus Beispiele von Stilisierung, die geradenwegs ins Phantastische führen. Daß ich mich mehr der Illusion öffnete, verdanke ich hauptsächlich Stroheim. Dafür bin ich ihm zutiefst dankbar. Ich kann einfach kein gutes Schauspiel machen, wenn ich nicht dem Märchenhaften einen mehr oder weniger großen Platz einräume.

Die Erinnerung an diesen Film führt mich in eine besonders glückliche Zeit meines Filmlebens zurück. Ich hatte meinen Freund Carl Koch engagieren können, um die Echtheit des deutschen Teils meines Films zu überwachen. Koch war der Mann von Lotte Reiniger, der Autorin wundervoller Scherenschnittfilme. Als ihr Meisterwerk, »Prinz Achmed«, in Paris gezeigt wurde, hatten Catherine Hessling und ich sie kennengelernt. Wir wurden sehr gute Freunde und unternahmen gemeinsam mehrere filmische Abenteuer.

Carl Koch hatte den Ersten Weltkrieg als Artillerie-Hauptmann in der deutschen Armee mitgemacht. 1916 befehligte er eine Luftabwehr-Batterie im Abschnitt von Reims. »Das war ein guter Frontabschnitt«, sagte er. »Nur eins sprach gegen ihn, das waren die ununterbrochenen Angriffe der uns gegenüberliegenden französischen Fliegerstaffel.« Nun war ich 1916 Pilot bei einer Aufklärerstaffel im selben Abschnitt. Diese Staffel war die Zielscheibe einer deutschen Batterie, die ihr viel zu schaffen machte. Koch und ich schlossen daraus, daß es sich dabei um seine Batterie und um meine Staffel handelte. Wir waren also zusammen im Krieg gewesen. Das sind Dinge, die zwei Menschen einander näherbringen. Wir hatten in feindlichen Lagern gekämpft, aber das ist Nebensache. Wenn man es recht bedenkt, ist es sogar ein Vorteil. Es ist ein weiterer Beweis für meine Theorie, daß die Welt durch horizontale Grenzen unterteilt ist, statt in geschlossene Zimmer mit vertikalen Grenzen.

Kleine Streitereien – »Die große Illusion«

Carl Kochs wahrer Beruf war die Philosophie. Deshalb blieb er ein ewiger Student. Auf dem Gebiet des Films wußte er über alles Bescheid, was man mit Technik bezeichnet. Er selbst hatte Lotte Reinigers Studio entworfen und eingerichtet. In diesem Studio wurden die äußerst komplizierten Aufnahmen zu den Filmen dieser Meisterin der Schatten gemacht.

Vor allem interessierte Koch das Studium der romanischen Kunst. Er wollte unbedingt einmal die romanischen Kapellen in der Gegend von Saintonge aufsuchen. Diese Gegend soll eins der wichtigsten Zentren der religiösen Kunst des zehnten und elften Jahrhunderts gewesen sein. Ihre kleinen Kirchen und Dorfkapellen sind dafür äußerst reine Beispiele. Aber man muß sie entdekken. Von jener Zeit an nämlich zog es die Menge in die Kathedralen der großen Städte, und die ununterbrochene Abwanderung vom Land in die Stadt begann. Die ihrer Funktion beraubten Heiligtümer wurden in Scheunen und Pferdeställe verwandelt.

Nach einer Reise in den Midi kamen Koch und ich einmal im Auto durch die schöne Gegend des Beaujolais. Er bat mich inständig, einen Umweg zu machen, weil er eine Statue in einer romanischen Kirche sehen wollte. Wir hielten an vor einer erbärmlichen Kapelle, deren frisch repariertes Dach das freche Rot von Fabrikziegeln schmückte. Koch hatte nur seine Statue im Kopf. Er drang in die Kirche ein, stieß sich an Bänken und Betschemeln und ging ohne Zögern auf einen heiligen Josef mit einem Lamm auf dem Arm zu. Ich bekam den Vortrag zu hören, den ich erwartet hatte. Er war höchst interessant und ließ mich eine Stunde im Gefolge der Anne de Beaujeu verbringen. Was mich aber am meisten überrascht hatte, war die Sicherheit, mit der Koch diese Statue fand, die er nie zuvor gesehen hatte.

Eine kurze Zeitlang hatte Koch einen Kindergarten geleitet. Es war ein überraschender Anblick, wie dieser gestandene Mann auf allen vieren im Garten herumkroch und mit seinen kleinen Schülern Schlösser aus Lehm baute. Er behauptete, das wecke den Geist Fünfjähriger eher als das Spielen mit fertigem Spielzeug. Koch erklärte ihnen die Gräben und Türme der Festung und führte dann, auf dem Bauch liegend, Spielzeugsoldaten zum Angriff. Wenn ein Regen den Angriff zerschlug, nahm er die Gelegenheit wahr, seine Überzeugung vom Einfluß der Meteorologie auf die irdischen Geschäfte darzulegen.

Ein andermal habe ich ihn erlebt, wie er die Entstehung von Tälern in Gebirgsgegenden mit Hilfe von Gießkannen erklärte, deren Inhalt wiederum auf den Sandhaufen ausgeleert wurde. Der Sandhaufen spielte eine große Rolle in der pädagogischen Methode meines Freundes. Koch war ein universeller Geist, ein wenig in der Art der Philosophen des achtzehnten Jahrhunderts. Er war ein Freund von Brecht, und durch ihn hatte ich den Vorzug, diesen bemerkenswerten Dichter, diesen logischen Künstler und meisterhaften Organisator recht gut zu kennen. Die ersten Aufführungen der »Dreigroschenoper« hatten eben in Berlin mit beachtlichem Erfolg stattgefunden.

Meine Zusammenkünfte mit Brecht fanden oft in meiner Behausung in Meudon statt. Dieser Dekor war ein absolut passender Rahmen für Brechts Äußerungen. Das Haus war auf den Überresten eines alten, in der Revolution zerstörten Klosters errichtet worden. Brecht wurde begleitet von seiner Sekretärin. Diese junge Berlinerin hatte keine Schreibmaschine bei sich, sondern eine von diesen kleinen achteckigen Ziehharmonikas, die man, glaube ich, »Concertina« nennt. Hanns Eisler, Kurt Weill und Lotte Lenya kamen ebenfalls. Brecht bat mich, alte französische Lieder zu singen. Ich singe schlecht und habe keine Stimme. Brecht störte das überhaupt nicht. Die Sekretärin begleitete den Gesang auf ihrer Concertina. Auf diese Weise entstanden verschiedene Lieder, die dann Welterfolge wurden.

Zwischen Brechts Geist und dem Kochs gab es eine gewisse Entsprechung. Beide teilten sie die Leidenschaft für paradoxe Wahrheiten. Von der äußeren Erscheinung her waren sie das genaue Gegenteil. Brecht war ein dünner Deutscher mit Neigung zum Asketentum. Koch war ein dicker Deutscher, der das Wohlleben liebte, ein großer Esser und sogar ein Feinschmecker – er hat mir beigebracht, Rinderbraten am offenen Herdfeuer zu machen –, kultiviert bis in die Fingerspitzen, politisch uninteressiert, aber durchaus fähig, sich für eine Symphonie oder ein schönes Bild zu schlagen. Der friedliche Koch konnte wahnsinnige Wutanfälle bekommen. Brecht war stolz darauf, in Augsburg geboren zu sein, einer Stadt, von der er behauptete, sie sei keltischen Ursprungs. Koch war hundertprozentiger Rheinländer, das heißt Germane. Beide waren sich einig in ihrer Meinung über den unglücklichen Einfluß der Preußen. Ihrer Meinung nach waren es die Leute aus dem Norden, unverbesserliche Mythomanen, die die Welt in Katastrophen treiben.

Während der Aufnahmen zu *La Grande Illusion* war das Team in einem Wirtshaus in der Nähe der Burg untergebracht. Der Gastwirt war gleichzeitig Winzer und labte uns mit einem sympathischen kleinen Weißwein, der es aber in sich hatte. Koch hielt Stroheim die aufwendige Kleidung der Schauspielerin vor, die die Rolle seiner Krankenschwester spielte. Der Streit wurde immer erbitterter, Stroheim verteidigte das Recht des Künstlers auf Transposition, worauf Koch bemerkte, daß Stroheim nicht im Krieg gewesen sei und darum besser den Mund hielte. Stroheim ärgerte sich und schimpfte Koch einen Spießer. Die Beleidigung war völlig aus der Luft gegriffen: Koch war ein wirklicher Aristokrat des Geistes. Er wollte aufstehen und Stroheim an den Kragen. Der wehrte ihn ab mit einer Geste, die er den Helden seiner Filme abgeschaut hatte, dann stand er auf und ging zur Tür. Koch, wutentbrannt, warf Stroheim sein Glas nach. Es kam ein paar Sekunden zu spät und zerschellte an der Tür, hinter der Stroheim gerade verschwunden war. Fast im selben Augenblick öffnete sich die Tür wieder; Stroheim stand da, lächelnd über seinen gelungenen Witz: in der Hand hielt er ein frisches Glas, das er dem verdutzten Koch hinreichte. Koch mußte raus, frische Luft schnappen. Dieser Vorfall, der das Talmihafte von Stroheims Welt hervorkehrte, verwirrte ihn zutiefst. Er brachte ihn um so mehr durcheinander, als Stroheim sein Gott war.

Kurz darauf fanden wir Koch, der in einen Graben gefallen war und auf allen vieren im Schnee nach seiner Brille suchte. Die beiden vertrugen sich dann wieder beim Weißwein. Der Streit wurde begraben. Sein tieferer Grund lag in dem Umstand, daß Stroheim sich weigerte, die Welt anders als nach seinem Bild zu sehen. Diese Gottähnlichkeit erschwerte ihm jeglichen Kontakt.

Um das Porträt Erich von Stroheims zu vervollständigen, sollte ich wohl noch von seiner Naivität sprechen. Die Idealfigur, die er nachzuahmen versuchte, hätte aus der Vorstellung eines Zwölfjährigen stammen können. Es war eine eindrucksvolle Reinkarnation des Musketiers, wenn dieser Vergleich ihm auch bestimmt nicht gepaßt hätte. Er wollte eher dem Marquis de Sade gleichen. Er träumte von zügellosem Luxus, perversen Frauen, Auspeitschungen, sexuellen Großtaten, Bacchanalen und Besäufnissen. Eines Abends, während des Krieges, kam er in Hollywood zu uns zum Essen, und meine Frau Dido bot ihm einen Scotch an. Sie war noch dabei, ihm einzuschenken, da machte er eine Bewegung wie damals, als er Carl Koch das Glas gereicht hatte. »Nein, nein«, sagte er und griff nach der Flasche, »die Flasche . . .« Dido stellte sie neben ihn und kümmerte sich um D. W. Griffith, der am anderen Ende des Tisches saß. Ich hatte eine aufregende Unterhaltung zwischen diesen beiden Meistern des Kinos erwartet, um so mehr als Stroheim mit Griffith gearbeitet hatte, als Schauspieler, sagten die einen, als Regisseur, die anderen. Aber sie taten, als hätten sie weder miteinander noch mit dem Kino je etwas zu tun gehabt. Dido merkte plötzlich, wie von Stroheim grün wurde – vom Whisky, denn trotz seiner Träume vom großen Trinker vertrug er nicht viel. Er hatte gerade noch Zeit, sich zur Toilette zu schleppen. Amüsant war nebenbei, daß Stroheim kaum Deutsch konnte. Er mußte seine Texte studieren wie ein Schüler, der in der Schule einen fremdsprachigen Text lernte. Dabei war er in den Augen der Welt der Prototyp des deutschen Militärs. Sein Genie bewirkte, daß er der bloßen Kopie der Realität weit überlegen war.

Zu Beginn der Dreharbeiten war Stroheim unerträglich. Wir hatten eine Auseinandersetzung wegen der Eingangsszene in der deutschen Baracke. Er wollte nicht einsehen, warum ich in dieser Szene nicht ein paar Prostituierte unterbringen könnte, die Wiener Spielart natürlich. Ich litt Qualen. Meine grenzenlose Bewunderung für diesen großen Mann brachte mich in eine unerträgliche Situation. Daß ich überhaupt Filme machte, hatte entscheidend mit meiner Begeisterung für sein Werk zu tun. »Greed« war für mich das Heerzeichen unseres Berufs. Da hatte ich nun mein Idol vor mir. Er spielte in meinem Film, und statt eines Auguren, der mich auf den Weg der Wahrheit führte, entdeckte ich einen Menschen, der bis zum Hals in kindlichen Klischees steckte. Ich machte mir schon klar, daß diese Klischees in seinen Händen zu Geniestreichen wurden. Schlechter Geschmack ist häufig die Inspirationsquelle großer Künstler. Cézanne und van Gogh hatten keinen guten Geschmack.

Dieser Streit mit Stroheim wühlte mich so auf, daß ich anfing zu weinen. Das traf Stroheim wiederum so sehr, daß auch ihm die Tränen in die Augen traten. Wir fielen einander in die Arme, und unsere Tränen flossen über meine Jacke von Le Petit Matelot und seine Uniformjacke eines Majors der kaiserlich deutschen Armee. Ich erklärte ihm, sein Talent stünde mir so hoch, daß ich lieber darauf verzichten würde, den Film zu drehen, als noch einmal mit ihm aneinander zu geraten. Diese Äußerungen führten zu neuen Gefühlsausbrüchen. Stroheim schwor mir, meinen Anweisungen von jetzt an mit der Willigkeit eines Sklaven zu folgen. Und er hielt Wort.

Und hier nun, was ich von Erich von Stroheims Anfängen weiß. Die Person, der ich diese Informationen verdanke, ist mein Freund Carl Laemmle jr., der Sohn des Begründers der Universal-Studios. Es war zwanzig, als sein Vater sich entschloß, sich zurückzuziehen und ihn zum Herrscher über das ungeheure Unternehmen zu machen. Der junge Carl Laemmle produzierte verschiedene Meisterwerke der Leinwand, darunter »Im Westen nichts Neues« und »Back Street«. Eines schönen Tages erklärte er, das Kino interessiere ihn nicht mehr, und gab es ein für allemal auf. Er war der Meinung – zu Unrecht –, die Natur hätte ihn nicht zum großen Chef bestimmt. Er wollte sich lieber mit Aktivitäten beschäftigen, die ohne Konsequenzen blieben. Er beschränkte sich auf belanglose Unternehmen wie Pferderennen, Frauen und das Spiel. Fast das ganze von der Universal zusammengebrachte Vermögen schwand nach und nach dahin. Ich lernte ihn kennen, als er schon krank war und gezwungen, das Bett zu hüten. Die Schlichtheit unserer Unterhaltungen läßt mich an meine Gespräche mit Pierre Champagne denken. Carl Laemmle jr. hatte bewußt eins der größten Vermögen der Welt aufgegeben, weil er rein war. Daß er auf seine Macht verzichtete, war kein Mangel an Intelligenz. Man muß mit der höchsten Weisheit begabt sein, um zur rechten Zeit auf die Anhäufung irdischer Güter zu verzichten.

In seinen Anfängen in Hollywood, als er noch total unbekannt war, wollte Stroheim Filme machen, als Regisseur. Um leben zu können, arbeitete er als Schauspieler und spielte kleine Rollen, wenn er welche bekam. Eines Tages entschloß er sich, seine Projekte Carl Laemmle vorzutragen. Da er ihn in seinen Büros in den Studios im San Fernando Valley nicht antraf, machte er sich auf den Weg zu seiner Wohnung. Laemmle wohnte damals an der Sycamore Avenue in Hollywood, mindestens zehn Meilen von den Studios entfernt. Stroheim, dem das Geld für den Bus fehlte, ging zu Fuß. Carl Laemmle jr., damals zwölf, öffnete ihm die Tür. Stroheim kam fast um vor Durst. Der junge Carl bot ihm eine Coca Cola an. Dann erschien der Vater Laemmle. Stroheim erklärte ihm, er wolle unbedingt Filme machen, als Schauspieler und als Regisseur. Beeindruckt von der Hartnäckigkeit und der Entschiedenheit seines Besuchers, engagierte Laemmle den jungen Unbekannten gegen allen gesunden Menschenverstand. Daraus entstand »Blind Husbands«, Stroheims erste Inszenierung. Sie wurde ein Erfolg, zum Glück, denn der Film hatte nicht, wie vorgesehen, 25 000 Dollar gekostet, sondern 100 000. Von Anfang an erwies sich Stroheim als verschwenderisch, tyrannisch und genial. Sein dritter Film, »Foolish Wives«, wurde so teuer, daß

Laemmle sich entschloß, diese Wahnsinnsausgabe für die Reklame zu verwenden. Eine Leuchtschrift am Times Square in New York zeigte den Passanten Stunde um Stunde das Wachsen der Ausgaben an. Aber der Film machte Geld, und Stroheims Reputation wurde legendär. »Merry-Go-Round«, sein vierter Film, wurde ihm nach einigen Drehwochen weggenommen: wieder eine Geldgeschichte.

Stroheim starb 1957 in seinem Landhaus in der Nähe von Paris. Hollywood hatte ihm die Tore verschlossen. Der Grund für diesen Bannfluch war selbstverständlich die Angst vor den irrsinnigen Ausgaben, die jeder seiner Filme mit sich brachte. Aber auch seine Genialität spielte dabei eine Rolle. Er war nicht gemacht für das Mittelmaß eines bürokratisierten Filmbetriebs. Er beendete sein Leben als Schauspieler in französischen Filmen. Ein paar Tage vor seinem Tod machte ihm die französische Regierung ein Geschenk, von dem er sein Leben lang geträumt hatte: sie zeichnete ihn mit der Ehrenlegion aus. Seine Beerdigung war so, wie es sich für die extravagante Erscheinung gehörte. Der geschnitzte Holzsarg war so groß, daß man den Weg verbreitern mußte, der zu der kleinen Kapelle führte. Dem Trauergefolge, das aus Berühmtheiten des französischen Films bestand, ging eine Zigeunerkapelle aus einem Nachtclub voran und spielte Wiener Walzer. Jacques Becker folgte dem Sarg und trug die Ehrenlegion des Verstorbenen auf einem weißen Seidenkissen. Die auf den umliegenden Wiesen weidenden Kühe, angezogen von dem ungewöhnlichen Schauspiel, drängten sich an den Zäunen, sie besetzten den ersten Rang. Jacques Becker wollte eine Rede halten, aber er war zu bewegt, und seine Worte erstickten in Schluchzen. Ich habe Erich von Stroheim, meinen Meister, nicht zu seiner letzten Heimstatt begleiten können; ich wurde durch Dreharbeiten in Amerika festgehalten. Stroheim hätte diesen Grund ohne weiteres akzeptiert.

1939. »La Règle du Jeu«

Man hört einen Abend lang Platten, und was dabei herauskommt, ist ein Film. Ich kann nicht sagen, daß französische Barockmusik mich zu *La Règle du Jeu* (Die Spielregel) inspiriert hätte, aber sie hat dazu beigetragen, in mir den Wunsch zu wecken, Figuren zu filmen, die sich im Geist dieser Musik bewegen. Ich habe mich nur zu Beginn auf sie gestützt. Sie begleitet den Film nur während des Vorspanns. In meinem Leben begann ein Abschnitt, in dem Couperin, Rameau, alles von Lully bis Grétry, meine ständigen Begleiter wurden. Langsam nahm meine Idee Gestalt an, und der Gegenstand wurde einfacher. Nach ein paar Tagen, die ich im Rhythmus barocker Musik lebte, zeichnete sich der Gegenstand immer deutlicher ab.

Ich mußte an einen meiner Freunde denken, dessen ganzer Lebensinhalt seine Liebesabenteuer zu sein schienen. Lestringuez sagte: »Wenn du die Wahrheit beschreiben willst, dann hämmre dir eins ein: die Welt ist ein großer Puff. Die Menschen denken nur an eins, nämlich ans Vögeln, und die, die es nicht tun, sind verloren. Sie ersticken im Brackwasser der Gefühle ...« Sicher sprach Lestringuez für sich selbst. Aber seine Überlegung hatte mich beeinflußt, und ich entschloß mich, die Figuren dieser noch ungeschriebenen Geschichte in unsere Zeit zu verpflanzen. Dann zeichnete die Geschichte sich ab, doch noch immer nicht so weit, daß ich mich für ein bestimmtes Genre hätte entscheiden mögen.

Es fehlte der Rahmen; dann war es die Sologne, die mir die Umgebung lieferte, in der die Schauspieler die Wahrheit ihrer Figuren finden sollten. Ihr Nebel führte mich zurück in die schönen Tage meiner Kindheit, wenn wir mit Gabrielle in das Théâtre Montmartre gingen und uns an »Jack Sheppard oder Die Nebelritter« berauschten. Es gibt keine geheimnisvollere Landschaft als diese, wenn sie aus dem Nebel auftaucht. Er ist wie Watte, die den Knall der Gewehrschüsse erstickt. Es ist der ideale Dekor für ein Märchen von Andersen. An jedem Teich glaubt man Irrlichter auftauchen zu sehen oder gar den Erlkönig in eigener Person. Die Sologne ist eine Sumpfgegend, die sich nur zum Jagen eignet. Ich verabscheue die Jagd. Ich halte sie für eine Beschäftigung von unentschuldbarer Grausamkeit. Daß ich meine Geschichte in diesem Nebelland ansiedelte, bot mir die Möglichkeit, eine Jagdpartie zu beschreiben. Alle diese Einzelheiten vermischten sich in meinem Kopf und reizten mich, eine Geschichte zu finden, in der ich sie verwenden könnte.

Meine erste Absicht war, die »Caprices de Marianne« in unsere Zeit zu übertragen. Das ist die Geschichte einer tragischen Verwechslung: der Geliebte der Marianne wird für jemand anderen gehalten, in einen Hinterhalt gelockt und umgebracht. Ich will die Handlung nicht genauer erzählen: ich habe sie mit so vielen anderen Dingen umgeben, daß die ursprüngliche Geschichte nur noch der Faden ist. Ein entscheidendes Element war die Ehrlichkeit im Empfinden Christines, der Heldin des Dramas. Da Film- oder Buchautoren meistens Männer sind, erzählen sie Männergeschichten. Ich beschreibe gern Frauen. Ein anderes wichtiges Element ist die Aufrichtigkeit Jurieus, des Opfers, der beim Versuch, einzudringen in eine Welt, zu der er nicht gehört, die Spielregeln verletzt. Während der Dreharbeiten war ich hin- und hergerissen zwischen meinem Verlangen, eine Komödie zu machen, und dem, eine tragische Geschichte zu erzählen. Das Ergebnis meiner Zweifel war der Film, wie er jetzt ist. Ich machte Augenblicke absoluter Mutlosigkeit durch, und dann wieder, wenn ich sah, wie die Schauspieler meine Gedanken übertrugen, drehte ich durch vor Begeisterung. Mein Schwanken wird sichtbar im Verlauf der Handlung und im Spiel der Darsteller. Ich denke an Christines Entschlußlosigkeit. Diese Rolle wurde von Nora Gregor gespielt, die niemand anders war als die Fürstin Starhemberg. Ihr Mann, der Fürst Starhemberg, kam aus Österreich, wo er eine Anti-Hitler-Partei gegründet hatte. In seinen Ländereien stimmten die Bauern für ihn. Die Hitlerwelle hatte sie hinweggeschwemmt.

Ich hatte ihn kurz vor *La Règle du Jeu* kennengelernt. Er und seine Frau befanden sich in einem Zustand außerordentlicher Verwirrung. Alles, woran sie geglaubt hatten, brach zusammen. Über die Geistesverfassung dieser Verbannten hätte man ein Buch schreiben können. Ich begnügte mich damit, Nora Gregors Art, flatterhaft-ehrlich, für meine Zwecke zu verwenden, um die Figur der Christine zu entwickeln. Wieder einmal ging ich vom Äußeren aus, um eine Figur oder eine Handlung aufzubauen. Ich muß mich entschuldigen, daß ich immer wieder auf diesen Punkt zurückkomme, aber jetzt, wo ich mich damit abfinden muß, keine Filme mehr zu machen, stellt sich mir die Kraft dieses Prinzips nachdrücklicher denn je. Man geht aus von der Umwelt und landet beim Ich. Ich habe Hochachtung und Bewunderung für die Künstler, die den entgegengesetzten Weg gehen. Die abstrakte Kunst gehört zu den Notwendigkeiten unseres Jahrhunderts. Doch selbst bleibe ich ein Mensch des neunzehnten Jahrhunderts, ich brauche die Beobachtung als Ausgangspunkt. Mein Vater, der der Vorstellung nicht traute, sagte: »Sie malen das Blatt eines Baumes ohne Modell. Da kann es sein, daß Ihre Blätter einförmig werden, denn Ihre Vorstellung liefert Ihnen nur ein paar Modelle von Blättern. Die Natur aber liefert Millionen, und das auf einem einzigen Baum. Es gibt keine zwei Blätter, die gleich wären. Der Künstler, der sich selbst malt, beginnt sehr schnell, sich zu wiederholen.«

Was mit einem Film ist, weiß man erst wirklich nach dem Schnitt. Schon bei den ersten Vorführungen von *La Règle du Jeu* befielen mich Zweifel. Es ist ein Kriegsfilm, und doch wird der Krieg in keiner Weise erwähnt. An der Oberfläche harmlos, griff diese Geschichte die Struktur unserer Gesellschaft an. Und dabei wollte ich dem Publikum zunächst gar keinen Avantgardefilm bieten, sondern einen guten, kleinen, normalen Film. Die Leute kamen ins Kino mit dem Wunsch, sich von ihren Sorgen ablenken zu lassen. Aber nichts davon, ich stürzte sie in ihre eigenen Probleme. Der drohende Krieg machte die Haut der Menschen empfindlicher. Ich zeigte nette, sympathische Leute, aber eine im Verfall begriffene Gesellschaft. Das waren zur Niederlage Verurteilte, wie der Fürst Starhemberg und seine Geschlagenen, und die Zuschauer erkannten das. Genauer gesagt, sie erkannten sich selbst. Leute, die sich umbringen, tun das nicht gern vor Zeugen.

Meine Bestürzung war vollständig, als dieser Film, den ich mir liebenswürdig vorgestellt hatte, der Mehrheit der Zuschauer gegen den Strich ging. Es war ein aufsehenerregender Mißerfolg. Der Film wurde mit einer Art Haß aufgenommen. Trotz der lobenden Kommentare bestimmter Kritiker sah das Publikum ihn als persönliche Beleidigung an. Das war keine Verschwörung: meine Feinde waren für meine Niederlage nicht verantwortlich zu machen. Bei jeder Vorführung war das Publikum von neuem einig in seiner Ablehnung. Ich versuchte, den Film zu retten, indem ich ihn kürzte. Zuerst schnitt ich die Szenen, in denen ich selbst eine zu große Rolle spielte, als ob ich mich nach meinem Mißerfolg schämte, auf der Leinwand zu erscheinen. Vergeblich: der Film wurde für »demoralisierend« erachtet und aus dem Verleih gezogen.

Man hat alle möglichen Erklärungen für diese Reaktion gefunden. Ich für mein Teil glaube, die Zuschauer reagierten auf meine Offenheit. Ich hatte in dieser Arbeit Einflüsse aktiviert, unter denen die mächtigsten die in der frühesten Kindheit erfahrenen sind. Meine früheste Jugend verbrachte ich mit meinen Eltern und mit Gabrielle. Das waren Menschen, die einfach nicht anders konnten, als hinter den Masken die Wahrheit zu erkennen. Um ein im modernen Vokabular beliebtes Wort zu verwenden: das Leben mit meiner Familie hatte eine »Demystifikation« bedeutet. Wir sind mystifiziert. Man macht uns was vor. Seit meiner Jugend genoß ich den großen Vorteil, im Erkennen von Mystifikationen unterwiesen zu werden. In *La Règle du Jeu* teile ich meine Entdeckung dem Publikum mit, und das mögen die Leute nicht. Es stört sie in ihrer Ruhe, die Wahrheit zu erfahren. Ein Vierteljahrhundert später hielt ich einen Vortrag in Harvard. In einem Kino in der Nähe der Universität spielte man *La Règle du Jeu*. Als ich auf dem Balkon erschien, gab es eine begeisterte Ovation. Ein studentisches Publikum feierte *La Règle du Jeu*. Seitdem ist die Reputation des Films ständig gewachsen. Was 1939 wie eine Beleidigung aussah, hat sich als Voraussicht erwiesen.

Doch beim Start von *La Règle du Jeu* deprimierte mich der Mißerfolg so sehr, daß ich mich entschloß, entweder gar keine Filme mehr zu machen oder Frankreich zu verlassen.

Ihre Decken öden mich an

Die göttliche Vorsehung griff ein und entschied zugunsten der zweiten Möglichkeit: der Krieg von 1939 brach aus. Ein weiterer Schritt dem endgültigen Zusammenbruch entgegen. Bei der Mobilmachung kam ich wieder zu meinen Leutnantsehren und wurde dem Filmdienst der Armee zugeteilt. Während des ersten Kriegswinters nahm ich vor Langeweile gähnende Soldaten auf. Aus dieser ganzen Zeit fällt mir nur ein Vorfall ein, der die Monotonie dieses Krieges ohne Kampf unterbrach.

Mein Team setzte sich zusammen aus einem Kameramann und dessen Assistenten und einem Toningenieur, ebenfalls mit einem Assistenten. Sie fuhren in einem umgebauten kleinen Lastwagen. Ich fuhr ihnen in einem kleinen Auto voran. Unsere Ausrüstung war offen sichtbar. Man sah uns das Kino an. Eines Tages bekam ich Befehl, die Kinder in der Schule eines Dorfes im Frontgebiet zu filmen. Ich irrte mich im Dorf und sah mich plötzlich von Deutschen umringt. Der Frontverlauf war in diesem Abschnitt sehr unklar, und ahnungslos war ich in die feindlichen Linien eingedrungen. Ein deutscher Unteroffizier kam auf uns zu. Er schien belustigt und neugierig. Er grüßte. Ich grüßte. Alsbald waren wir umringt von einer Gruppe von Deutschen, die der Vorfall nicht einmal überraschte. Diese Deutschen, die sich in ihrem Dorf offensichtlich genauso langweilten wie wir uns in unseren Stellungen, hatten genau das Schmunzeln im Gesicht, das die Leute sich nicht verkneifen können, wenn sie ein Filmteam bei der Arbeit sehen. Einige von ihnen drehten die Geschichte ein paar Jahre zurück und machten mit der Hand Kurbelbewegungen. Ich grüßte den Unteroffizier noch einmal, machte kehrt und fuhr ruhig hinter die französischen Linien zurück.

Eine der positiven Seiten unserer Untätigkeit war für mich die Entdeckung des Straßburger Münsters. Mein ganzes Leben lang hatte ich etwas gegen Tourismus gehabt. Ein Baudenkmal brauchte in einem Führer nur die Klassifikation »sehr sehenswert« zu haben, das genügte mir, um nicht hinzugehen. Mein Freund Lestringuez traf diese Einstellung meiner Meinung nach genau, wenn er den herbstlichen Park von Versailles mit seinen laubbedeckten Wegen als Beispiel wählte. »Die Vorstellung, daß Tausende von Idioten vor diesem Schauspiel in Verzückung geraten, verdirbt es mir ein für allemal.« Womit wir wieder bei der »hostellerie« wären.

Während ich in Indien *The River* drehte, organisierten meine Kameraden vom Team einen Ausflug zum Tadsch Mahal. Es war gerade Vollmond, und den Tadsch Mahal »muß« man bei Vollmond gesehen haben. Ich weigerte mich, an dem Ausflug teilzunehmen, und verbrachte den Abend in einem italienischen Bistro in Neu-Delhi. Fazit: Ich habe den Tadsch Mahal nie gesehen.

Was das Straßburger Münster betrifft, so erinnern Sie sich vielleicht an die Leidenschaft meines Freundes Pierre Champagne für Bugattis. Wir fuhren häufig ins Bugatti-Werk, das in Molsheim im Elsaß liegt, etwa zehn Kilometer vor Straßburg. Während wir darauf warteten, daß der Wagen durchgesehen wurde, verbrachten wir den Tag in der Kneipe bei Bier und Schlehenschnaps. Nie wären wir auf die Idee gekommen, das Münster zu besichtigen. Während des Krieges bekam ich mit meinem Team den Auftrag, das Bauwerk aufzunehmen. Bewunderung ergriff mich, und ich begann zu zweifeln an der Richtigkeit des umgekehrten Snobismus, der eine meiner Verhaltensweisen war und auch noch ist.

Die Italiener waren noch nicht in den Krieg eingetreten, und die französische Regierung war zu allem bereit, um die Neutralität der noch unentschlossenen Nachbarn zu erhalten. Man überhäufte sie mit Aufmerksamkeiten. Zufällig hatte sich Mussolini *La Grande Illusion* vorführen lassen und darum gebeten, man möge den Autor dieses Films nach Rom schicken, damit er Regiekurse am Centro Sperimentale gäbe. Die französische Regierung wollte Mussolini nichts abschlagen. Dahinter stand die Hoffnung, den Duce durch Liebenswürdigkeiten aus dem Krieg heraushalten zu können. Ich war Soldat und mußte gehorchen. Ich kannte Italien nicht. Meine Frau Dido, damals noch meine Sekretärin, war bereit, mit mir zu kommen. Dagegen sprach nichts. Sie war Brasilianerin, das heißt neutral. Koch war auch dabei.

Dieser Aufenthalt in Rom war für mich eine große Entdeckung. Auch heute noch und trotz der Touristen ist diese Stadt ein überwältigendes Schauspiel. Ich begann, am Centro Sperimentale zu unterrichten und »La Tosca« zu drehen. In Frankreich ging der »drôle de guerre« weiter, ohne jeden Einfluß auf unser römisches Leben. Brutal wurden wir aus diesem schönen Traum aufgeschreckt. Ein Anzeichen dafür, daß etwas Schwerwiegendes sich anbahnte, war von Michel Simon, der in »La Tosca« die Rolle des Scarpia spielte, bemerkt worden. Michel Simon hatte in Rom zwei Leidenschaften: die Deckenfresken der Paläste und die Sofas in den Freudenhäusern der Stadt. Jeden Abend ging er in eins dieser Häuser und unterhielt sich ausführlich mit den Damen. Er zeigte ihnen Fotos von den Decken, die er aufgenommen hatte. Nun fand er eines Abends in einem Bordell sein gewohntes Sofa besetzt von deutsch sprechenden Zivilisten. Als er bei der Chefin seinen Stammplatz reklamierte, lehnte es diese verängstigt ab, etwas zu unternehmen. Angewidert ging Michel nach Hause und legte sich schlafen. Am nächsten Tag erzählte er mir den Vorfall und schloß mit seinem Tonfall à la Michel Simon: »Scheiß doch auf ihre Decken!«

Jedenfalls zeichnete sich die Eroberung der ewigen Stadt durch die Deutschen ab. Sie hatten eine einfache Methode. Die einzige italienische Zeitung, die sich Frankreich gegenüber freundlich gesinnt zeigte, war das Blatt des Vatikans, der »Osservatore Romano«. Die Nazis engagierten den Abschaum der Stadt, Taschendiebe, Zuhälter und Spezialisten für nächtliche Überfälle. Diese Räuberarmee bekam den Auftrag, bei den Kiosken, die den »Osservatore Romano« verkauften, einen Überwachungsdienst einzurichten. Wenn ein Passant herantrat und diese Zeitung verlangte, wurde er auf der Stelle zusammengeschlagen. Innerhalb von vierundzwanzig Stunden war auch die allerletzte neutrale Zeitung für das Bündnis mit den Deutschen. Ich spielte in dieser Komödie auch meinen Part. Ich hatte in einem Restaurant den »Osservatore Romano« verlangt und wurde entsprechend verdroschen; ich hätte sicher Kopf und Kragen riskiert, wenn ich nicht den Namen Mussolinis angerufen hätte, der mich ja immerhin auf diese Galeere beordert hatte. Der französische Botschafter, dem ich von dem Vorfall berichtete, riet mir, mit dem ersten besten Zug zu verschwinden. Dido blieb, durch ihren brasilianischen Paß geschützt, noch ein paar Tage länger. Sie wollte noch eine Kopie von *La Grande Illusion* sicherstellen und außerdem in der brasilianischen Botschaft bestimmte Papiere hinterlegen.

Für den Chauffeur, der Dido in die Botschaft fuhr, war das ein Mutbeweis. Denn ein gerade erlassenes Dekret untersagte Frauen die Benutzung von Autos. Der Wagen wurde unterwegs von einer dichten Menge, die auf Mussolini wartete, aufgehalten. Sittenstrenge Bürger scharten sich um Didos Auto und wollten diese aufsässige Ausgabe des schwachen Geschlechts auf die Straße zerren. Gerettet wurde sie durch das Erscheinen des Duce auf dem Balkon des Palazzo Veneto. Il Duce verkündigte dem römischen Volk, daß Italien hinfort an der Seite der Deutschen kämpfen werde. Mit einer großen Geste begann er seine Rede: »A chi il mundo?« »A noi, a noi!«, brüllte die hingerissene Menge. Heute lacht Dido, wenn sie an diese Proklamation denkt, die der besten italienischen Theatertradition würdig ist. Aber damals hatte sie das weniger komisch gefunden.

Der Auszug

Koch und Michel Simon blieben nach meiner Abreise in Rom zurück, um »La Tosca« zu drehen. Michel Simon wurde durch seinen Schweizer Paß geschützt. Koch, als Deutscher, hatte nur zu befürchten, in sein Land zurückbefohlen zu werden. Der Abschied von meinen Mitarbeitern war sehr schwer. Was den zurückbleibenden Luchino Visconti betraf, so trauerte ich um all die Dinge, die wir zusammen hätten unternehmen können und nicht unternommen hatten. Ihm verdanke ich das Verständnis dieser so sinnlichen italienischen Welt. Er hatte mir bei verschiedenen Filmen geholfen, unter anderem bei der *Partie de Campagne.* Trotz tiefer freundschaftlicher Gefühle, die uns verbanden, sollte ich Luchino nie wiedersehen. So ist das Leben.

Abgesehen von den politischen Ereignissen bekümmerte es mich am meisten, daß ich mit den Dreharbeiten von »La Tosca« gerade erst angefangen hatte. Koch, der mir beim Drehbuch geholfen hatte und meine Drehmethoden gut kannte, löste mich auf meine Bitte hin ab. »La Tosca« soll ein ausgezeichneter Film sein, aber es ist ein Film von Koch, nicht von mir. Ich habe ihn nie gesehen. Gottseidank finde ich, wie Sie schon wissen, mein Glück im »Machen«.

Als der Film fertig war, mußte Koch nach Berlin zurück. Er blieb dort bis zum Zusammenbruch. Alle tauglichen Männer waren mobilisiert worden, um die Stadt gegen die Russen zu verteidigen. Koch, der auf die fünfzig zuging, wurde in ein Regiment gesteckt, in dem die Männer mit Panzerfäusten ausgerüstet wurden. Er konnte mit dieser seltsamen Waffe genausowenig umgehen wie seine Kameraden. Man hatte sie in Landwehruniformen von 1870 gesteckt. Und man schickte sie los, ein kleines Birkenwäldchen in der Nähe der Stadt zu verteidigen. Ein Volkssturmhauptmann leitete die Operationen. Er stellte seine Leute hinter die Bäume und ermunterte sie mit dem Satz: »Und wenn der letzte dabei draufgeht, die Russen dürfen nicht durchgelassen werden.« Trotz der Ermahnung des Hauptmanns hatten sich die Amateursoldaten aber abgesprochen und waren entschlossen, das Weite zu suchen.

Koch landete in einem Dorf, das schon kurz darauf von Russen besetzt wurde. Die holten auf dem Dorfplatz alles zusammen, was irgendwie nach Militär aussah. Koch hatte einen russischen Unteroffizier gefunden, der deutsch sprach, und versuchte ihm klarzumachen, daß die Uniform, die er trug, zwar veraltet, jedenfalls aber als ein militärisches Kleidungsstück anzusehen sei, weshalb ihm das Privileg aller Soldaten zustände, nämlich, nicht hingerichtet zu werden. Die Diskussion wurde unterbrochen durch die Ankunft eines Autos mit einer Frau in der Uniform eines russischen Offiziers, der das Kommando offenbar unterstand. Koch schob die Deutschen zur Seite, die um ihn herumstanden, und stürzte auf die Dame zu. Sein Gesicht strahlte vor freudiger Überraschung. »Erinnern Sie sich nicht, wir haben uns doch in Paris getroffen?« Die Überraschung der Dame war außerordentlich: natürlich hatten sie sich nie im Leben gesehen. In tadellosem Deutsch antwortete sie: »Bei wem war das?« Koch zögerte ein paar Sekunden, dann brachte er den Namen hervor, der seiner Meinung nach russischen Ohren am unvertrautesten klingen mußte. »Bei Lestringuez«, sagte er. Das Gesicht der Dame wurde weich. Sie gab Befehl, und Koch wurde freigelassen. Dieser verflixte Lestringuez!

Dido hatte den letzten Zug erwischt, der noch zwischen Italien und Frankreich verkehrte. Natürlich war er völlig leer und fuhr auch nur, weil man vergessen hatte, ihn ausfallen zu lassen. Das ist das Phänomen der einmal erreichten Geschwindigkeit. Die Anwesenheit dieser einzigen Reisenden beschäftigte die Phantasie der Italiener. In Ventimiglia, dem Grenzbahnhof, kamen die Bahnbeamten und betrachteten neugierig diese Heldin, die keine Angst hatte, das friedliche Italien zu verlassen und sich in die Hölle des Krieges zu stürzen. »In Paris, da sind die Tedeschi.« Dido mochte ihnen ruhig erklären, daß die »Tedeschi« in Italien überall seien, über diese unwichtige Feststellung zuckten sie nur die

Achseln. Seit mehr als zweitausend Jahren sind es die Italiener gewohnt, überfallen zu werden. Für sie ist das unwichtig, und am Ende sind sie es, die die Eingefallenen erobern. Italien, politisch seinen Siegern unterworfen, setzte bei ihnen praktisch seine Sitten und Gebräuche durch. Seine Architekten, seine Künstler, seine Steinmetze und Zimmerleute drangen nicht mit Kanonenkugeln, sondern durch ihre Kunstwerke und die Gegenstände des täglichen Lebens in das Land der Sieger ein.

Dido entriß sich nur mit Mühe den rührenden Gefühlsbezeugungen der Italiener. Einige weinten und sagten immer wieder: »Fahren Sie nicht, jetzt können Sie noch wählen, wenn Sie erst mal hinter der Grenze sind, ist es zu spät!« Was die »Tedeschi« anging, so traf Dido in Paris nur mich. Ich war damit beschäftigt, ein Auto zu mieten, um zu meinem Sohn Alain zu kommen, dessen Regiment den Befehl erhalten hatte, die Deutschen an den Toren von Paris aufzuhalten – mehr nicht! Zu meiner großen Überraschung konnte ich bei Peugeot ohne weiteres ein Auto mieten. Der Angestellte, mit dem ich es zu tun hatte, dachte wahrscheinlich, dieser Krieg sei unerheblich, verglichen mit dem normalen Funktionieren einer großen Verwaltung. Immer wieder die Aufteilung der Welt durch horizontale Abgrenzungen.

In meiner Wohnung fand ich einen Brief, den Alain mir durch einen Zivilisten, der im Besitz eines Motorrades war, hatte zukommen lassen. Ich folgte den Anweisungen des Briefes und spürte meinen Sohn in einem Vorort auf, umgeben von fünfzig Reitern ohne Pferde, aber mit einem dicken Lastwagen. Er war Unteroffizier. Da die Offiziere verschwunden waren, fiel ihm die Verantwortung zu, für die Verpflegung der fünfzig Leute zu sorgen. Dido begleitete mich. Auf der Bank eines kleinen Parks, den Utrillo hätte gezeichnet haben können, nahmen wir unser Mittagessen in Form einer Dose Konserven zu uns. Plötzlich tauchte ein Offizier vom Generalstab auf mit dem Befehl, die Truppe solle sich weiter rückwärts sammeln. Alain verschwand im Durcheinander der Operation. Ich beschloß mit Didos Zustimmung, bei den Cézannes in Marlotte Zuflucht zu suchen.

Wir trafen sie an, wie sie dabei waren, ihre Flucht gen Süden zu organisieren. Wir schlossen uns dem Auszug an. In dem dreisitzigen Peugeot vom Typ Trèfle, den ich gemietet hatte, brachten wir Paul und Renée Cézanne unter. Ich fuhr. Hinter uns radelten Dido, Jean-Pierre Cézanne und seine Frau Marjorie. Jean-Pierre hatte Marjorie geheiratet, weil sie Jüdin war und das Gerücht umging, jüdische Mädchen, die mit Christen verheiratet seien, würden nicht in die Konzentrationslager geschickt. Mit den Bildern von Cézanne, hinten mit Schnüren auf den Peugeot gebunden, wirkte unsere kleine Karawane höchst seltsam. Den Leuten war unverständlich, wie man sich solche Mühe geben konnte, um ein paar Paravents zu retten.

So kamen wir bis in die Creuze. Bis dahin hatten wir nur ein paar leichte Angriffe durch italienische Flugzeuge mitbekommen. Wir dachten, die Deutschen würden bestimmt Bordeaux besetzen, und beschlossen, in einem kleinen Dorf in Mittelfrankreich, weitab von den Straßen, zu bleiben. Die Bewohner empfingen uns mit offenen Armen. Sie waren stolz darauf, »ihre« Flüchtlinge zu haben. Unsere Gegenwart hob ihr Prestige und weckte den Neid der umliegenden Dörfer.

Dido und ich denken oft zurück an den Aufenthalt auf dem Hof des alten Antoine. Wir erlebten dort ein Gefühl, das dem des vollkommenen Glücks sehr nahe kam. Am Tag fuhren wir auf Fahrrädern los, um Verpflegung zu besorgen. Der alte Antoine hatte uns als Wohnung eine Scheune voll Stroh und Heu zugewiesen. Dort hängten wir die Cézannes auf. Es war ein hinreißendes Schauspiel, sie auf so ungewöhnliche Weise ausgestellt zu sehen. Paul Cézanne war ganz begeistert. Die Mauern aus unregelmäßigen Steinen, die Raufen mit den Überresten von der Mahlzeit der Eselin des Bauern, die landwirtschaftlichen Gerätschaften gaben den Bildern einen Hintergrund, der ausgezeichnet zu ihnen paßte. Nie waren die Arbeiten des Meisters von Aix vor einem so authentisch reichen Hintergrund präsentiert worden. So brachten die Zufälle der internationalen Politik Paul Cézannes Sohn, meinen lieben Freund, dazu, seinem Vater einen Rahmen zu geben, der diesem sicher gefallen hätte. Nachts, in der Scheune, schliefen wir ein in dem großen Frieden, den die Meisterwerke ausstrahlen. Unsere Petroleumlampen lieferten die ideale Beleuchtung. Ihre Flammen, die beim leichtesten Luftzug tanzten, vermittelten uns den Eindruck, die Personen auf den Bildern lebten und würden zu sprechen beginnen.

Die Eselin unseres Gastgebers war in einem angrenzenden Pferdestall untergebracht. Wenn man den alten Antoine fragte: »Wie heißt Ihre Eselin?«, antwortete er im reinsten Akzent: »Wenn sie nett ist, sage ich Süße zu ihr; wenn sie nicht nett ist, sage ich Esel zu ihr.«

Die großen Katastrophen zeigen ihre verheerenden Wirkungen erst nach und nach. Trotz Einmarsch, trotz der Teilung Frankreichs in zwei Stücke funktionierte die Postverwaltung fast normal. Ein schönes Beispiel für die »einmal erreichte Geschwindigkeit«. Ich konnte ein Telegramm an einen Freund in Paris schikken und ihm erklären, wo ich war. Die Antwort war ein Brief aus Amerika. Es war eine Nachricht des Autors von »Nanook«, meines Freundes Robert Flaherty, in dem ich aufgefordert wurde, mich beim amerikanischen Konsulat in Nizza zu melden, wo ein Visum für die Vereinigten Staaten auf mich wartete. Er war der Meinung, daß meine hitlerfeindliche Haltung mich in Gefahr gebracht hätte. *Le Crime de Monsieur Lange, La Marseillaise, La Vie est à nous* und zahlreiche Zeitungsartikel hatten zwar nicht die Massen bewegt, aber ein gewisses Aufsehen erregt. Ich mußte mehrere Monate warten, bis ich von den französischen Behörden ein Ausreisevisum bekam. Diese Zeit verbrachte ich bei meinem Bruder Claude auf Les Collettes, das er geerbt hatte.

Den letzten Ausschlag, das amerikanische Angebot anzunehmen, gab der Besuch zweier Franzosen, die einer nazistischen Kulturorganisation angehörten. Sie schlugen mir vor, im Rahmen der France Nouvelle zu arbeiten; alle möglichen Mittel würden mir zur Verfügung stehen, um Filme meiner eigenen Wahl zu drehen. Sie waren häufig in Begleitung einer schönen russischen Dame, die aussah wie die Abenteurerin im Kriminalroman. Sie betete

Hitler an wie einen leibhaftigen Gott. Wenn sie vom Führer sprach, geriet sie in Trance. Lestringuez, der zu uns gestoßen war, beantwortete diese Äußerungen mit einleuchtenden Bemerkungen voll unumwundener Aggressivität. »Hitler«, erklärte er, »hat uns auf die Hammelkeule gepinkelt. Vorher hatten wir eine Hammelkeule, sie war nicht perfekt gebraten und auch nicht gleichmäßig verteilt. Einige hatten schöne rote Stücke aus der Mitte, andere mußten sich mit den Abfällen begnügen. Aber immerhin«, schloß Lestringuez, »war die Keule da. Jetzt ist sie zwar immer noch da, aber sie ist ungenießbar.« Und er wiederholte, indem er komisch den Mund verzog: »Hitler hat auf die Keule gepinkelt.«

Der Augenblick zum Verschwinden war gekommen. Dido und ich nahmen in Marseille das Schiff nach Algerien, Marokko und Lissabon. Ich überspringe die langen Wochen des Wartens während der verschiedenen Etappen dieser Reise. In Lissabon bekamen wir Plätze auf einem amerikanischen Schiff. Eine freudige Entdeckung war, daß ich meine Kabine mit keinem geringeren als Saint-Exupéry teilen mußte. Eine Reihe von aufregenden Diskussionen über mein altes Steckenpferd, die Macht der Umwelt, begann. Saint-Exupéry glaubte auch daran, versuchte aber alles, um ihr zu entkommen. Das ging so weit, daß er es ablehnte, Englisch zu lernen; er behauptete, es falle ihm schon schwer genug, Französisch zu können. Damals sprach ich kein Englisch, und Saint-Exupéry und ich verließen uns auf den Dolmetscher, den das Glück uns mit auf den Weg gegeben hatte. Dido konnte keinen Schritt tun, ohne daß einer von uns hinter ihr herrief. Saint-Exupéry zu Dido: »Bestellen Sie mir bitte einen Tee.« Dido: »Das ist doch ganz einfach, man sagt *tea*.« Saint-Exupéry: »Nein, ich will nicht.« Und mit dem Ausdruck eines schmollenden Kindes: »Dann will ich lieber gar keinen Tee.«

In New York erwartete uns Robert Flaherty am Kai. Dido fiel ihm in die Arme. Sie hatte schon immer eine große Zuneigung zu Robert Flaherty gehabt. Dann nahm er mich mit der ganzen Kraft seiner Freundschaft in die Arme. Das war schon was, eine Umarmung von Bob Flaherty. Dieser Mann bestand aus lauter Liebe.

Deshalb verstand er die Figuren seiner Filme so gut. Er liebte sie, ganz einfach. Und er mochte auch mich. Wenn wir zusammen waren, fühlten wir uns im Reich, in dem das Materielle keine Rolle spielte. Die alltäglichen Sorgen, der Schnupfen, die Geldgeschichten verschwanden aus der Welt, in der sie keinen Platz hatten, der Welt der Liebe Robert Flahertys. Plötzlich sah er den Filzhut, den ich aufhatte. Damals trug man in Frankreich kleine Hüte. Die Amerikaner und vor allen Bob Flaherty trugen Hüte mit breiter Krempe. Flaherty schaute sich meinen Hut belustigt an, nahm ihn und warf ihn ins Wasser. Dann nahm er seinen und setzte ihn mir auf den Kopf.

In seiner Freude über unsere glückliche Landung übertraf er sich selbst an Großzügigkeit. Das war um so rührender, als er keineswegs im Gelde schwamm. Glücklicherweise kam die göttliche Vorsehung auch ihm zu Hilfe und rettete ihn im letzten Augenblick vorm Bankrott. Am Morgen nach unserer Ankunft führte er uns zum Frühstück in ein Hotel aus, das bekannt war für sein gutes Frühstück, das Hôtel La Fayette. Es war pantagruelisch. Nach Salaten gab es verschiedene geräucherte Fische, dann sehr eindrucksvolle Steaks und zu allem eine Flasche französischen Wein. Gekrönt wurde die Eßorgie von einer Gebäckparade. Das Hôtel La Fayette stammte aus dem achtzehnten Jahrhundert. Es existiert nicht mehr, die Feuerpolizei fand es zu gefährlich. In seiner Baufälligkeit war es ein rührender Ort. Ich habe später selbst dort gewohnt, mir war dieses Termitenparadies lieber als der perfektionistische Glanz neuerer Hotels. Bob hatte eine Leidenschaft für alte Hotels. Er selbst hatte ein Apartment im Chelsea Hotel, in dem schon Mark Twain gewohnt hatte.

Während unserer ersten Tage in Amerika hatten wir den Eindruck, die Amerikaner lebten in der Vergangenheit, in einer ganz jungen Vergangenheit, deren Riten die Zuschauer aber voller Rührung nachmachten. Das Royalton, das Hotel, in dem mein Freund Richemont uns untergebracht hatte, war ein Hotel mit Stammgästen und etwa ein halbes Jahrhundert alt. Der Liftboy war ein alter, urkomischer Neger, der mit George Jean Nathan, dem berühmten Kritiker, und Sherwood Anderson auf vertrautem Fuße verkehrte. Anderson, dessen Werke ich auf Französisch gelesen hatte und den ich sehr bewunderte, schickte mir zu meiner Ankunft einen freundlichen Gruß. Er hatte mich selbst empfangen wollen, New York aber am Tage unserer Ankunft verlassen müssen. Er hoffte, und ich auch, wir würden uns bald schon sehen können. Aber dazu kam es nie.

Bob wollte uns unbedingt Washington zeigen, ehe wir den Osten verließen, um nach Hollywood zu gehen; was nach Meinung der New Yorker hieß, die Zivilisation gegen die Barbarei einzutauschen. Er holte alle möglichen Freunde zusammen, mehr oder weniger nahe, wer halt gerade da war, und wir fuhren los. Er wollte unbedingt in ein besonders gutes Washingtoner Restaurant. Zum Bankett waren schließlich zwanzig Personen zusammen. Als es ans Zahlen ging, merkte er, daß er nicht genug Geld hatte. Was machte das schon, er signierte schwungvoll die Rechnung und wurde vom Oberkellner unter Verbeugungen zur Tür geleitet. Diese Reise gab uns einen typischen Einblick in den Stil Flahertys und einen Vorgeschmack auf die amerikanische Großzügigkeit.

Die erste Zeit bei den Rothäuten

Dido und ich waren in New York am 31. Dezember 1940 angekommen. Das Schauspiel der Straßen in dieser Silvesternacht konnte ein paar frisch gelandete Franzosen schon verwirren. Die Lichter am Times Square verschlugen uns nach der Verdunkelung in den europäischen Städten den Atem. Und dann diese von Autos und Fußgängern wimmelnden Straßen, welch ein Gegensatz zu den leeren Straßen unserer Städte zur Zeit der Sperrstunde. Man ging auf einem Meer von Papier: ein Einheimischer erklärte uns, die New Yorker Sekretärinnen feierten das Jahresende damit, daß sie ihre Kalender zerrissen und die Schnipsel aus den Fenstern der Wokenkratzer würfen. Die Lautsprecher vor den Theatern lärmten, um die Menge anzulocken.

Wir entschlossen uns, diese Stadt voller Überraschungen zu erforschen. Ein paar Tage später hielten wir ein Taxi an, und Dido sagte dem Chauffeur, er solle uns irgendwohin fahren. Er brachte uns aber davon ab. »Sie sind Franzosen«, sagte er mit einem starken irischen Akzent, »Sie haben bestimmt nicht viel Geld. Morgen habe ich meinen freien Tag. Ich werde Sie in Ihrem Hotel abholen, aber zu Fuß, und wir sehen uns die Stadt vom ›elevated‹ aus an« – das war die oberirdisch fahrende Stadtbahn, die es nicht mehr gibt. »Das ist eine phantastische Reise. Man sieht die Leute, wie sie zu Hause kochen, sich rasieren, sich anziehen. Sie kümmern sich nicht mehr um den ›elevated‹. Es ist, als ob es ihn gar nicht gäbe und man unsichtbar bei ihnen eingedrungen wäre.« Wir akzeptierten den Vorschlag des vortrefflichen Mannes und lernten New York wie in einer Einstellung aus der Vogelperspektive kennen. Nach der Rundfahrt mußten wir noch ein Hammelragout essen, das seine Frau zubereitet hatte. Dido fragte, weshalb er sich uns gegenüber so großzügig zeige. »Wegen unserer Akzente«, antwortete er. »Sie sind Franzose, ich bin Ire. Wir sind Katholiken, und als Katholiken müssen wir uns helfen.«

Wir waren gerade erst angekommen, da konfrontierte uns das Schicksal schon mit einer Wahrheit, die die Amerikaner selbst nur ungern zugeben, daß es nämlich nicht ein Amerika gibt, sondern so viele Amerikas, wie es Volksgruppen gibt. Diese Gruppen bleiben, obwohl in alle vier Winde des Landes verstreut, dennoch homogen. Diese Feststellung brachte neues Wasser auf die Mühlen meiner Theorie von der horizontalen Einteilung der Welt in kulturelle, religiöse, ökonomische oder andere Gemeinschaften statt in geographische. Die Vereinigten Staaten sind, oder waren jedenfalls, ein Club unzufriedener Europäer. Es ist noch gar nicht lange her, daß man, wenn man einen Bürger der Vereinigten Staaten nach seiner Nationalität fragte, in neun von zehn Fällen zur

Antwort bekam, er sei Ire, Sizilianer oder Jude. Heute haben ihnen die Kriege leider ein nationales, das heißt vertikales Bewußtsein vermittelt.

Im Flugzeug, das uns nach Hollywood, an unseren endgültigen Bestimmungsort, brachte, versuchten wir uns vorzustellen, was uns erwartete. Ich sah mich im Traum in einem Paradies wohnen, Seite an Seite mit Griffith, Charlie Chaplin, Lubitsch und all den Heiligen des weltweiten Kinokults. Natürlich war das Hollywood, das wir uns vorstellten, das alte Hollywood. Ich war sehr gerührt bei dem Gedanken, daß ich mit eigener Hand die unwirklichen Geschöpfe berühren würde, die das Kino von einst bevölkerten, dieses Kino, das ich so sehr geliebt hatte und noch leidenschaftlich liebe, wenn ich auch weiß, daß es zur Welt der Phantome gehört. Ich sah mich der Schauspielerin gegenüber, die Catherine Hessling vielleicht am meisten beeinflußt hatte, Mae Murray, der Puppe in Satin. Ihr anbetungswürdiges Gesicht hatte ihr Kameramann mit den zartesten Gazeschleiern umgeben. Er muß sich mit ganzem Herzen hingegeben haben. Wie viele Versuche, um zu dieser sinnlichen Gloriole aus Weichzeichner-, Gegenlicht- und Überstrahlungseffekten zu kommen! Ihr schwebender Gang, das Klappern mit ihren falschen Augenwimpern, das schon an schlechten Geschmack grenzte, nichts schien an diesem hinreißend künstlichen Geschöpf wirklich zu sein. Sie war der Ausdruck der idealen Frau, die Königin einer Welt, in der es keine Hühneraugen gibt. Heute würden die Massen diese Art von Spiel nicht mehr akzeptieren. Der Geschmack am Realismus hat den Geschmack am Märchen getötet. Das moderne Kino konnte nur überleben, indem es in die Wahrheit der äußeren Erscheinung zurücktauchte, und das ist schade. Übrigens gibt es die Kind-Frau in veränderter Erscheinung immer noch. Statt aus einem Meer von Spitzen aufzutauchen, tritt sie uns im Bikini entgegen und fährt Wasserski. Mir war die frühere lieber. Männer und Frauen verlieren viel, indem sie mit offenen Karten spielen. Etwas Geheimnis im Kino und auch im Leben könnte nicht schaden.

Eine andere Heroine, die ich kennenzulernen hoffte, war Gloria

Swanson. Sie war für mich das Symbol der amerikanischen Frau. Großartig brachte sie den Luxus zum Ausdruck, den Europäer für das Erbteil eines jeden Amerikaners halten. Wenn ich mir den quicklebendigen »Sign of Zorro« anschaute, war ich ganz sicher, daß alle diese Leute um Douglas Fairbanks herum drei Autos besaßen, in Hollywood eine Villa mit allem Komfort und ein Haus auf dem Land. Ich hatte keine Ahnung, daß Hollywood ein trauriges Nest war. Noch weitere Bilder halfen uns, Dido und mir, die Monotonie der damals noch endlosen Flugreise von New York nach Hollywood zu unterbrechen: Lillian Gish, das rührende Opfer der Bösewichter, denn man konnte unmöglich in Hollywood ankommen, ohne an »Broken Blossoms« zu denken, Mary Pickford und ihre kindliche Durchtriebenheit.

Aber das Flugzeug näherte sich dem Ziel, und die Erwartung der Wirklichkeit vertrieb die Erinnerungen. Trotz der Dunkelheit konnten wir erkennen, daß wir über ein Gebirge flogen. Der ironische Aspekt meiner Geschichte ist, daß ich in Hollywood im selben Viertel wie Mae Murray und Gloria Swanson wohnen sollte und weder die eine noch die andere je getroffen habe. Vielleicht war es die Furcht, die Wirklichkeit nicht auf der Höhe der Legende zu finden, vielleicht war es die Angst, sie nicht zu verstehen. Ich sprach kaum Englisch, und meine Unterhaltung wäre ohne Witz gewesen. Lillian Gish jedoch sahen wir häufig. Diese Frau war unvergleichlich in ihrer Jugendlichkeit und ihrem Charme, aber sie war aus einer anderen Zeit. Man gab ihr keine interessanten Rollen mehr. Wir kauften ein Grundstück neben dem Haus, das sie bewohnte, und erhofften uns von dieser Nachbarschaft viel Freude. Leider mußte sie zurück in den Osten. Wir sahen sie nie wieder.

Eine andere Schauspielerin aus den Anfängen des Kinos, die wir häufig sahen, war Mary Pickford. Als ich Verwunderung darüber äußerte, daß sie riesige Mengen Wasser trank, antwortete sie: »Keine Sorge, das ist Gin.« Später in den Studios sollten wir viele Stars wiedertreffen, die zu Statisten geworden waren, wie Charles Ray und Mae Marsh.

Unser Flugzeug flog immer noch über Berge. Die einzigen Lebenszeichen in dieser Nacht waren vereinzelte winzige Lichter, die auf Häuser hinwiesen. Dann plötzlich blendete uns eine Überfülle von Lichtern. Was sich zu unseren Füßen ausbreitete, war wie eine Diamantenkette. Heute bieten die meisten Städte einen solchen Anblick, aber damals war es noch ziemlich selten. Diese Beleuchtung schien uns wie das Symbol des siegreichen Hollywood. Das Flugzeug landete, eine Limousine erwartete uns.

Wir brannten vor Erwartung, das Zentrum der Stadt zu sehen. Wir rissen die Augen auf und versuchten, im Vorüberfahren irgend etwas mitzubekommen, was uns eine Vorstellung hätte vermitteln können von dem Ort, an dem wir von nun an leben sollten. Was für uns von oben wie eine Diamantenkette ausgesehen hatte, war eine Vorstadtstraße mit Tankstellen und Supermärkten. Andere Straßen sahen aus wie Reihen mit Strandkabinen. Ein Stand, an dem Orangensaft verkauft wurde, hatte die Gestalt einer riesigen Orange.

Gleich am nächsten Morgen machten wir uns an die Entdeckung der Stadt. Wir gingen zum Chinese Theater. Der Ort schien uns ohne jeden Glanz. Wir gaben die Suche nicht auf, irgend etwas zu finden, was uns in dieser enttäuschenden Stadt hätte gefallen können. Wir hatten Hunger. Wir fanden eine Bar für hot dogs. Um Kunden anzulocken, hatte man sie in ein überdimensionales Sandwich verwandelt, in dem der hot dog durch einen Dackel ersetzt war; nur dessen Kopf und Schwanz schauten an den äußeren Enden der Brotscheiben aus Pappmaché heraus.

Ich hatte einen Vertrag mit der Fox. Geblendet von der Höhe des Gehalts, dessen ich in meiner Unschuld bis ans Ende meiner Tage sicher zu sein wähnte, mietete ich ohne Zögern ein sehr schönes Haus. Die Ausmaße dieses Wohnsitzes gestatteten es mir, viele Freunde aufzunehmen. Sie waren der Fixpunkt im Meer der Verwirrung, in das mich diese neue Welt stürzte, die so offen zu sein schien, in Wirklichkeit aber so geheimnisvoll war wie ein Sioux-Stamm.

Saint Exupéry arbeitete bei uns an seinem »Nachtflug«. Morgens, wenn wir unser Frühstück einnahmen, fanden wir ihn über seinem Abendessen. Er arbeitete nachts. Wenn wir zufällig zu einer normalen Tageszeit zusammentrafen, unterhielt er uns mit Kartentricks. Er war darin geschickt wie ein Profi. Von allen seinen Tricks verblüffte einer mich am meisten: Er gab einem von uns das Kartenspiel und bat ihn, es sehr gut zu mischen; dann nahm er es wieder und mischte noch einmal, ließ abnehmen, gab es wieder einem von uns und ging dann in ein Zimmer nebenan; aus der Entfernung ließ er uns die Karten aufdecken und nannte die Karte, die herausgekommen war.

Für die Niederschrift seines Buches arbeitete er mit einer Sekretärin, die er nie sah. Er nahm das, was er diktierte, auf Platten auf – Magnetbänder waren damals noch nicht üblich. Für seine Sekretärin war dieser Chef, der sich schlafen legte, wenn sie aufstand, von einem geheimnisvollen Schein umgeben. Sie stellte alles mögliche an, um ihn einmal anders zu sehen als zwischen Tür und Angel. Ihre Neugier wurde zu Liebe. Wir sahen sie, wie ein Gespenst, an das man sich gewöhnt hat, durch die Flure geistern. Dann und wann bekam sie eine Nervenkrise, was ihr ein gewisses Maß an Realität verlieh.

Ein Projekt, an dem uns sehr lag, Saint-Exupéry und mir, war die Verfilmung von »Terre des Hommes« (Wind, Sand und Sterne). Es wurde nichts daraus, aber etwas anderes Gutes ergab sich dabei: wir entdeckten, daß wir dazu geboren waren, mehr als Freunde, nämlich Komplizen zu sein. Wir waren mit einem Hollywood-Agenten verabredet, den wir damit betrauen wollten, unser Projekt zu vertreten. Er empfing uns in seinem Büro in fast authentischem Georgia-Stil und bot uns eine Zigarre an. Entsprechend dem Ritual der Mächtigen dieser Welt nahm er zunächst einmal bequem in seinem Sessel Platz und legte die Füße auf den Tisch. Mit herablassender Liebenswürdigkeit wandte er sich an Saint-Exupéry und fragte: »Sie sind also Schriftsteller?« Saint-Exupéry erwiderte: »Das frage ich mich selbst. Mein eigentlicher Beruf ist Flieger.« Der Agent hielt das für einen Witz. Er brummte mich freundschaftlich an – schließlich hatte er keine Zeit zu verlieren. Während er schon seiner Sekretärin Anweisung gab, den nächsten Kunden vorzulassen, kamen ihm doch wohl Gewissensbisse. Er wollte nicht unfreundlich zu uns sein; er bot uns zu trinken an. Die Bar war hinter einer falschen Bibliothek versteckt. Die ihres Inhalts beraubten Buchrücken bargen alle möglichen Getränke. Mit stolzem Lächeln fragte er uns: »Na, was halten Sie davon? Der Entwerfer dieses Möbels ist Europäer, Italiener, glaube ich, oder vielleicht auch Portugiese.« Hinterher, im Aufzug, war Saint-Exupérys ganzer Kommentar: »Wie fürchterlich!«

Während ich zu den Außenaufnahmen für *Swamp Water* in Georgia war, zog Flaherty, der in Hollywood zu tun hatte, mit seinem jüngeren Bruder David bei mir ein. Er hielt offenes Haus, was ich von ganzem Herzen billigte. Später lernte ich auf einer Party Orson Welles kennen. Zu meiner großen Überraschung gab er mir eine detaillierte Beschreibung meines Hauses. Er kannte es gut, er war oft bei Bob Flaherty zu Gast gewesen. Ich hatte gerade »Citizen Kane« gesehen, und diese indirekte Verbindung schmeichelte mir. Auch Joris Ivens half mir bei meiner englischen Korrespondenz. Jeden Abend, wenn wir uns zu Tisch setzten, machte er denselben Scherz: »Und jetzt essen wir bei Ciro's.« Ciro's war der Nachtclub, der gerade im Schwange war. Harry und Grace, meine Hausangestellten, versuchten vergeblich, meinen Keller zu retten. Die Hingabe, mit der sie meine Interessen verteidigten, war um so verdienstvoller, als sie selbst gar nicht tranken. Harry besaß ein nagelneues Auto, von dem ich hell begeistert war. Wir hielten das für ein Zeichen, daß in Amerika die Demokratie wirklich funktionierte. Wir vergaßen, daß katastrophale Situationen sich bei den Massen zeigen und daß Harry und Grace in keiner Weise das schwarze Proletariat repräsentierten. Der amerikanische Stil besteht zum großen Teil in der Wahrung einer gepflegten Fassade. Die Viertel der Reichen sind dort protziger als anderswo. Sie bilden die raffinierte Schminke über dem Elend der Armenviertel. So wie die Covergirls der amerikanischen Magazine die wahren Gesichter der weniger auserwählten Bürger vergessen lassen.

»*Swamp Water*«

Die Fox empfing mich mit offenen Armen. Vor allem rührte mich die Herzlichkeit John Fords – ich bin ein begeisterter Anhänger seiner Filme. Er zog mich in eine Atelierecke und sagte auf Französisch: »Lieber Jean, vergiß nie, was ich dir jetzt sage: Schauspieler, die sind der letzte Dreck.« Natürlich meinte er die schlechten Schauspieler.

Wie ich sehr schnell verstand, erwartete die Fox von mir nicht, daß ich meine eigenen Methoden mitbrächte, sondern daß ich mich nach denen Hollywoods richtete. Bis zur Erschöpfung wiederholte ich Zanuck, dem großen Boß, wenn er von mir Filme erwartete, wie er sie normalerweise machte, brauchte er mich gar nicht erst zu fragen. Hollywood war voller Talente. Weshalb hätte ich denen den Platz wegnehmen sollen, die ihm ganz natürlich die Ware lieferten, an die er gewöhnt war? Auf ihrem Gebiet würde ich nur ein blasser Nachahmer sein können. Auf meinem Gebiet könnte ich vielleicht etwas Neues beitragen.

Er antwortete, er hätte vor, mir die Verfilmung französischer Stoffe anzuvertrauen. Das war genau das, was ich nicht wollte. Es grauste mir bei dem Gedanken, in falschen Montmartre-Dekors und Boulevard-Cafés mit schnurrbärtigen Gendarmen und Herren mit Spitzbart und Cut zu drehen. Eines Tages redete ich mit René Clair darüber, der sich in Hollywood in der gleichen Lage befand wie ich. Er sagte »Rothäute«, wenn er von den »executives« sprach. »Denen fehlen nur die Federn auf dem Kopf, aber sonst sind es Rothäute.« Eine Bemerkung, die im Munde des kultiviertesten Vertreters des französischen Großbürgertums eine besondere Resonanz bekam.

Nur unter Schwierigkeiten konnte ich Zanuck schließlich dazu bewegen, mir die Inszenierung eines rein amerikanischen Stoffes anzuvertrauen. Es war *Swamp Water,* der 1941 entstand. Dudley Nichols, der große Drehbuchschreiber, dem Ford seinen »Informer« verdankt, hatte nach dem Roman von Vereen Bell das Drehbuch geschrieben. Es ist die Geschichte eines zu Unrecht des Mordes angeklagten Mannes, der sich in die Sümpfe des Okefenokee flüchtet und dem es gelingt, dort mehrere Jahre zu leben. Man weiß, wo er ist, aber niemand wagt sich in das unwirtliche Gebiet, das er sich als Versteck gewählt hat. Ein Junge, der in seine Tochter verliebt ist, entdeckt ihn eines Tages zufällig, auf der Suche nach seinem Hund, an dem er sehr hängt. Seine Unschuld kann bewiesen werden. Interessant war die Geschichte vor allem durch die Charaktere der Helden des Dramas. Mich faszinierten diese primitiven Figuren.

Die Realität in *Swamp Water* war von so außerordentlicher Gewalt, daß es Wahnsinn gewesen wäre, auf sie zu verzichten. Diese Realität war das Sumpfgebiet des Okefenokee, das sich beiderseits der Grenze von Florida und Georgia erstreckt. Eine Transponierung war überflüssig: kein Dekorateur wäre in der Lage gewesen, die Realität besser »umzusetzen«, als es die Natur hier schon gemacht hatte. Zanuck sah die Notwendigkeit nicht ein, am eigentlichen Schauplatz der Handlung zu drehen. Einer seiner Assistenten sagte zu mir: »Ich verstehe Ihre Verbohrtheit nicht. Ich habe Ihnen die Ateliers gezeigt. Sie haben gesehen, was für Dekorationen wir machen können. Wir haben schon Filme im Atelier gedreht, die in Paris, in Wien, in amerikanischen Kleinstädten spielen, und nie hat jemand die Echtheit der Dekorationen bezweifelt. Glauben Sie, daß wir all die Ausgaben gemacht haben, um schließlich in einem Dorf in Georgia zu drehen?« Ich habe Zanuck dann vorausgesagt, daß der Tag kommen werde, an dem Teams aus Hollywood auf der Suche nach Authentizität in der ganzen Welt herumreisen würden. Was ich sagte, hinterließ Eindruck bei ihm, und er schickte mich zu den Außenaufnahmen von *Swamp Water* nach Georgia. So kam es, daß wir uns in den »Deep South« aufmachten. Ich sprach kaum besser Englisch als Saint-Exupéry. Dido war meine Übersetzerin.

Wir ließen uns in dem entzückenden kleinen Ort Waycross nieder. Die Einwohner waren uns gegenüber voll guten Willens. Wir drehten ohne Zwischenfall. Von den Darstellern war nur Dana Andrews mit von der Partie. Zanuck hatte zwei unbekannte Darsteller für die Hauptrollen akzeptiert, Dana Andrews und Ann Baxter. Die Doubles mußten wir an Ort und Stelle finden. Mein Akzent und mein fehlerhaftes Englisch waren für das Team ein ständiger Anlaß zur Heiterkeit. Eines Tages gab ich einem jungen Mädchen aus der Gegend, Ann Baxters Double, Anweisungen. Sie war auf der anderen Seite eines Flußarms und sollte in ein Boot steigen. Bei der Probe war sie nervös und zu hastig gewesen. Ich rief ihr über den Fluß hinweg zu: »Miss, wait a little«, dabei sprach ich »wait« (warten) aus wie »wet« (pinkeln). Verdutzt fragte das junge Mädchen Dana Andrews: »Möchte er wirklich, daß ich . . .?« Der junge Held antwortete mit gespielter Naivität: »Bei diesen ausländischen Regisseuren kann man nie wissen . . .«

Für den Film brauchten wir einen Bären. Ich hatte von einem zahmen Bären gehört, der einem Kaufmann in einem Nachbardorf gehörte. Die Geschichte dieses Bären ist es wirklich wert, erzählt zu werden. Ein paar Jahre früher hatte die Frau des Kaufmanns einem kräftigen Mädchen das Leben geschenkt, aber es litt an Epilepsie. Nachdem der Vater vergeblich alle Ärzte der Umgegend konsultiert hatte, hatte er sich an den letzten Medizinmann der Gegend gewandt. Der alte Indianer hatte folgendes Rezept verschrieben: »Versuchen Sie sich ein Bärenbaby zu besorgen, ziehen Sie es mit dem kleinen Mädchen zusammen auf, und die Epilepsie (er sagte Pipilepsi) wird verschwinden.« Es gab noch Bären in den Sümpfen des Okefenokee. Das Rezept des Indianers wurde wortgetreu angewandt, und die Epilepsie verschwand. Der Bär war bei der Familie geblieben. Er war außerordentlich naschhaft. Wir transportierten ihn in einem kleinen Lastwagen. Jedesmal wenn wir an einem Laden mit Icecream vorbeikamen, stieß er ein Gebrüll aus. Wir mußten anhalten und ihm ein Eis kaufen. Zum großen Bedauern seines Besitzers trat der Bär dann im Film nicht auf. Am Vorabend des Drehtages hatte ihn sein Herr, der wollte, daß er so vorteilhaft wie möglich herauskäme, zum Friseur gebracht, und der hatte ihm eine ausgeklügelte Frisur verpaßt. Unser Bär sah aus wie ein auf Löwe getrimmter Pudel, und wir mußten auf seine Mitarbeit verzichten.

Zu der Zeit war der Okefenokee ein Zufluchtsort der interessantesten wilden Tiere. Sie müssen ihn sich vorstellen wie einen Wald, der aus einem schwarzen Wasser auftaucht, das von einem Spitzenschleier aus spanischem Moos überzogen ist. In Kanus fuhr man zwischen den Stämmen gewaltiger Bäume. Krokodile und Riesenschildkröten begleiteten den Reisenden. Rauhe Schreie von seltsamen Vögeln bildeten die Tonkulisse. Während der Motivsuche verfolgte uns ein neugieriges kleines Krokodil. Zuerst sah man nur ein Auge, das aus dem Wasser kam. Dann wurde das Tier zutraulicher und steckte den Kopf heraus. Bei der geringsten Bewegung unsererseits tauchte es wieder zurück. Aber schon bald erschien das neugierige kleine Auge wieder auf der anderen Seite des Boots. Auf dem Stamm eines umgestürzten riesigen Baumes sahen wir einen braunen Bären. War man vorsichtig, so konnte man nah an rosarote Silberreiher herankommen. Angeblich gab es sogar noch schwarze Panther.

Die Uferbewohner lebten vom Verkauf der Felle der Sumpfbewohner. Deshalb waren die seltensten Arten im Verschwinden begriffen. Die amerikanische Regierung hatte die Gegend zum Naturschutzgebiet erklärt und den Posten des Wildhüters vernünftigerweise einem in der ganzen Gegend bekannten Wilddieb gegeben. Seine Bekehrung war radikal: er erwies sich als so wirkungsvoll, wie ein regulärer Beamter es nie hätte sein können. Diesem liebenswerten und kultivierten Mann verdanken Dido und ich die Bekanntschaft mit dem Nationalgetränk des Südens, dem Bourbon. Eines Abends diskutierten wir ausführlich den Unterschied zwischen dem legal gehandelten und dem geschmuggelten Whisky, und wir fragten ihn, wie man an den Schmuggelwhisky käme. Er antwortete, das wüßte er nicht, die heimlichen Whiskybrenner paßten ungeheuer auf, um nicht von den Regierungsspitzeln entdeckt zu werden. Die Unterhaltung ging dann über zu der Geschichte einer außerordentlichen Frau, die man die »Königin des Okefenokee« genannt und die lange Zeit die ganze

Jagd im Sumpfgebiet in ihrer Hand gehabt hatte. Plötzlich stand er auf und machte uns ein Zeichen, ihm zu folgen. Wir kamen zu einer Scheune, an deren Tor ein schweres Schloß hing. Unser Gastgeber öffnete es: der Alkoholgeruch war so stark, daß er uns fast umgeworfen hätte.

Ich werde nie den Besuch vergessen, den wir in einem im reinsten Südstaatenstil gebauten Haus am Rand der Sümpfe machten. Der Weg dorthin führte durch kleine Grüppchen von Zwergpalmen. Am Beginn des Weges spielte ein kleines barfüßiges Mädchen in einem zerrissenen Kattunkleid herum. Sie war blond, und die Haut ihres halbnackten Körpers war rosig wie ein Georgia-Pfirsich. Als sie uns sah, lief sie zum Haus. Wir hielten es für richtig, einen Augenblick zu warten. Nach einer Weile kam sie mit zwei älteren Mädchen, ebenfalls in Lumpen, zurück. Wir erklärten ihnen, daß wir uns das Haus gern einmal anschauen würden. Eins der Mädchen sagte, das sei sicher möglich, weil ich einen französischen Akzent habe und sicher nicht einer von den Taugenichtsen aus der Stadt sei, die erst hinter Mädchen her wären und sie dann sitzenließen. Sie ging wieder ins Haus, und wir blieben zurück unter der neugierigen Bewachung der beiden anderen, die uns unter Gekicher beobachteten.

Das Mädchen kam zurück und bat uns zu warten, die Großmutter möchte sich noch umziehen, bevor sie uns empfinge. Wir warteten eine gute halbe Stunde, dann erschien ein anderes Mädchen am Ende des Weges und teilte uns mit, die Großmutter sei fertig. Um das Haus herum lief eine offene Galerie, die mit getrockneten Häuten von Klapperschlangen verziert war. Ich erschauerte beim Gedanken an all die jungen Mädchen, die auf diesem gefährlichen Boden barfuß herumliefen. Eine von ihnen erriet meine Gedanken und sagte: »Ja, davon haben wir hier genug. Wir kümmern uns nicht mehr darum. Das ist wie mit den Krokodilen.« Ich wollte gerade antworten, als die alte Dame auftrat. Bei ihrem Erscheinen stockte mir der Atem. Stellen Sie sich eine Dame vor, mager wie ein Skelett und in einem tief dekolletierten, paillettenbestickten schwarzen Abendkleid. Keinen von uns reizte die Erscheinung jedoch zum Lachen. Die alte Dame wirkte wie eine Königin. Sie machte eine Verbeugung. Eins der Mädchen kam mit einem Krug Whisky. Ich machte ein paar Komplimente über die Schönheit des Anwesens – sie waren aufrichtig.

Das Haus und alles was darin war bestand aus Holz. Sogar der Kamin war aus Holz, innen abgedeckt mit Lehm, so daß er nicht Feuer fangen konnte. Der Brunnen war aus Holz, und ebenso alles Gerät. Teller, Möbel, Küchengegenstände – alles war aus Holz und handgefertigt. Mir fiel auf, daß es für die Beleuchtung noch Petroleumlampen gab. Die alte Dame weigerte sich, ihr Haus zu verlassen, und hatte noch nie elektrisches Licht gesehen.

Ich war fasziniert, nicht nur von der Fremdheit des Ortes, sondern auch von dieser Frau, die von einem Strauß wunderhübscher Mädchen umgeben war, wie eine Herrscherin von ihren Hofdamen. Wir blieben ein Stündchen und verabschiedeten uns dann. Ich bemerkte zu der Herrin des Hauses, daß wir ein Zimmer nicht besichtigt hätten. Die Tür zu diesem Zimmer war sorgfältig verschlossen. Ich hatte recht gehabt mit meiner Neugier. Die alte Dame antwortete auf meine Frage: »Das ist das Zimmer meines Bruders. Er liegt zu Bett. Schon mehr als dreißig Jahre liegt er zu Bett. Das ist wegen eines Liebeskummers. Das Mädchen, das er liebte, ist nach Atlanta gefahren und dort verkommen. Mein Bruder wollte den Jungen töten, der sie mitgenommen hatte. Meine Eltern haben ihn daran gehindert. Darauf hat er sich hingelegt und ist seither nicht mehr aufgestanden.«

Je mehr sich ändert

Als die Aufnahmen zu *Swamp Water* beendet waren, wurde mir klar, daß mein Film mir nicht mehr gehörte. Erste Anzeichen gab es schon bei einer Szene, die ich auf eine Weise sah, wie es in den Studios von Hollywood nicht üblich war. Sie hatte dem Scherbengericht mißfallen, das sich jeden Abend unter dem Vorsitz Zanucks die »rushes« anschaute. So nennt man die täglich anfallenden Muster, die Aufnahmen der in Arbeit befindlichen Filme. Meine Szene handelte von einem heftigen Wortwechsel zwischen einem Vater und seinem Sohn. Ich hatte die Szene in einer einzigen mobilen Einstellung aufgenommen, entsprechend meinem Prinzip, alle wichtigen Bestandteile einer Situation in einer einzigen Aufnahme zu erfassen. Orson Welles hat das in seinem großartigen »Citizen Kane« genauso gemacht, aber Orson Welles war weit davon entfernt, Schule zu machen. Es hat zwanzig Jahre gedauert, bis das Staunen über ihn sich in Bewunderung verwandelt hat. Da ich, alles in allem, an meiner Version des Familienstreits nicht so sehr hing, erklärte ich mich bereit, die Szene in mehreren Einstellungen zu drehen. Das war mein erstes Zugeständnis an Hollywood.

Am Abend desselben Tages ließ man mich wissen, daß ich *Swamp Water* nicht weiter drehen würde und die Regie einem anderen übertragen werde. Zu meiner großen Überraschung war von der beanstandeten Szene gar nicht mehr die Rede. Eine untere Charge der Produktion teilte mir den Grund mit, aus dem ich in Ungnade gefallen war: es war meine Langsamkeit, durch die ich das Budget überzogen hatte. Es tat ihm ehrlich leid. Er schlug mir vor, mich beim großen Boß zu melden und meine Verspätung dem Chefkameramann in die Schuhe zu schieben. Er sei der Schuldige. Ich bin bestimmt kein geborener Held, das habe ich schon mehrmals betont, aber diese Ausflucht kam für mich nicht in Frage. Arrogant antwortete ich dem Boten, daß ich eben langsam sei und alle Konsequenzen meiner Langsamkeit auf mich nehme. Ich meinte das natürlich nicht wirklich. Ich halte mich mit Recht für einen schnellen Regisseur. *Les Bas Fonds* habe ich in fünfundzwanzig Tagen gedreht und auch *Le Crime de Monsieur Lange.* Ganz unvermittelt zeigte sich die wahre Natur des Studiosystems, das heißt die Diktatur, und mir ging ein Licht auf. Mir wurde klar: nicht bei Mae Murray war ich gelandet, sondern im Reich von Vater Ubu. Der Geist von Alfred Jarrys Held triumphierte hier.

Unser Arbeitstag war zu Ende. Ich verabschiedete mich von den Technikern, Arbeitern und Schauspielern, die noch im Atelier waren, und ging nach Haus. Ich war verzweifelt. Mitten in der Nacht schellte das Telefon. Es war Zanuck. Er hatte sich mehrere Stücke aus *Swamp Water* vorführen lassen und fand, ich hätte »a pretty good good job« geleistet. Ich könnte also die Regie weitermachen: Vater Ubu zog mich wieder aus der Falle. Ich wurde ebenso schnell rehabilitiert, wie ich in Ungnade gefallen war. Am nächsten Morgen erschien ich um Punkt neun im Atelier. Das ganze Team war vor der Dekoration versammelt, zusammen mit etwa fünfzig Statisten. Ihre Haltung war ungewöhnlich: statt des üblichen Gemurmels waren alle stumm wie Karpfen. Ich ging auf meinen Kameramann zu und wollte ihn nach dem Grund dieses ungewöhnlichen Schweigens fragen. Da brach, auf einen Schlag, die ganze Menge in herzlichen Beifall aus.

Einer der gefährlichsten Feinde in Hollywood ist der krankhafte Geschmack am Verwalten. Ich erinnere mich an Sitzungen, bei denen wir das Budget für *Swamp Water* aufstellten. Auch da waren wir wieder beim Vater Ubu. Natürlich tat der mit der »phynance« beauftragte Vertreter der Produktion sein möglichstes, um die Kosten zu drücken. Er feilschte um die Zahl der Fahrzeuge, der Geräte, der Tiere usw. Er sagte zu mir: »Auf Ihrer Farm gibt es doch sicher Geflügel. Wieviel Hühner wollen Sie?« Ich überlegte einen Augenblick und antwortete: »Eins.« Er war so zu handeln gewohnt, daß er glaubte, nicht recht verstanden zu haben. »Bitte sagen Sie mir, wieviel Hühner Sie auf Ihrer Farm haben wollen.« »Ich sagte Ihnen schon: ein Huhn.« »Das geht nicht. Eine Farm mit einem Huhn, das gibt es nicht.« Ich blieb hart. Meine Farm hatte nur ein Huhn, und es gab überhaupt keinen Grund, weshalb es zwei, zehn oder zwanzig hätten sein sollen. Mein Gesprächspartner nahm die Sache nicht ernst. Er verordnete mir fünf Hühner, und die Sitzung ging weiter.

Meine Differenzen mit den Verwaltungsleuten amüsierten das ganze Studio. Mein schlechtes Englisch setzte der Ungewöhnlichkeit meiner Erklärungen die Krone auf. Einem Spezialisten für Public Relations, der mich nach meinen Eindrücken bei der Arbeit im Studio befragte, antwortete ich absolut ernst, es bereite mir großes Vergnügen, einen Film für die »15th« Century-Fox zu drehen. Das wurde im ganzen Studio verbreitet und brachte mir den Ruf eines komischen Vogels ein. Am unerträglichsten fand ich, daß ich nicht Herr über den Schnitt meines Films sein sollte. Ich durfte im Schneideraum dabeisein, aber das war auch alles. Die endgültige Montage ist Zanucks Werk oder das eines seiner Assistenten. Der Schnitt war übrigens ausgezeichnet, vielleicht sogar geschickter, als ich ihn hätte machen können, aber es war nicht mein Schnitt. Dabei ist dieser Teil der Herstellung eines Films eins der wirksamsten Werkzeuge des Autors, um dem Werk seinen Stil zu geben. Aber den Begriff des Filmautors gab es seit Lubitschs Tod in Hollywood nicht mehr. Allzuoft beschränkt sich der Beruf des Regisseurs in Amerika auf die Benutzung eines Klappstuhls, auf dem hinten sein Name steht. Die Schauspieler haben ihre Szenen mit einem Repetitor (dramatic coach) einstudiert, der Chefkameramann macht seine Beleuchtung, der Dekorateur hat seine Dekors entworfen. Die Privilegien des Regisseurs beschränken sich manchmal auf die Möglichkeit, »action« zu sagen, wenn die Aufnahmen beginnen, und »stop«, wenn sie aufhören sollen.

Unter den Assistenten, mit denen Zanuck sich gern umgab, war ein Schauspieler, der ein Stummfilmstar gewesen war. Leider litt er an einer chronischen Kehlkopfentzündung, was ihm die Pforten des Tonfilms verschlossen hatte. Während ich die Innenaufnahmen zu *Swamp Water* drehte, drehte ein Freund von mir in einer anderen Halle einen Bibelfilm. Zanuck hatte verreisen müssen, und so wohnte der Ex-Schauspieler der Vorführung der Muster der gerade in Arbeit befindlichen Filme bei. Diese so harmlos wirkenden Zusammenkünfte waren ein Prüfstein, der über das Schicksal eines Regisseurs entscheiden konnte. Bei diesen Vorführungen waren etwa zwanzig Richter versammelt. An dem Abend, als Zanuck nicht da war, war unter den Mustern des Tages eine Einstellung meines Freundes, auf die es ihm sehr ankam. Als das Licht wieder anging, waren die Zuschauer begeistert. Man schüttelte dem Regisseur die Hände, klopfte ihm auf die Schulter, prophezeite ihm einen Riesenerfolg. Mit Tränen in den Augen zog der Ex-Schauspieler, der aus einer Familie von Zirkusleuten stammte und sich manchmal entsprechend ausdrückte, ihn an seine Brust und wiederholte immer von neuem: »Deine Einstellung – wirklich bumm-bumm.« Dieser Ausdruck stammte von dem Clown Medrano und war eine Art Universalsprache für sich. »Das ist bumm-bumm« konnte heißen »das ist schön« oder »das ist häßlich«, »das ist mittelmäßig« oder »das ist grandios«, es paßte auf jedes Adjektiv. Am nächsten Morgen war Zanuck zurück und ließ sich die Einstellung vorführen. Nachdem er sie gesehen hatte, sagte er zunächst kein Wort, schließlich verkündete er sein Urteil: »Eine sehr schlechte Einstellung. Sie muß nochmal gedreht werden.« Die Bewunderer vom Vorabend rückten unmerklich von dem Regisseur ab. Zanuck wandte sich an den Ex-Schauspieler: »Was hältst du denn davon?« »Ich«, sagte der, »ich finde, die Einstellung ist« – und er brachte das traurigste aller nur vorstellbaren »Bumm-bumms« heraus.

In seinem Genre war Zanuck eine Art Genie. Er hat es fertiggebracht, industrielle Methoden anzuwenden und seinen Produkten zugleich eine unbestreitbare Qualität zu geben. Einige der Filme, die er produziert hat, werden entscheidende Etappen in der Entwicklung unseres Gewerbes bleiben. Er ist einer der wenigen Kinomagnaten, die selbst mit Hand angelegt haben. Nicht selten hat er durch seine Schnittkenntnisse mittelmäßige Filme gerettet. Mein persönliches Drama war eben und wird immer bleiben –

woraus sich auch meine Schwierigkeiten in Hollywood ergaben –, daß der Beruf, den ich zu praktizieren versuche, mit der Filmindustrie nichts zu tun hat. Ich habe das Kino nie unter seinem industriellen Aspekt sehen können. Die Kritiker Hollywoods stellen sich vor, der Irrtum der Industrie sei, daß sie um jeden Preis Geld machen wolle: wenn man ausschließlich den Wünschen der Masse folge, lande man eben in der Mittelmäßigkeit. Da ist etwas Wahres dran, aber die Verlockung durch den Gewinn ist nicht das Schlimmste.

Die eigentliche Gefahr besteht meiner Meinung nach in der blinden Liebe zur sogenannten Perfektion. Um diese Perfektion zu erreichen, bringt man alle möglichen Talente zusammen. So wird ein Film gemacht nach einem literarischen Meisterwerk, das Drehbuch wird von einem halben Dutzend großer Drehbuchschreiber geschrieben und überarbeitet, und auch der Regisseur ist eine Berühmtheit. Die Schauspieler sind alle Stars, der Cutter ist der begehrteste seiner Zunft. Nachdem es alle diese Trümpfe in seine Hand gebracht hat, ist das Studio sicher, einen Volltreffer zu landen. Wie können so viele geniale Menschen zusammen einen Schmarren produzieren? Dabei kommt genau das oft heraus. Was diese Fehlschläge zuweilen entschuldigt, ist, daß die Schmarren, dank einer wirksamen Reklame, Geld machen. Durch einen glücklichen Zufall, durch die Anziehungskraft eines Schauspielers oder die Aktualität des Stoffs passiert es sogar, daß das eine oder andere dieser Produkte wirklich gut wird.

Ein großer Film wird in Hollywood angeboten wie eine Melone, in Scheiben geschnitten. Das ist das genaue Gegenteil meines Glaubens an Einheit. Die Arbeit muß aufgeteilt werden, und möglichst viele wichtige Namen müssen beteiligt sein. Die Kategorie »Star« bezieht sich nicht nur auf die Schauspieler: es gibt Starschreiber, Starkameraleute, Stardekorateure. Alle diese Stars arbeiten ohne wirkliche Beziehung zu den anderen. Jeder für sich in seiner eigenen Festung müssen sich diese Stars gegen das Eindringen des gemeinsamen Feindes wehren, des Produzenten. Deshalb spielen sie die Primadonna, vor allem die Kameraleute. Sie sind wirklich die Hätschelkinder der Hollywoodproduktion. Sie profitieren vom allgemeinen Unwissen in Fragen der Einstellungswahl und der Beleuchtung. Der Regisseur ist der Sündenbock. Ihn macht man verantwortlich für die Verspätungen, die in Wahrheit den Kapricen des Kameramanns zuzuschreiben sind.

Die Perfektionsmanie grassiert auf allen Ebenen. Die Industrie liefert perfekte Autos, perfekte Schuhe, perfekte Fertiggerichte, perfekte Häuser, und was dabei herauskommt, ist die absolute Monotonie. Die Dinge, die uns umgeben, sind durchweg so gleichförmig, daß man vor Langeweile brüllen möchte. Die Architekten und Dekorateure behaupten, an ihnen läge es nicht. Die Gegenstände, mit denen sie uns versehen, sind ihrem Empfinden nach sehr vielfältig. In einer amerikanischen Straße gibt es scheinbar für jeden Geschmack etwas. Ihr Haus sieht aus wie eins in der französischen Provinz, das Haus ihres Nachbarn wie ein mexikanisches. Auf der anderen Seite ist Neu-England. Wenige Leute nur wissen, daß die Monotonie aus der Gleichheit der Details herrührt und nicht aus der Gesamtkonzeption der Gegenstände. Die Fensterscheiben sind überall die gleichen, sie kommen aus derselben Maschine. Die Türklinken sind die gleichen, und beim Fußboden sieht eine Planke aus wie die andere. Die Nägel und die Schrauben, die die Konstruktion zusammenhalten, haben alle dieselbe Größe: sie sind perfekt.

Der Fortschritt bringt uns darum, daß eine Tür die, wenn vielleicht auch ungeschickte, Spur dessen trägt, der sie gemacht hat. Früher entspann sich jedesmal, wenn ich durch eine solche Tür ging, ein kleiner Dialog zwischen dem Macher und mir. Aber ich habe keine Lust zu einer Unterhaltung mit der Metallsäge, die heute der Autor dieser Tür ist. Maschinelle Arbeit stumpft den Menschen ab, Handwerksarbeit adelt ihn. Die Produkte eines Handwerkers bereichern das Leben. Jeder handgemachte Gegenstand ist wie die Botschaft seines Autors, er enthält Leben. Bei einem serienmäßig hergestellten Teller erzeugt die Monotonie der Wiederholung Traurigkeit, auch wenn das Dessin von einem großen Mann stammt und ein Meisterwerk ist. Die Verschiedenheit und die mangelnde Perfektion einfacher Geräte erzeugt Fröhlichkeit. Den Grund für die Welle von Langeweile, die die moderne Welt überspült, schreibe ich ohne Zögern der Monotonie des perfekten Dekors zu, in dem wir uns bewegen. Was uns beim Kino rettet, ist, daß man es mit ein wenig Geduld und auch Liebe, wenn man die übliche Schminke abkratzt und die üblichen Beleuchtungen ein wenig durcheinanderbringt, schaffen kann, zu diesem köstlich komplizierten Wesen vorzudringen, das man Mensch nennt. Ich träume von einem handwerklichen Kino, in dem der Autor sich so direkt ausdrückt wie der Schriftsteller durch seine Bücher und der Maler durch seine Bilder. Hin und wieder wird dieser Traum Wirklichkeit. Bestimmte Filmautoren hinterlassen ihre Spuren auf ihren Werken.

Der Meister aller Meister, der Autor aller Autoren bleibt für mich Charlie Chaplin. In seinen Filmen hat er alles gemacht: Drehbuch, Regie, Produktion, Darstellung und sogar die Musik. Bei ihm sind wir weit entfernt von der in Scheiben geschnittenen Melone. Nicht nur seine Filme sind vollkommene Beispiele von Einheit, sondern sein ganzes Werk ist eins. Paradoxerweise kann man sagen, daß Charlie nur einen einzigen Film gemacht hat und daß jede Facette dieses einen Films nur ein neues Zeugnis eines und desselben Glaubensbekenntnisses ist. Ihm fühle ich mich, mit allem gebührenden Abstand, noch am meisten verwandt. Chaplin ist der Gott der Gewaltlosigkeit, zu deren Aposteln ich gehöre. Schwerlich wird man eine stärkere Kritik unserer Gesellschaft finden. Dabei predigt er nicht und beendet seine Geschichten nicht mit Revolverschießereien. Chaplin zeigt uns einen »underdog«, der wie durch ein Wunder und dank seiner beispiellosen Wendigkeit überlebt. Sein ausschließliches Thema habe ich in meinem Film *The River* wieder aufgenommen. Ängstlich fragt der durch den Krieg verkrüppelte Soldat das Mischlingsmädchen Melanie, was jeder von ihnen tun könne, um aus seiner falschen Situation herauszukommen. Sie antwortet: »Sie annehmen.« Chaplin stellt den Egoismus der Welt und ihre Lächerlichkeit fest. Wie die ersten Christen nimmt er sanft alles hin. Dieses Hinnehmen macht seinen Eindruck auf das Publikum und bringt es ab von gewaltsamen Lösungen. In seinen Filmen gibt es kein Blut. Ich bin überzeugt, daß die gegenwärtige Welle von Gewalttätigkeit zum Teil darauf zurückzuführen ist, daß die Leute zwanzig Jahre lang keine Chaplin-Filme haben sehen können.

Die Lust am Verkleiden

1943 arbeitete ich zusammen mit Dudley Nichols für die RKO an *This Land is Mine.* Die Handlung spielt in Frankreich während der Besetzung. Es geht um die inneren Konflikte eines Schulmeisters, den die Gegenwart der Deutschen in Furcht und Schrecken stürzt und der, trotz seiner Absicht, sich in nichts hineinziehen zu lassen, zum Helden wird. Charles Laughton spielte großartig die Rolle des Lehrers.

Dudley Nichols und ich hatten eine entscheidende Szene zwischen dem deutschen Kommandanten und dem Lehrer geschrieben, die in der Straße einer kleinen Stadt spielte. Beide sollten auf einem zementierten Trottoir gehen, und das Geräusch ihrer Schritte sollte den Unterschied zwischen den beiden Personen herausbringen. Zu meiner großen Überraschung fand ich den Trottoir, auf dem die beiden Schauspieler gehen sollten, mit einer Zementimitation aus weicher Pappe überzogen. Mein alter Freund Lourié, der Dekorateur dieses Films, hatte vergeblich um richtigen Zement gekämpft, die Tonabteilung war dagegen gewesen. Man befürchtete, das reale Geräusch der Schritte auf einer harten Oberfläche könnte sich schlecht mit dem Dialog mischen lassen. Und die Regel war nun einmal, daß nichts den Dialog stören durfte. Ich versuchte zu erklären, daß der Kontrast zwischen dem Geräusch der weichen Schnürschuhe und dem der Stiefelabsätze ein

Bestandteil der Szene sei. Vor allem betonte ich immer wieder, daß die Schauspieler, wenn sie zusammen mit dem Stiefelgeräusch zu reden hätten, anders spielen würden, als wenn sie auf einem geräuschlosen Boden gingen. Es war nichts zu machen. Man legte mir dar, daß man bei der Synchronisation unter diese Schritte ein Geräusch legen werde, das man kontrollieren könne.

Dieser Vorfall war für mich ein drastischer Hinweis auf das, was entscheidend den Geschmacksunterschied zwischen Franzosen und Amerikanern ausmacht. Die Franzosen haben eine Leidenschaft für das Natürliche, die Amerikaner vergöttern alles Künstliche. Selbstverständlich gilt diese Unterteilung nicht absolut, denn jeder große Künstler ist zugleich Realist und Poet. Die Amerikaner haben Faulkner hervorgebracht und die Franzosen Jean Giraudoux.

Die Amerikaner haben das Covergirl, dieses irreale Wesen, erfunden. Sie haben die Kunst des Schminkens bis an die äußersten Grenzen des Falschen getrieben. In jedem menschlichen Wesen steckt etwas von einem Schauspieler. Man möchte der Welt eine verbesserte Fassung von sich selbst darbieten. Aber bei den Amerikanern geht dieser eigentlich natürliche Drang bis zur Verstellung. Meine Frau und ich kamen einmal für ein Weekend nach Palm Springs in ein Hotel für brave Bürger. Einen Augenblick lang glaubten wir, uns im Bestimmungsort geirrt zu haben: wir waren umgeben von Sheriffs und Banditen. Die so verkleideten Leutchen amüsierten sich köstlich. Man hätte meinen können, da würde ein Film gedreht. Und wir wollten doch gerade Ferien machen! Heutzutage ist so ein Spektakel auch in Europa keine Seltenheit: der Fortschritt ist nicht aufzuhalten.

Ich erwähnte schon die Monotonie der amerikanischen Straßen, trotz der scheinbaren Verschiedenheit der Gebäude. In der Architektur wird der Geschmack an der Schminke wirklich toll. Ein Schloß, von dessen dicken Mauern man beeindruckt ist, ist in Wirklichkeit eine Art Kiste mit hohlen Wänden. Eine ordentliche Schicht Gips versteckt die Teerpappe und das Lattengerüst, die die Hauptbestandteile dieser Mauern darstellen. Wenn es sein müßte, würden sich die Bewohner dieser historischen Stücke auch noch als Zeitgenossen von Jeanne d'Arc verkleiden, wenn sie ihre Hamburger vertilgen. Ein irres Schauspiel für einen Europäer ist der Transport von Häusern. Das mittelalterliche Schloß oder das spanische Haus werden buchstäblich in Stücke gesägt und durch die Straßen zu ihrem neuen Standort gefahren. Allerdings vertragen diese riesigen Streichholzkästen das recht gut und kommen heil am Bestimmungsort an. Sie überstehen schadlos jedes Erdbeben und können leicht auf alle mögliche Weise verändert werden.

Ihr Spaß am Verkleiden macht aus den Amerikanern geborene Schauspieler. Nichts ist einfacher zu dirigieren als eine Menge von amerikanischen Statisten. Sie sind nicht besser als die Franzosen, aber sie reagieren mit einer verwirrenden Geschwindigkeit. In Frankreich haben die Statisten und die Schauspieler größte Mühe, ihre Persönlichkeit abzulegen. Sie versuchen zu verstehen und zwingen den Regisseur, deutlich zu erklären, was er will – was manchmal verhängnisvoll ist, denn wer kann sich rühmen, genau zu wissen, was er will?

Ich liebe Schauspieler. Sie sind für mich die Helden und die Märtyrer ihres Berufs. Die Ausübung dieses Berufs macht eine normale Existenz fast unmöglich, vor allem für Frauen. Als Beweis für diese Behauptung braucht man nur an die Zahl der Selbstmorde von Schauspielerinnen zu denken. Wenn sie keinen Erfolg haben, liegt der Grund ihrer Verzweiflung auf der Hand, aber es ist erwiesen, daß die Selbstmörderinnen vor allem aus den Reihen der erfolgreichen Stars kommen. Sie haben alles: Ruhm, Geld, Vergötterung durch die Männer, und sie sind unglücklicher als die kleine Statistin, die hinter ihrer Gage her sein muß. Ein möglicher Grund für diese Hekatombe mag das Gefühl sein, nicht mehr als eine menschliche Person, sondern als ein Objekt genommen zu werden.

Bei den Männern ist ein häufiges Motiv für Hypochondrie die Furcht, daß es »nicht immer so bleiben wird«. Viele männliche Stars sind besessen von der Angst, eines Tages Nebenrollen spielen zu müssen, nachdem sie jahrelang Spitzenstars gewesen sind.

Das Opfer eines solchen Absturzes würde es nicht mehr wagen, zu seinem alten Friseur zu gehen. Der Friseur ist eine sehr wichtige Figur im amerikanischen Theaterleben: er ist eine Art Erfolgsbörse.

Diese Unsicherheit macht Stars zuweilen zu unerträglichen Wesen. Der Regisseur zittert vor ihnen, die Assistenten wagen nicht, das Wort an sie zu richten. Die Zeit zwischen den Aufnahmen erholen sie sich in ihren Wohnwagen bei Kartenspiel und Kreuzworträtseln. Sie fänden es unter ihrer Würde, dem Kameramann für die Einrichtung der Beleuchtung zur Verfügung zu stehen: dafür schickt man ein Double. Erst im letzten Augenblick, wenn alles am Drehort fertig ist, wagt es der Regisseur, den Star zu bitten, er möge zum Drehen kommen. Gähnend, unter Flüchen und Protesten, schleppt sich der große Schauspieler zum Drehort. Um die Stufen seines Wohnwagens herabzusteigen, stützt er sich schwer auf den Arm des Regisseurs. Wenn man dieses Wrack sieht, könnte man meinen, in einem Krankenhausflur vor dem Operationssaal zu stehen. Clifford Odets nannte die Stars »Invalide«. Ich empfehle jedem angehenden Regisseur, eine Zeitlang Schauspieler zu sein. Das wird ihm helfen zu verstehen, daß sich hinter diesem unerträglichen Benehmen eine tragische Angst verbirgt. Die Konfrontation mit dem Publikum wie mit der Maschinerie der Dreharbeiten ist fürchterlich. Da ist vor allem das Objektiv, die verdammte Linse, die einen mustert wie ein Auge ohne Menschlichkeit. Kaum verwunderlich, daß nach einer solchen Prüfung mit dem Schauspieler nicht mehr zu reden ist.

Swamp Water war meine erste Begegnung mit amerikanischen Schauspielern. Es war wie der Anfang einer Idylle, die mich an meine Liebesgeschichte mit den französischen Schauspielern erinnerte. Zu Beginn meiner Dreharbeiten fühlte ich mich vor allem Ann Baxter verbunden. Ihr Spiel und ihr Charakter erinnerten mich an Janie Marèse in *La Chienne*. Die beiden Filme haben nichts miteinander zu tun, aber in einer gänzlich anderen Rolle beherrschte sie die Situation, ohne daß man es ihr anmerkte. Probleme löste sie nie, indem sie sie direkt anging. Ich brauche nicht zu wiederholen, daß wir à l'italienne probten. Gerade diese scheinbar überflüssigen gemeinschaftlichen Lesungen hatten mir den Vorwurf der »Langsamkeit« eingetragen. *Swamp Water* bestärkte mich in meinem Glauben an die horizontal unterteilte Welt: genauso wie die Zimmerleute oder die Tierärzte sind die Schauspieler in allen Ländern gleich.

Es amüsierte mich, in den amerikanischen Ateliers die Gewohnheiten wiederzufinden, die ich für eine Besonderheit der französischen Ateliers gehalten hatte. Ich denke da zum Beispiel an die Reispuderquaste des Maskenbildners. Die Szene ist fertig für die Aufnahme, die Beleuchtung stimmt, der Schauspieler, von dem eine Großaufnahme gemacht werden soll, steckt schon ganz in seiner Rolle, der Regisseur braucht nur noch sein schicksalhaftes »Achtung, Aufnahme« zu sagen. Und da dringt der Maskenbildner in den magischen Kreis ein, geht auf den Schauspieler zu und beginnt, ihm das Gesicht zu pudern. Das kitzelt diesen, er niest, und aus ist es: er ist nicht mehr in Stimmung, und um ihn noch einmal soweit zu bekommen, muß man wieder ganz von vorn anfangen. Dann gibt es noch, was nicht ganz so schlimm ist, das Script-girl und die Krawatten. Ich weiß nicht, weshalb fast alle Script-girls so gern Schlipsknoten zurechtziehen, und das immer dann, wenn der Schauspieler mit seiner Szene beginnen will. Diese Angewohnheiten, die ich haßte, erweckten in mir die Illusion, in einem französischen oder italienischen Atelier zu sein. Auch die Blödheit ist eben international. Eine Angewohnheit, die es, glaube ich, nur in amerikanischen Ateliers gibt, ist die Unterbrechung der Arbeit, wenn der Star die Regel hat. Nachdem ein Assistent auf diskrete Weise die Neuigkeit in Umlauf gesetzt hatte, hörte alles auf. Ich weiß nicht, ob diese Verbeugung vor den Naturgesetzen heute noch praktiziert wird. Immerhin ist es inzwischen dreißig Jahre her, daß ich bei der Fox war.

Lucien Ballard, mein Kameramann bei *Swamp Water,* war indianischer Herkunft und wollte mir das Land seiner Vorfahren zeigen. So hielten wir eines schönen Morgens vor einer Holzhütte mit einem Schild, das sie als Restaurant auswies. Wir wurden von einem sehr würdigen alten Herrn empfangen. Er unterbrach seine Arbeit an einem Autoreifen und stand auf, um seine Frau zu holen. Mein Kameramann hatte mir versprochen, daß wir an diesem Ort die besten Eier mit Schinken der ganzen Welt bekommen würden. Die Besitzerin erschien und begann, ohne die Bestellung abzuwarten, auf einem Butangas-Kocher Eier mit Schinken zu machen. Sie war eine hinreißende kleine Alte. Sie mußte einmal sehr schön gewesen sein. Wir probierten die berühmten Eier mit Schinken: sie waren in der Tat köstlich. Der Mann sagte mit Stolz: »Nelly ist mal Küchenmädchen im Savoy in London gewesen. Die Köche bewunderten ihre Eier mit Schinken so, daß sie sie eines Tages für den Prinzen von Wales machen durfte.«

Auf dem Heimweg erzählte mir mein Kameramann Nellys Geschichte. Sie hatte ihren Mann in New York kennengelernt, wo beide in den Küchen des Waldorf Astoria beschäftigt waren. Das Band, das sie vereinte, war ihre gemeinsame große Liebe für die Weite. Eines Tages hielten sie es nicht länger aus und beschlossen, in den Westen zu gehen. Sie kauften sich einen Ford, und nur eben mit dem Nötigsten ausgerüstet gingen sie auf die Reise. Aber in allen Städten, in denen sie eine Beschäftigung zu finden hofften, trafen sie auf dieselbe bittere Wahrheit: überall nagt die Stadt am Land, bald wird es nur noch Häuser geben. Sie probierten es in zweitklassigen Hotels an verkehrsreichen Landstraßen. Aber der Ruhm von Nellys Eiern verbreitete sich schnell, und weitere Baracken siedelten sich um die ihre an. Das war nicht mehr ihr Land.

Eines Tages mußten sie anhalten, um Wasser in ihren Kühler zu tun; das war in einer so verlassenen Gegend, daß man hätte meinen können, auf dem Mond zu sein. »Hier, das ist es«, sagte Nellys Mann. Er kaufte ein Stück Grund mit ein paar Bäumen, die eine Quelle vermuten ließen. Dann bauten sie selbst ihr Restaurant. Durch die Fenster dieser einzigen Baracke konnte man einen unberührten Horizont genießen. Man sah nichts, buchstäblich nichts. Nellys Eier zogen die Kunden an, aber ihr Mann war so klug gewesen, den umliegenden Grund aufzukaufen. Der Grund,

Jean Renoir mit Anna Magnani bei den Dreharbeiten zu Le Carrosse d'Or *(Die goldene Karosse), 1952*

Clifford Odets

Robert Flaherty

Am Drehort von Swamp Water *in Georgia, 1941*

Mit Claude Renoir und Dido bei den Dreharbeiten zu The River
(Der Strom) in Indien, 1950

Radha in The River

Catherine Rouvel und Charles Blavette in Le Déjeuner sur l'Herbe *(Das Frühstück im Grünen), 1959*

Gabrielle

Jean Renoir in Hollywood

den er für ein paar Dollar erworben hatte, war inzwischen ein Vermögen wert, aber er blieb fest, und der Ort blieb absolut einsam und verlassen.

Verwundert fragte ich meinen Kameramann, ob er sich vorstellen könne, was bei diesem Paar wohl die Ursache einer so großen Liebe zur Einsamkeit sein möge. »Das ist ganz einfach«, antwortete er. »Sie haben sich geliebt, und sie lieben sich immer noch. Wenn man liebt, dann tut man das lieber nicht vor Zeugen.«

Charles Laughton

Gabrielle war mit ihrem Mann, dem amerikanischen Maler Conrad Slade, und ihrem Sohn Jean zu uns nach Hollywood gezogen. Als wir Frankreich verlassen hatten, war der Waffenstillstand schon unterzeichnet. Slade konnte sich nicht zur Abreise entschließen. Für ihn als amerikanischen Bürger war die Situation erträglich. Unter dem Druck der Ereignisse beschloß er schließlich doch, in die Vereinigten Staaten zurückzukehren. Auf französischem Boden sah ich ihn zum letztenmal in Cagnes. Die Erinnerung an Renoir, den Slade wie einen Gott verehrte, hatte aus dem Dorf eine neue Heimat für diesen ewigen Bohemien gemacht.

Was Gabrielle betraf, sie fühlte sich überall zu Hause. Die Leute, die oben in Cagnes wohnten, der Maler Gaudet, der Lebensmittelhändler Nicolaï, Charles, genannt »der spinnerte Chican«, betrachteten sie als eine der ihren. Ihre Gastfreundschaft war bekannt, jeden Mittag stellten sich Gäste ein und setzten sich ohne viel Aufhebens um den Mittagstisch. Inmitten eines Europa, das dem Massaker geweiht schien, hatte man den Eindruck einer Oase. Die Unterhaltungen boten keine intellektuellen Höhenflüge, im Gegenteil, je naiver sie waren, um so mehr Erfolg war ihnen beschieden. Ich zitiere eine Geschichte, die Gabrielle besonders gefiel. Unter den üblichen Gästen waren zwei junge Leute, die im Straßenbau beschäftigt waren. Einer von ihnen hatte sich bei Conchon-Quinette, das ist das billige Kaufhaus im Midi, eine Hose kaufen wollen. Der Verkäufer, der ihm die Hose anprobierte, hielt sich mehr als nötig bei den sexuellen Attributen des Kunden auf. Der wies ihn zurecht mit einem barschen »was soll das«. Der Verkäufer antwortete auf den Verweis mit einem entwaffnenden Lächeln und sagte errötend: »Ich bin eben eine ganz Schlimme.«

Als Slade, Gabrielle und Jean eines schönen Morgens in Hollywood ankamen, nahmen sie Wohnung bei uns in unserem schönen, richtig amerikanischen Haus. Es lag mir sehr viel daran, in einem authentischen Rahmen zu leben. Da ich schon mal in Amerika war, wollte ich auch wie ein Amerikaner leben. Slade, der aus einer alten Neu-England-Familie kam, war viel verlorener als Gabrielle. Ihre Fähigkeit, aufzunehmen und aufgenommen zu werden, funktionierte in Kalifornien wie überall. Schnell bildete sich um sie ein Kreis von Bewunderern. Es waren Nachbarn, junge Leute meistens, Lieferanten, Arbeiter, die gekommen waren, die Wasserleitung zu reparieren. Sie sprachen nicht Französisch, und Gabrielle lehnte es ab, auch nur ein einziges Wort Englisch zu lernen. Dennoch folgten ihre Zuhörer ihr mit dem größten Interesse. Der einzige Ausdruck, den sie behalten hatte, war »sit up«: sie hatte bemerkt, daß man Hunde so aufforderte, Männchen zu machen. Sie brauchte ihn, um zu sagen: »Setzen Sie sich bitte.« Wenn man ihr klarzumachen versuchte, daß »sit up« genau das Gegenteil bedeutete, antwortete sie, darauf käme es nicht an. Und in der Tat verstanden die Leute sehr gut, was sie sagen wollte. Der Kontakt mit ihrer strahlenden Persönlichkeit alleine genügte ihnen.

Zu den Gewohnheiten, die sie aus Frankreich mitgebracht hatte, gehörte der Schluck Wein für den Briefträger. Das erstemal, als Gabrielle ihm einschenkte, wußte er nicht, was das zu bedeuten hatte. Slade, der selbst nie trank, erklärte die Situation dem

Briefträger, der den angenehmen Brauch sehr schnell zu seiner Gewohnheit machte. Gabrielle starb in Hollywood. Diese Burgunderin, die Burgund in sich trug, ruht nun in der Familiengruft ihres Mannes.

Trotz ihres Alters war sie von einer außerordentlichen Vitalität, die der Zeit trotzte. Wenn sie darauf ausgewesen wäre, hätte sie Leidenschaften entfachen können. Aber für sie waren, wie für die Franzosen der vorromantischen Zeit, Liebesabenteuer vor allem ein Unterhaltungsthema. Wenn ihr an einem Liebesabenteuer gelegen hätte, wäre ihre Wahl sicher auf Charles Laughton gefallen, der uns oft besuchte. Sie hatte ihm den Spitznamen »der dicke Kater« gegeben. Er war stolz darauf und bemühte sich zu schnurren, um seinem Bild zu entsprechen. Wir lebten sehr vertraut miteinander. Charles Laughton und Gabrielle waren die Trauzeugen bei meiner Heirat mit Dido.

Charles Laughton wirkte, wenn man ihn so sah, wie ein Baby, aber dieses Baby konnte, wenn es sein mußte, wie etwa im »Galilei«, zu einem erleuchteten Wissenschaftler werden. Trotz seiner unübersehbaren Leibesfülle hatte man den Eindruck eines asketischen, von der Bedeutung seiner Botschaft aufgezehrten Propheten. Außer seinem Beruf liebte er Blumen. In seinem Garten hatte er Fuchsien, die er mit Hingabe pflegte.

Wir hatten mancherlei Gründe, uns gut zu verstehen. Er war ein großer Bilderliebhaber und besaß unter anderem ein großartiges Bild meines Vaters, »Das Urteil des Paris«. Er hatte es bei dem Kunsthändler George Keller in New York erstanden. George erzählte mir die Umstände dieses Verkaufs. Charles Laughton wollte unbedingt einen Renoir. Er bat George Keller, ihm welche zu zeigen. Der zeigte ihm zuerst einen winzig kleinen Renoir. Der Preis war erschwinglich, aber das Bild war wirklich zu klein. Dann holte er »Das Urteil des Paris« hervor, ein sehr großes Bild, fast schon zu groß für einen Privatmann. Der Preis entsprach der Größe des Werkes und schreckte Charles Laughton ab. In der folgenden Zeit tauchte er täglich in der Galerie auf und bat Keller, ihm das Bild noch einmal zu zeigen. Oft legte er sich vor das Bild auf den Boden, blieb eine geschlagene Stunde so liegen und ging dann seufzend wieder weg. Schließlich kaufte er das Bild. Bei jedem anderen hätte ein solches Verhalten als billige Schauspielerei erscheinen können. Bei ihm war es das nicht: Charles Laughton machte dem Bild ganz ernsthaft den Hof.

Er stieg in die Situationen, in die sein Beruf ihn stellte, so total ein, daß schon die leiseste Unterbrechung quälend für ihn war. Dido und ich hatten zwei Dackel, an denen wir sehr hingen. Die Leute auf der Straße nannten sie gemeinerweise Göring und Goebbels, der eine war blond und fett, der andere mager und dunkel. Gabrielle war immer wütend darüber und fand den Vergleich beleidigend für die Hunde. Charles Laughton schaute oft bei uns herein, um ein Detail seiner Rolle zu besprechen. Zuweilen wurde er, wenn er sich gerade in einer Tirade verlor, vom durchdringenden Gekläff unserer beiden eifrigen Wauwaus unterbrochen. Das verursachte ihm physische Schmerzen. Er haßte die Hunde. Ein anderes Folterinstrument war für ihn eine ländliche Standuhr, deren schepperndes Schlagen ihn aus seinem anderen Ich holte. Diese Standuhr war auch noch so geschmacklos, die volle Stunde zweimal zu schlagen. Und da unsere Zusammenkünfte meistens gegen Mittag stattfanden . . .

In *This Land is Mine* hatte Charles Laughton eine Szene, in der er durch die Gitterstäbe seines Gefängnisses mitbekam, wie die Deutschen Geiseln zusammentrieben, um sie zu erschießen. Der Direktor seiner Schule, der Professor Sorel, war auch unter ihnen. Er sollte nur dessen Namen rufen, in der Hoffnung, sein Freund möchte diesen letzten Abschiedsgruß hören. Wir probten die Szene sicher ein dutzendmal, aber es kam einfach nicht richtig. Der Tag ging dem Ende zu, und diese Szene war die letzte, die noch in der Dekoration zu drehen war.

Charles Laughton war so verrannt und wiederholte nur immer: »Wie kann ich ihn anrufen, ich sehe den Professor Sorel nicht.« Ich wußte genau, es war sinnlos, sich darüber aufzuregen. »Was soll das heißen, Sie sehen den Professor Sorel nicht? Er ist doch da.« »Ja, wo denn?« »In Ihrer Vorstellung.« Und sofort, zu meiner großen Überraschung, erklärte er, nun könnten wir drehen. Das Ergebnis war phantastisch.

Wir feierten diesen Sieg mit einem Schluck Whisky in seinem Wohnwagen. Während wir langsam unseren »unblended« Glenlivet-Whisky tranken, erzählte er mir eine Sache, die ihm in London passiert war. Er spielte die Rolle des Kaisers Nero in einem großen Ausstattungsfilm und sollte majestätisch die Treppe seines Palastes herunterkommen. Um oben auf die Treppe zu kommen, mußte er zunächst mit einer Leiter auf eine Plattform klettern. Erst erklärte er, er bekomme Schwindelanfälle, was auch stimmte. Und außerdem fühle er sich nicht in Form. Der Regisseur ließ ihm einen Sessel auf die Plattform stellen und empfahl ihm, sich etwas auszuruhen. Auch der zweite Versuch schlug fehl. Während all der Zeit wartete das ganze Team – Schauspieler, Techniker, Statisten. Schließlich, nach etwa einem Dutzend Versuchen, erklärte er mit einer Neros würdigen Stimme: »Jetzt hab ich's.« »Das kann doch nicht wahr sein«, entfuhr es einem kleinen Beleuchter in unüberhörbarem Cockney. Das war das Ende. Die Aufnahme mußte auf den nächsten Tag verschoben werden.

Die Textstudien zu unserem Film wurden nicht nur von meinen unerträglichen Kläffern unterbrochen. Charles Laughton hatte sich vorgenommen, mich mit Shakespeare vertraut zu machen, den ich nur oberflächlich kannte. Für mich und für Dido spielte er die Stücke, die ich nicht kannte. Unsere Ignoranz tat ihm weh, und es erschien ihm unerläßlich, diese Lücke zu füllen. Er spielte alle Rollen, die »Widerspenstige« mit hoher Stimme, Jago mit einer tiefen und entsprechend alle anderen. Ich hoffe, daß er oben im Schauspielerparadies, in dem er bestimmt ausruht, meine dankbare Huldigung vernimmt.

Dudley Nichols

Unser erster Freund in Hollywood war Dudley Nichols gewesen, der Drehbuchautor von *Swamp Water.* Dudley Nichols war ein Ritter. Ungerechtigkeit ertrug er nicht, daher kamen auch seine ständigen Auseinandersetzungen mit den »executives«. Ich sehe uns noch in dem Büro eines dieser Magnaten die Ratschläge anhören, die er großzügig verteilte. »Was Ihrem Drehbuch fehlt«, sagte er, »das ist die gute alte Liebesszene: ein Flußufer, blühende Bäume, das junge Mädchen in den Armen ihres Allerliebsten, und das alles natürlich bei romantischem Mondschein.« Bei dieser Aufzählung war Dudley Nichols erst rot, dann lila geworden. Langsam erhob er sich von seinem Stuhl, und indem er sein Hinterteil in die Richtung seines Gesprächspartners kehrte, sagte er nur: »Der Mond geht auf.« Dann zog er mich aus dem Büro heraus.

This Land is Mine war meine zweite Arbeit mit Dudley Nichols. Diese Geschichte sollte beweisen, daß Bürger zu sein in einem vom Feind besetzten Land nicht so einfach war, wie man 1943 in Hollywood zu glauben schien. Die heroischen Reden der Emigranten schienen mir ziemlich abgeschmackt. Das Zentrum des Hollywood-Widerstands war das Café »The Players«. Es gehörte dem Regisseur Preston Sturges, dessen Großzügigkeit sprichwörtlich war und der manche unbezahlte Rechnung vergaß. Wieviele siegreiche Unternehmungen gegen Vichy sind wohl von diesem Café am Sunset Strip gestartet worden. Heroismus zehntausend Kilometer vom Schuß ist einfach. Der Held von *This Land is Mine,* den Charles Laughton spielte, war ein absoluter Feigling. Er hat eine Heidenangst vor den Deutschen, und mit Recht. Im Gegensatz zu den kalifornischen Widerstandskämpfern versucht er, nicht aufzufallen. Er bringt sich in Gefahr, indem er das Leben eines Widerstandskämpfers rettet, und wird dafür von den Deutschen erschossen. Trotz seiner Angst ist er ein Held. Die wahren Helden sind bescheiden.

Dieser Film war in einer Rekordzeit abgedreht worden und ging gut. Ich glaubte, der Erfolg würde uns helfen, andere Geschichten unterzubringen. Eins unserer Projekte war die Verfilmung von »Sarn«, dem Roman von Mary Webb, mit Ingrid Bergman. Sie mochte den Stoff sehr, und mit ihr wäre jedes Studio sofort bereit gewesen, den Film zu finanzieren, aber sie war unter Vertrag bei David Selznick, der sich vorgenommen hatte, eine neue »Jeanne d'Arc« mit ihr zu drehen. Er dachte an mich als Regisseur. Selznick war ein großer Produzent, und ich war begeistert von der Idee, mit ihm zu arbeiten, aber nicht an einer »Jeanne d'Arc«. Ich erinnerte mich an jede Einstellung in der großartigen »Jeanne d'Arc« von Dreyer, und ich hatte einfach nicht den Mut, in die Fußstapfen meines genialen Kollegen zu treten. David Selznick wollte nicht riskieren, seinen Star durch die Rolle eines Mädchens mit Hasenscharte zu kompromittieren. »Sarn« wurde zwar nie gedreht, aber er brachte mir etwas weit Kostbareres ein, als ein Film es gewesen wäre: die Freundschaft Ingrid Bergmans und ihrer großartigen Mitarbeiterin Ruth Roberts'. Diese Erweiterung meines Familienzirkels sollte allen Widerständen zum Trotz sehr dauerhaft sein. Sie währt immer noch. Sie wird erst aufhören, wenn die Mitglieder des Clans verschwinden.

Dudley und ich dachten auch an eine Neuverfilmung von »Nachtasyl«. Die Handlung sollte in Los Angeles spielen und sich stützen auf den Kontrast zwischen den neuen Gebäuden und den im Verfall begriffenen Häusern im viktorianischen Stil. Diese Projekte wurden nie realisiert. Dudley wunderte das. Er empfand für mich eine aktive Freundschaft. Sie war gegenseitig. Wir hätten zusammen der Liste der Hollywoodproduktionen ein paar gute Filme hinzufügen können. Wovon Dudley nichts wußte, das war meine Begabung, mich für Geschichten zu begeistern, an denen die Produzenten nichts fanden. Das war in Frankreich so gewesen, und in Amerika fing es wieder an. Scheinbar aus praktischen Gründen wurde aus den Projekten nichts: entweder war der Schauspieler nicht frei, der die Hauptrolle spielen sollte, oder die Verleiher erklärten, solche Geschichten, wie wir sie vorschlugen, seien überhaupt nicht mehr in Mode. Die ersten Unterredungen ließen sich immer gut an: im allgemeinen mochten mich die Produzenten. Aber wenn sie sich das ganze dann nochmals durch den Kopf gehen ließen, kamen ihnen Zweifel, und schließlich, nach mehreren Besprechungen, erklärten sie, meine Geschichte sei nicht kommerziell, die alte Leier, die ich wirklich auswendig kannte. Was ich auf der Stirn trug, war schlimmer als ein Etikett, es war eine Tätowierung.

Ich wollte nicht, daß Dudley seine Zeit mit einem Partner verlor, der auf die Dauer zu einer Last wurde. Ich drängte ihn, selbst einen Film über Sister Kenny zu inszenieren. Das war ein altes Projekt von ihm, und er wurde unterstützt von der Schauspielerin Rosalind Russell, die die Rolle spielen wollte. Sister Kenny war eine pittoreske Gestalt. Mit einem riesigen Federhut auf dem Kopf, der an ihre australische Herkunft erinnerte, ging sie das Leben an, wie man in eine Schlacht zieht. Ihre Methode, Kinderlähmung zu heilen, wurde von der orthodoxen Medizin als Scharlatanerie betrachtet. Sie bestand ganz einfach darin, die befallenen Gliedmaßen in warme, trockene Tücher einzuwickeln, dazu kamen dann noch ein paar Übungen.

Ich begleitete Dudley nach Minneapolis, wo Sister Kenny ihre Klinik hatte, um ihm bei der Vorbereitung seines Films behilflich zu sein. Wir waren bei einer stürmischen Veranstaltung dabei, zu der sie etwa hundert Ärzte, ihre ausgemachten Feinde, geladen hatte. Man überschüttete sie mit Fragen, die sie hineinlegen sollten. Sister Kenny antwortete mit einer unwiderstehlichen Verve. Sie beschloß die Sitzung mit der folgenden kleinen Demonstration: sie ließ auf eine Leinwand Vergrößerungen von den Gliedmaßen eines an Polio erkrankten Jungen projizieren. Dann stellte sie die Frage: »Halten Sie es für möglich, daß dieser Kranke geheilt werden kann?« Einstimmig erklärten die Anwesenden das für unmöglich. Darauf öffnete sich eine Tür, und ein fideler, kräftiger Bursche kam herein und behauptete, eben der Kranke gewesen zu sein.

Gegen die allgemeine Ungläubigkeit brachte Sister Kenny unwiderlegbare Beweise vor. Der junge Mann antwortete auf alle ihm gestellten Fragen. Ein Arzt fragte ihn nach seinem Beruf: Lastwagenfahrer sei er, und zwar fahre er Schwerlaster.

Reise in die Stadt

Jede Stadt, jeder geographische Ort hat seine Farbe. Die Farbe von New York ist jetzt trianon-grau. Vor Pearl Harbor war sie tiefgrün. Die Hausflure, die Hotelzimmer, die Läden schmückten sich gern mit diesem Grün, das den erdrückenden Eindruck, den man in dieser Weltstadt hat, noch verstärkte. Auf diesem Fond traten die strahlenden Vordergründe besonders brutal hervor. Die Hintergründe von New York sind größtenteils elendig. Unbebaute Parzellen werden nie gesäubert. Ein treffendes Symbol des New Yorker Stils ist die 47. Straße, deren verstaubte Läden in ihren Auslagen Diamanten zeigen, die mehrere tausend Dollar wert sind. Und dann die Zugluft: die Stadt ist, wie alle amerikanischen Städte, in Blocks aufgeteilt. Daher rühren an den Schnittpunkten der Straßenfluchten die ständig wehenden heftigen Winde. Oft sieht man Leute in eine Apotheke stürzen, um sich ein Staubkorn aus dem Auge holen zu lassen, denn neben alten Zeitungen, die überall herumfliegen, wirbelt der Wind den Staub hoch, der sich in dieser riesigen Mülltonne angesammelt hat. Dann gibt es den Ruß, den Abfall der umliegenden Industrien. Das Schönste kenne ich übrigens nicht: unser letzter Aufenthalt in New York liegt vor dem »Smog«.

Unter diesem Dreck verbirgt sich eine brillante intellektuelle Aktivität. New York ist das Weltzentrum des Schauspiels. Gehen Sie einmal in die großen Gebäude um den Times Square herum: in jeder Etage, hinter jeder Tür geht es ums Showgeschäft.

Agenten, Schauspieler, Verleiher, Produzenten, Musiker, Journalisten drängen sich in den Aufzügen. Der Broadway ist das Zentrum der Schauspielindustrie – Hollywood ist nur der Endpunkt des materiellen Erfolgs. Man münzt dort in Geld um, was man in New York erworben hat. Die führenden Büros der großen Filmgesellschaften sind immer in New York geblieben. Die Bürger vom Times Square kommen sehr häufig von der Lower East Side, dem Judenviertel der Unterstadt. Angefangen haben sie in einer kleinen Music Hall ihres Viertels. Sie kommen aus Berlin, aus Wien, aus Bukarest oder Warschau, die Taschen leer, dafür aber mit einem vollen Kopf. Sie bringen einen ganz besonderen Sinn für Humor mit, der aus ihrer Entwurzelung resultiert. Zielscheibe ihrer Witze war zunächst ihre eigene Person. Daher sind die Irving Berlins, George Gershwins, Danny Kayes, Clifford Odets' gekommen. Von da aus haben sie, indem sie die Reise nun in umgekehrter Richtung machten, die ganze Welt erobert. Man kann sagen, daß der Broadway und im weiteren das ganze Showgeschäft ein Produkt des mitteleuropäischen jüdischen Geistes ist.

In New York liegen die Ideen in der Luft, die Moden wechseln, es herrscht ein intensives geistiges Leben. Man bewegt sich schnell. Man hat es immer eilig. Es ist die Zivilisation der Konkurrenz. Man muß vor seinem Nachbarn da sein, egal was das Ziel ist. Amerika ist das Land der Leistung. Zum Glück für die Amerikaner gibt es auch Risse im System. Einer der Hauptrisse ist das Bedürfnis der Amerikaner, die eigene Geschichte zu erzählen. Sie wollen eine Briefmarke kaufen. Der Angestellte hinterm Schalter merkt an Ihrem Akzent, daß Sie Ausländer sind. »Aus welchem Land kommen Sie?« fragt er. »Aus Frankreich.« – »Meine Großmutter war Französin.« Die Versuchung ist zu groß, unser Mann kann ihr nicht widerstehen. Er serviert den kompletten Stammbaum seiner Familie und stellt einen Haufen Fragen über den Ihren. Währenddessen wird hinter Ihnen die Schlange immer länger. Genauso ergeht es Ihnen bei der Zigarettenfrau oder dem Ober im Restaurant.

Die Unterhaltung mit Fremden ist für den Amerikaner das Gegenmittel zu seinem allzu gut organisierten Leben. Eins steht außer Zweifel: die bedeutendsten Leute unter meinen Bekannten lieben New York. Häufig höre ich von ihnen: »Sie leben in Kalifornien? Wie halten Sie das nur aus?« Sie vergessen, daß New York mit dem Staub, dem Dreck, den Abgasen der städtischen Heizung, die mitten auf den Straßen ausströmen, als hätte man die Hölle unter sich, einem Riesenkochtopf gleicht, der jeden Augenblick explodieren kann. Diesem nicht besonders reizvollen Bild lassen sich noch hinzufügen: das wieder anwachsende Bandenwesen, nächtliche Überfälle und ebenso Überfälle am hellichten Tag, das Umsichgreifen des Drogenkonsums und die Rassenunruhen. Trotz allem glauben die New Yorker weiterhin, daß man nur in New York leben könne. Jedem nach seinem Geschmack, Masochismus inbegriffen. Man kommt nicht aus ohne die Beleidigungen und Schläge, die einem das geliebte Wesen versetzt.

1944 bot mir das Office of War Information an, nach New York zu gehen und dort an der Produktion von *Salute to France* mitzuwirken, einem Film für die amerikanischen Truppen, die in Frankreich landen sollten. Es ging darum, den Soldaten zu zeigen, daß nicht alle Franzosen Baskenmützen tragen und nicht jede Französin ein leichtes Mädchen ist. Soweit ich weiß, wurde dieser Film nie eingesetzt. Mir gab er die Gelegenheit, die hinreißende Annabella wiederzusehen und zwei ganz besondere Theatertiere kennenzulernen: Garson Kanin und Ruth Gordon. Burgess Meredith machte auch mit. Ich kann wohl behaupten, mich mit ihm gut amüsiert zu haben. Er hatte die Ex-Frau von Charlie Chaplin, Paulette Goddard, geheiratet, und eröffnete uns, Dido und mir, die Pforten der New Yorker Theaterwelt. Zwei Jahre später sollten dann Burgess und Paulette unter meiner Regie in *Diary of a Chambermaid* (Tagebuch einer Kammerzofe) spielen.

Paulette Goddard, das war ein Wiedersehen mit der Göre aus »Modern Times«. Mit dem einzigen Unterschied, daß ihre Lumpen einer Garderobe von ausgesuchter Eleganz Platz gemacht hatten. Unsere Freundschaft hat gehalten, trotz der Zeiten, die dazwischenliegen. Sie ist eine hübsche Frau mit Geist, mit ihr langweilt man sich nie. Ich fragte sie, wie Chaplin nur so dumm habe sein können, sich ein solches Feuerwerk entgehen zu lassen. Sie antwortete, nicht Chaplin habe sie verlassen, sondern sie Chaplin. Der Grund: er sparte sich seine ganze Komik für die Filme auf. Im täglichen Leben war er überhaupt nicht komisch, sagte sie. Und dann war da noch dieses riesige Haus, in dem sie lebten, ein feierliches Haus im englischen Stil, eine richtige Gruft, sagte sie, und kein einziges Bild im ganzen Haus. Die einzigen Kunstgegenstände waren kleine englische Porzellanfigurinen in fest verschlossenen Glasvitrinen. Aber entscheidend war, daß Genie schwer erträglich ist. Es ist sehr ermüdend, sich in den hohen Gedankensphären eines außergewöhnlichen Gefährten zu halten. Man bekommt das Bedürfnis, wieder einzutauchen in gute deftige Mittelmäßigkeit. Das ist erholsam. Es war nicht gerade das, was sie bei dem irrsinnig spritzigen Burgess Meredith fand. Aber Paulette weiß ein Gegenmittel: sie hat es nur mit außergewöhnlichen Männern, aber sie wechselt sie häufig.

Paulette nahm Dido sofort unter ihre Fittiche. Sie betrachtete es ein wenig als ihre Aufgabe, Dido ins amerikanische Leben einzuführen. »Haben Sie Schmuck?« fragte sie Dido. Die gab zu, kein einziges Stück von Wert zu besitzen. Paulette wies sie freundschaftlich zurecht: Für den Fall, daß sie sich überwirft mit dem Mann, von dem sie annimmt, es sei der Mann fürs Leben, muß eine Frau Juwelen haben. Man tut sie in die Handtasche und geht. Juwelen sind klein, leicht transportierbar und gut zu verstecken. Dido hörte ernsthaft zu und schien nicht so recht überzeugt von diesen Ratschlägen ehelicher Vorsicht. Die Juwelen waren für Paulette nicht nur eine Garantie, sondern auch eine Waffe: wenn jemand sie bezichtigte, Kommunistin zu sein, drohte sie, ihm ihr Brillantkollier ins Gesicht zu werfen.

Abends, wenn wir ausgingen, trafen wir Marlene Dietrich und Jean Gabin, die zusammenlebten. Marlene sang zu ihrem Vergnügen in den Nachtclubs patriotische französische Lieder. Das endete immer mit der Marseillaise. Gabin fand das idiotisch. Er und

Marlene hatten die wildesten Kräche. Er nannte sie »meine Preußin«. Darauf tippte sie ihm an die Stirn und sagte mit hingebungsvoller Stimme: »Was ich an dir mag, ist, daß es da drinnen absolut leer ist. Nichts hast du im Kopf, überhaupt nichts, und das mag ich.« Den subtilsten aller Schauspieler ließ diese Beleidigung absolut kalt.

Marlene war wirklich ein Superstar, nicht nur auf der Bühne, auch im Leben. Zuhause war sie die perfekte Hausfrau, sie kochte ganz ausgezeichnet: das Größte waren ihre Kohlrouladen. Neben dieser hausfraulichen Seite brauchte sie die Zeugnisse von Verehrung, mit denen man sie überschüttete. Eines Abends, in einem Nachtclub, bat sie Dido mehrmals, mit ihr auf die Toilette zu kommen. Dido wunderte sich zunächst über dieses häufige Bedürfnis, aber schon bald merkte sie, daß Marlene überhaupt nur ihre Beine bewundern lassen wollte. Sie nahm Dido mit unter dem Vorwand, sie brauche einen Schutz vor den Frauen, die sich auf sie stürzten. Es war ganz einfach die Ausübung eines Ritus. Man muß dazu sagen, daß der Kult um Marlenes Beine in der Tat gerechtfertigt war.

Fidèle oder die Liebe zur Kunst

Unsere Aufenthalte in New York fanden ihre Krönung im Besuch der Barnes Foundation in Philadelphia. Diese Institution zeigt einem ausgewählten Publikum einhundertfünfzig Renoirs, darunter die bedeutendsten, und etwa an die hundert Cézannes.

Der Doktor Barnes war eine sehr umstrittene Persönlichkeit. Meine Beschreibung basiert nicht auf dem Respekt vor der Wirklichkeit, sondern auf der Phantasie des Klatsches. Er war der Erfinder der antiseptischen Wundersalbe Argyrol. Man behauptete, diese Erfindung sei nur seinem Willen zu verdanken, sich selbst von einem hartnäckigen Tripper zu heilen. Man stelle sich vor, wie wichtig eine solche Entdeckung während des Ersten Weltkriegs war, als das Penizillin noch unentdeckt war. Sein Unternehmen hatte er mit zwei schwarzen Ärzten zusammen gegründet. Der Grund für sein Interesse an der Malerei und an der Kunst im allgemeinen war sein Patriotismus. Er liebte sein Land leidenschaftlich, nur, fand er, fehle ihm eins, eine künstlerische Kultur. Er war der Ansicht, die beiden wichtigsten Äußerungen der heutigen Zivilisation seien in der Malerei die französische Schule und die religiöse Musik der Schwarzen Amerikas.

Er hatte die Barnes Foundation aufgebaut und aus ihr ein Kulturzentrum gemacht, in dem nur die hervorragendsten Schüler zugelassen waren. Er war der Ansicht, alles sei erlernbar, auch der Beruf des Zuschauers. Um Mozart richtig zu verstehen, sagte er, sei es dienlich, ein bißchen Klavier spielen und die Musik des Meisters entziffern zu können, wenn auch nur mit einem Finger. Um die Malerei zu verstehen, sei es nicht schlecht, wenn man sich selbst ein wenig an Aquarellen versucht habe.

Seine Sammlung war in einem Gebäude untergebracht, dessen Steine aus Frankreich importiert wurden, »dem Land der Wiedergeburt der bildenden Kunst«. Zugelassen in dieses außerordentliche Museum wurden nur Leute, die wirklich aus Liebe zur Kunst kamen und nicht bloß aus Neugier. Man erzählte sich, er selbst studiere die Gesuche um Besuchserlaubnis und ließe sie von seinem Hund Fidèle beantworten.

So war Fidèle Sekretär seines Herrn geworden: Barnes war in die Bretagne gereist, die er sehr liebte. In einem armen Fischerdorf war ihm ein Hund bis in den Gasthof, in dem er zu Mittag aß, nachgelaufen. Den Rest Fischsuppe, den er bekam, hatte der Streuner sehr zu schätzen gewußt. Im darauf folgenden Jahr kam Barnes wieder in denselben Ort. Der Hund wartete auf ihn neben demselben Tisch. Nach Amerika zurückgekehrt, erinnerte sich Barnes voller Rührung des Hundes, der ihn noch nach einem Jahr wiedererkannt hatte. Er schrieb an George Keller, der damals gerade in Paris war, und bat ihn, Fidèle aufzutreiben und mitzubringen. Dem Fischer, dem er gehörte, war es nur recht, etwas an ihm zu verdienen. In Paris ließ George Keller ihn säubern und entflöhen. Für seine Reise nach Amerika hatte Fidèle eine Kabine erster Klasse.

Hier nun einige Auszüge aus Fidèles Briefen, so wie sie mir jemand wiedergegeben hat, der Barnes nicht schätzte. Ich teile sie hier mit, weil sie, auch wenn sie aus Boshaftigkeit entstanden, die Bedeutung dieser Figur widerspiegeln, die in ihrer Größe den Mäzenen der Renaissance nicht unähnlich ist.

Brief an Frau X. aus der Familie der bedeutenden Bankiers, Reeder und Eisenbahnlinienbegründer:

Verehrte Frau X.!

Ich bestätige den Eingang Ihres Briefes vom . . ., in dem Sie um die Erlaubnis bitten, die Stiftung meines Herrn besuchen zu dürfen. Leider wurde mein Herr als mittelloser junger Mann in einem Krankenhaus behandelt, das von Ihrer Familie gegründet wurde. Als Folge intimer Beziehungen zu einer Ihrer Krankenschwestern hat er sich eine Geschlechtskrankheit zugezogen. Die Erinnerung daran ist nicht ausgelöscht, und er fühlt sich genötigt, Ihnen den Eintritt in seine Stiftung zu verweigern.

Brief an Herrn Y., einen bedeutenden Verleger und Zeitungsbesitzer:

Sehr geehrter Herr Y.!

Ihr Wunsch, die Stiftung meines Herrn zu besuchen, ehrt mich. Leider stehen Sie in dem Ruf, sich übertrieben für die jungen Burschen zu interessieren, die bei Ihnen in den Aufzügen Dienst tun. Mein Herr hat nichts gegen Homosexualität. Er ist vielmehr der Ansicht, daß dies eine Beschäftigung ist, die einen voll und ganz in Anspruch nimmt und keine andere geistige Tätigkeit neben sich duldet. Folglich sieht er sich gezwungen, Sie zu bitten, von dem Besuch Abstand nehmen zu wollen.

Der Doktor Barnes hatte seine Foundation auf einem Terrain aufgebaut, das er in Merion, einem eleganten Vorort von Philadelphia, erworben hatte. Er hatte den Grund parzellieren lassen und dabei die schönsten Parzellen für sich behalten. Die Käufer der übrigen Grundstücke gehörten zur besten Gesellschaft von Philadelphia. Barnes hatte den Verkauf der Parzellen an eigenartige Bedingungen geknüpft, etwa das Verbot von weihnachtlicher Dekoration, die er scheußlich fand. Wäre sie von Matisse gemalt gewesen, hätte er sie mit Freuden akzeptiert. Seine Nachbarn wiederum konnten sich nicht mit der Anwesenheit zahlreicher schwarzer Besucher abfinden, die sich häufig bei Barnes versammelten. Sie setzten gemeinsam eine Petition auf, in der sie ihn baten, Farbigen die Straßen der eleganten Gegend zu verbieten. Er antwortete mit der Drohung, seine Stiftung in ein ausschließlich für Schwarze reserviertes Krankenhaus umzuwandeln. Von Zeit zu Zeit versammelte er seine schwarzen Schüler um sich und bat sie, vor Cézannes Bild der Kartenspieler Spirituals für ihn zu singen.

Ich möchte noch von dem Mißgeschick berichten, daß einem Herrn und einer Dame der Gesellschaft widerfuhr, die die Erlaubnis bekommen hatten, die Stiftung zu besuchen. Geöffnet hatte ihnen ein Biensteter, der damit beschäftigt war, die Fensterscheiben zu putzen. Die Besucher kümmerten sich nicht weiter um ihn und hielten mit ihren Ansichten nicht hinterm Berg; sie machten kein Hehl daraus, daß sie Madame Cézanne häßlich fanden und Renoirs Akte zu fett. Plötzlich reckte der Fensterputzer sich zu seiner ganzen Größe auf, fuhr sie mit einer vor Wut zitternden Stimme an: »Raus hier!«, und verfolgte sie bis zur Tür. Es war Barnes selbst, der auf diese Weise zu prüfen pflegte, wie ernst es seinen Besuchern war.

In Wirklichkeit war Barnes gar nicht so exzentrisch, wie es schien. Er war nur ein Hohepriester der Kunst, der er sein Leben gewidmet hatte, und jede Beleidigung der Kunst war eine Beleidigung seiner Religion. Ich mag den Doktor Barnes. Und ich habe dafür einen schwerwiegenden Grund: Er war der einzige Mensch auf der Welt, der meine Tonarbeiten gesammelt hat.

»The Southerner«

Dido und ich kauften in einem ehemals eleganten Viertel ein Haus. Das Haus war etwa fünfzig Jahre alt, für Hollywood ist das Prähistorie. Der Garten war ziemlich groß. Die Rosen sprossen sehr üppig. Der Hinterhof war geschützt durch eine ungeheuer hohe Brombeerhecke, deren Zweige wie die einer Trauerweide herabfielen. Am anderen Ende des Gartens war ein riesiger Avocadobaum: er gab keine Früchte, sein ganzer Saft wurde von den Zweigen aufgesogen. Außerdem gab es über der Garage eine kleine Wohnung, die sich gut für Freunde eignete, die zu Besuch kamen.

Ein Stummfilmstar, Agnes Ayres, hatte, ehe sie zu Berühmtheit gelangte, das Haus im alten amerikanischen Stil bauen lassen, zum Teil aus Holz, zum Teil aus Stuck. Es war ein historischer Ort: Valentino, das Idol der Frauen in der ganzen Welt, kam hier zu der Hausherrin, die seine Angebetete war. Ihr Freund, Roy d'Arcy, bewohnte das kleine Appartement über der Garage. Ich habe diese Einzelheiten von dem Regisseur Robert Florey, der die ganze Geschichte Hollywoods von ihren Anfängen an miterlebt hat. Heute ist die Erinnerung an diesen romantischen Liebhaber fast völlig verschwunden. Alle Jahre legen ein paar alte Damen am Todestag Valentinos Blumen auf sein Grab. Das ist alles. Fragen Sie mal einen Fünfzehnjährigen, wer Valentino ist. Ganz bestimmt hat er nie von ihm gehört. Dabei sind erst fünfzig Jahre vergangen, seit Millionen Frauen bereit waren, für ihren Helden zu sterben. Filmruhm ist etwas sehr Zerbrechliches.

Gabrielle ließ sich mit ihrer Familie gleich neben uns nieder, in einem Haus, neben dem sich das unsere wie ein futuristisches Bauwerk ausnahm. Slade gefiel es da sehr gut. Hier fand er Dinge wieder, die ihn an seine Kindheit erinnerten, die Schiebefenster, das Schindeldach, das Vordach überm Eingang und vor allem den Geruch von Holz. Slades Meinung nach waren die Amerikaner schlechte Maurer, aber gute Zimmerleute. Das Amerika seiner

Kindheit lebte in Holzhäusern. Diese Bauweise gab dem Land einen archaischen Stil, der nicht ohne Zauber war. Wenn ich mein Empfinden vor diesen Spielzeughäusern zu definieren hätte, würde mir als angemessenes Adjektiv am ehesten »rührend« in den Sinn kommen.

Es sind vor allem die Häuser im viktorianischen Stil, die mir mit ihren spitzenartigen Verzierungen so nahe gehen, mit ihren Türmchen, ihren Kapitellen und ihren Balkonen, die nur zum Schmuck da sind – man sollte sich nicht einfallen lassen, auf sie hinauszutreten, man würde sich sofort auf der Straße wiederfinden. Aus derselben Zeit, das heißt dem Beginn dieses Jahrhunderts, gibt es auch die Häuser mit den dorischen Säulen – aus Holz, versteht sich. Ich erinnere mich an einen Ballsaal in Los Angeles, der wie die Madeleine in Paris ganz von griechischen Säulen umgeben war. Aber während die Madeleine schwerfällig ist und den Horizont verstellt, wirken die amerikanischen Bauten dieses Stils wie aus Papier. Es gibt nur noch ein Land, das das Holz mit dem gleichen Eifer geehrt hat, das ist Rußland.

Hinter unseren Häusern waren die Gärten nur durch einen leichten Holzzaun getrennt. Wir hatten ein Stück weggenommen, so daß unsere beiden Grundstücke zusammen einen riesigen Garten bildeten. Gabrielle und Dido überschritten ständig die imaginäre Grenze, die mich an die zwischen Frankreich und Deutschland im letzten Akt von Giraudoux' »Siegfried« erinnerte. Nie werde ich Michel Simon in der Rolle des Zöllners vergessen.

Das Leben der Emigranten organisierte sich um kleine nationale Zentren herum. Franzosen mit Franzosen um Charles Boyer, Deutsche mit Deutschen um Lion Feuchtwanger. Ein anderes Zentrum vereinigte die Crême des europäischen Films um die Gebrüder Hakim. Ich kannte sie gut, ich hatte für sie *La Bête Humaine* gemacht. Die Brüder Hakim waren sehr gastfrei. Wenn man bei Ihnen klingelte, konnte man sicher sein, daß man freundlich empfangen wurde. Bei ihnen trafen wir René Clair und Julien Duvivier, Jacques Deval, den Autor von »Tovarich«, und sogar Pierre Lazareff, wenn er einmal in Hollywood war. Auch den

Produzenten Lukachevich und seine Frau Zita konnte man dort treffen, wenn sie einmal ihrem russischen Kreis untreu wurden. Man trank französische Aperitifs und hörte französische Platten. Im Garten wurden Belote-Partien organisiert.

Eines Morgens im Jahr 1945 klingelte Robert Hakim an meiner Tür. Er schlug mir vor, die Regie bei einem Film nach dem Roman von George Sessions Perry, »Hold Autumn in Your Hand«, zu übernehmen. Ich war wieder mal arbeitslos, und so bat ich Robert Hakim nur zu gern, er möge mir nicht nur den Roman besorgen, sondern auch das Drehbuch, das Hugo Butler nach dem Roman geschrieben hatte. Hakim wußte ganz genau, daß ich das Drehbuch nur als eine Art Sprungbrett benutzen würde. Hugo Butler, dem man gesagt hatte, daß ich als möglicher Regisseur im Gespräch sei, mochte *La Grande Illusion* und war bereit, meine Vorschläge zu akzeptieren. Verflixte *Grande Illusion!* Wahrscheinlich verdanke ich ihr meinen Ruf. Aber ich verdanke ihr auch Mißverständnisse. Wenn ich bereit gewesen wäre, falsche *Große Illusionen* zu drehen, hätte ich wahrscheinlich ein Vermögen machen können.

Hier in wenigen Worten die Geschichte von *The Southerner*. Ein junger Landarbeiter, der es satt hat, immer für andere zu arbeiten, versucht sich auf eigene Füße zu stellen. Er rodet unbebauten Boden, kämpft gegen seinen ihm übelgesinnten Nachbarn, sein kleiner Junge wird schwer krank. Schließlich schafft er es, eine schöne Baumwollernte hochzubringen. Da zerstört ein Unwetter die Ernte. Unser Mann gibt nicht auf, er bleibt auf seinem Boden, um es noch einmal zu versuchen. Das gibt nur eine vage Vorstellung von dem Stoff. Hinter diesem Raster war das eigentliche Thema das der schlechten Ernährung der Bauern. Der kleine Junge leidet an Pellagra. Zur großen Überraschung der Eltern heilt ihn der Arzt, indem er ihm Gemüse zu essen und Milch zu trinken gibt.

Was mich an dieser Geschichte reizte, war, daß es gerade keine Geschichte war. Sie besteht aus einer Reihe starker Eindrücke: die ungeheure Weite der Landschaft, die Reinheit der Gefühle des

Helden, die Hitze, der Hunger. Dadurch, daß ihr Leben auf die alltäglichsten materiellen Bedürfnisse beschränkt ist, erreichen die Personen eine Geistigkeit, die ihnen selbst nicht bewußt ist. Butler hatte ausgezeichnete Arbeit geleistet, nur fand ich, daß er die Vorstellung von der ruhigen Größe des Sujets nicht wiedergab. Bei ihm wurde die Hauptperson sehr wichtig. Mir schwebte eine Geschichte vor, in der alles gleich wichtig war, eine Geschichte, in der jedes Element seine Funktion ganz erfüllte, in der Dinge und Menschen, Tiefe und Natur ganz zu einem gewaltigen Lob Gottes zusammenfänden.

Hugo Butler verhielt sich sehr großzügig. Meine Begeisterung für den Stoff rührte ihn, und er schlug mir vor, sich zurückzuziehen und mir die Sache allein zu überlassen. Das war die Gelegenheit, bei der ich den Produzenten David Loew schätzen lernte, den Hakim vorgesehen hatte. Es stand zu befürchten, daß er ohne den Namen und die Erfahrung Butlers davon absehen würde, den Film zu finanzieren. Gleich bei unserem ersten Zusammentreffen war ich von ihm eingenommen. Wir hatten einen gemeinsamen Freund. Wir sprachen über Albert Lewin und seine Neigung zum schönen Geschlecht. Ich schlug ihm vor, meinen Platz einem orthodoxeren Regisseur zu überlassen, um ihm Komplikationen zu ersparen. David Loew beeindruckte dieser Vorschlag. Er antwortete jedoch, daß mein Konzept für das Drehbuch ihm gefiele und er mich bäte, es auf meine Weise umzuschreiben. Mit Hilfe meiner Sekretärin Paula Salemson und Ratschlägen von Faulkner machte ich mich an die Arbeit. Der Einfluß von Faulkners Genie hat sicher viel zum Gelingen dieses Films beigetragen, der 1945 gedreht wurde und noch heute in der ganzen Welt gezeigt wird. David Loew erlaubte mir, meinen alten Komplizen Eugène Lourié als Dekorateur und Lucien Andriot als Kameramann zu nehmen.

Und so ist Lucien Andriot in die Vereinigten Staaten gekommen: Vor dem Ersten Weltkrieg hatte das französische Kino einen ungeheuren Markt. Seine Fortsetzungsfilme wurden in den entferntesten Ländern gespielt. Zu ihnen gehörte auch »Protéa«, dessen Star eine Zirkusakrobatin war. Eine Gruppe von Geschäftsleuten beschloß, die Hauptmitwirkenden der erfolgreichen »Protéa« nach New York zu holen, um mit ihnen amerikanische »serials« zu drehen. Der bekannteste dieser Emigranten war der Regisseur Gasnier, dem wir »Les Mystères de New York« verdanken. Protéa selbst lehnte es ab, ihr Vaterland zu verlassen. Sie wurde durch Pearl White ersetzt, die den Filmfreunden unter dem Namen ihrer Rolle, Helen Dodge, ein Begriff war. Protéa bat die Amerikaner, ihren kleinen Bruder zu beschäftigen, der Kameraassistent war und gern das Land kennengelernt hätte. Er erreichte New York mitsamt seinem Boot, mit dem er sonst auf der Marne fuhr. In New York hatte er keine Zeit, es zu benutzen. Später, als er einen Hollywood-Vertrag bekam, glaubte er, daß sein Boot in Los Angeles mehr Glück haben werde – auf der Landkarte hatte er einen Los Angeles River gefunden. Er sah schon die Kneipen mit ihrer Akkordeonmusik vor sich, die er von der Ufern der Marne kannte. Nach seiner Ankunft machte er sich auf die Suche nach dem Fluß. Er war ausgetrocknet, und statt Wasser gab es nur Kieselsteine.

The Southerner war für mich eine erneute Chance, mein Können unter Beweis zu stellen, meine Rückkehr in die amerikanische Filmindustrie hing von ihm ab. Ich habe es schon gesagt und bleibe dabei: Hollywood war mir wirklich geneigt, ich möchte sogar behaupten, Hollywood liebte mich, und es liebt mich heute sogar noch mehr, nachdem mein Gesundheitszustand mich von aller aktiven Arbeit fernhält. Hollywood liebt mich, wie ein kleines Mädchen seine Puppe liebt, unter der Bedingung, daß es ihr andere Kleider anziehen und nach Belieben die Haare färben darf. Mein Traum war, endlich akzeptiert zu werden, ohne auf meine eigenen Vorstellungen verzichten zu müssen. *The Southerner* konnte die Verwirklichung meiner Hoffnung bedeuten, ein bescheidenes Unternehmen für experimentelle Filme zu leiten, mit kleinem Budget und Darstellern, die entweder Debütanten waren oder Schauspieler, die der Erfolg verlassen hatte. Ich war sicher, mit diesen billigen Filmen von Zeit zu Zeit ein wirkliches Talent zu entdecken, dessen Karriere leicht die Kosten meiner bescheidenen

Versuche decken würde. Der Grund für mein Mißtrauen Stars gegenüber ist, daß sie wie Enten sind: ihr Gefieder ist undurchlässig. Man schüttet ihnen ein paar Eimer Wasser über den Kopf, aber sie überstehen das, ohne naß zu werden.

Nach manchem Zögern hatte Joel McCrea die Rolle des *Southerners* akzeptiert, aber er machte seine definitive Zusage von der Lektüre der endgültigen Fassung des Drehbuchs abhängig. Als es ihm wie vereinbart vorgelegt wurde, gefiel es ihm gar nicht, und er ließ David Loew wissen, daß er nicht mitmachen werde. Die United Artists sollten *The Southerner* verleihen. Das kam, bei allen unabhängig produzierten Filmen, einer Finanzierung gleich: die vom Verleiher gegebene Garantie erlaubt es, einen großen Teil des Budgets bei einer Bank zu leihen. United Artists hatten kein besonderes Interesse an *The Southerner,* sie wollten nur den Namen von Joel McCrea in Leuchtbuchstaben über ihren Kinoeingängen sehen. So teilten sie David Loew mit, daß sie von dem Geschäft zurückträten. Noch einmal bot ich David Loew an, mich zurückzuziehen. Mir war es ernst mit meinem Wunsch, diesem Mann keinen Ärger zu bereiten, der mich durch die Einfachheit, mit der er den Problemen des Kinos gegenüberstand, für sich eingenommen hatte. David machte ungern große Geschichten, Ausbrüche hob er sich für Sachen auf, die es wert waren. Er ließ United Artists lediglich wissen, er werde alle seine Filme bei ihnen abziehen, wenn sie nicht einen ordnungsgemäßen Einsatz von *The Southerner* garantierten. Sie gaben nach. Die einzige Änderung, die sie vorschlugen, betraf den Titel: »Hold Autumn in Your Hand« schien ihnen nicht kommerziell genug.

Nun mußte ein neuer Star gefunden werden. Sie waren unerschwinglich. Ich bat David, den Gedanken an einen Star aufzugeben und einfach einen guten Schauspieler zu engagieren. Zur Überraschung aller schlug ich Zachary Scott vor, einen auf elegante Gangster spezialisierten Schauspieler. Er war aus dem Süden, und bei ihm konnte ich sicher sein, einen authentischen Südstaatenakzent zu bekommen. Ein weiterer Grund: mein schon erwähntes Vertrauen zu Schauspielern in einer für sie ungewöhnlichen Rolle. David war einverstanden, und *The Southerner* begann unter Bedingungen, wie man sie sich besser nicht hätte wünschen können.

Zunächst wollte ich in einem Dorf in Texas drehen, in dem der Roman entstanden war, aber wegen des Krieges waren alle Transportmittel für die Armee reserviert, und wir konnten unsere Ausrüstung nicht verschicken. Stattdessen wählten wir ein Baumwollfeld in der Nähe der kleinen Stadt Madera, am Ufer des San Joaquin River, aus. Die Lage war ideal: Lourié brauchte nur eine zusammenfallende Bude zu bauen, und wir mußten während der Saison drehen, wenn die Baumwollfelder in Blüte standen. Diese Gegend von Kalifornien ist der Sitz einer umfangreichen russischen Kolonie, deren Mitglieder, wenn ich mich nicht irre, zur Sekte der Duchobors gehören. Diese Sekte wurde unter dem Zaren verfolgt und emigrierte an die Ufer Kaliforniens, lange bevor der Strom der Angelsachsen einsetzte. Diese Russen waren in zwei Gruppen gespalten, die alten und die modernen. Die Alten lehnten es ab, sich Bärte und Haare schneiden zu lassen, und waren gegen jegliche Abbildung des Menschen. Ihre Autorität war beträchtlich, daher waren rasierte Gesichter selten, und Fotoapparate gab es gar nicht. Ein Schauspiel, das uns besonders amüsierte, war, wenn diese bärtigen Männer in ihren dicken offenen Cabriolets daherkamen, wobei dann ihr Haarbestand wie eine Standarte im Winde wehte. Die Armee brauchte Baumwolle, unsere Duchobors konnten sich ihre Cadillacs also leisten. Heutzutage würde das Auftreten solcher sportlichen Bartträger weniger überraschen, aber damals war es wirklich etwas Ungewöhnliches.

Der Besitzer des Baumwollfeldes, das wir gepachtet hatten, war ein Alter. Er hatte den Mietvertrag schon unterzeichnet, als er sich etwas verspätet um die Einzelheiten kümmerte und merkte, daß wir Schauspieler fotografieren wollten. Als strenggläubiger Anhänger seiner Sekte wollte er den Vertrag annullieren. Nun war aber dieses Baumwollfeld das einzige, das sich für den Film eignete. Wir lehnten ab, und der Produktionsleiter drohte mit einer beachtlichen Schadenersatzklage. Wir regelten die Frage, indem wir ihm das Feld mit dem Versprechen abkauften, es nach den Dreharbeiten dem Besitzer zurückzuverkaufen. Für die Dreharbeiten richteten wir uns in einem Zeltdorf ein, das wir am Rand des Feldes aufgebaut hatten. Diese Zelte waren sehr bequem. Es wurde gut gearbeitet, gut gegessen, gut geschlafen, und wir vergaßen darüber den Krieg. Abends führten wir uns die Muster vor. Die Leute von nebenan kamen auch zum Zuschauen. Nach den Vorführungen traktierten sie uns mit russischer Volksmusik und mexikanischen Weisen. David Loew präsidierte diesen ländlichen Vergnügungen. Die düstere Geschichte des Films wurde in einer Atmosphäre von Heiterkeit und Fröhlichkeit gefilmt.

Zu meiner großen Erleichterung wurde der Film ein Erfolg. François Truffaut erinnert sich, wie der Film, als er in Frankreich herauskam, in der Zeitschrift »Combat« erwähnt wurde. Der Film war auf dem Festival von Biarritz gezeigt worden. Henri Magnan hatte seinen Bericht telefonisch durchgegeben. Die Verbindung war schlecht, und der Redakteur, der den Anruf in Paris entgegennahm, notierte »Le Souteneur« (der Zuhälter) statt *The Southerner*, und »un film de genre noir« (ein Film der schwarzen Serie) statt »un film de Jean Renoir«.

Im Leben und im Tod

Die Metro-Goldwyn-Mayer war ein Reich für sich. Informierte Leute wollten wissen, ihr Etat sei dreimal so hoch wie der portugiesische Staatshaushalt. Heute sind die Korridore der MGM verlassen, und die Ateliers verfallen in Wind und Wetter. Alles, was nur wegzutragen war, kam bei einer phantastischen Versteigerung unter den Hammer. Zu ihren Glanzzeiten trat man in diese Firma in einem Alter ein, in dem man in Frankreich den Militärdienst ableistet, und man blieb bei ihr durch die verschiedenen Stadien der Beförderung hindurch bis zum Pensionsalter. Man heiratete dort, man starb dort, man lebte dort in der angenehmen Gewißheit, Teil einer ehernen Gemeinschaft zu sein. Es war eine riesige Familie, die ihre Mitglieder aus der legitimen und illegitimen Verwandtschaft der »executives« rekrutierte. Ich habe nichts gegen Familienarbeit, im Gegenteil, sie gibt einem Unternehmen erst den Stil. Der Stil der MGM rührte zum Teil daher, daß man dort völlig abgeschlossen lebte. Natürlich gab es Außenseiter, aber die Macht der Gemeinschaft hatte sie immer schnell aufgesogen. Diese kleine Welt war die Bühne mancher Tragödien: Selbstmorde, Nervenkrisen und Tod als Folge von Alkoholismus waren nicht selten.

Neben dem Eingang zur MGM, auf derselben Straßenseite, war auch ein Beerdigungsinstitut. In Amerika nehmen sich diese »mortuaries« der Leute an, sobald sie den letzten Seufzer ausgestoßen haben. Dieses Geschäft brachte in die Gegend immer eine Menge Trauergäste; sie paßten jedoch nicht so recht zu der Traumfabrik, die Wand an Wand mit ihr war. Diese Nachbarschaft ärgerte die »executives« der MGM, und man hatte, ohne Erfolg, dem Leichenbitterladen von Mal zu Mal bessere Kaufangebote gemacht. Diese Situation scheint mir ein perfektes Symbol für die größte Filmgesellschaft der Welt. Leider, oder vielleicht glücklicherweise für mich, bin ich immer nur als Besucher in diesen Hirschpark gekommen.

Albert Lewin war Produzent bei der MGM, und doch war er geistig so weit von dieser Firma, besser gesagt, von diesem Reich, entfernt wie vom chinesischen Kaiserhof. Seine Mitbürger verblüffte er durch seine akademischen Titel. Sein erster Job war der eines script-clerk bei einem Film von King Vidor gewesen. Er hatte die ungeheure Strecke, die ihn vom Posten eines Produzenten trennte, schnell zurückgelegt. Er war klein, sehr klein, und gepflegt wie eine Puppe. Seine Anzüge, die vom besten Londoner Schneider stammten, waren von einer ganz und gar englischen Dezenz. Nur seine imposanten Krawatten verwiesen auf Amerika, auf

Hollywood, auf die MGM. Sein Gesicht konnte einen Ausdruck unerwarteter Verschlagenheit zeigen. Er war taub, aber in Unterhaltungen behauptete er sich glänzend dank seines kleinen Hörapparats, an dem er ständig herumfingerte. Bei den Verwaltungssitzungen der MGM schaltete er ihn ab und flüchtete sich hinter ein zustimmendes Lächeln, das seine Gesprächspartner für totale Zustimmung zu ihren Ansichten hielten. Er war der Ansteckung entkommen und ernährte sich in den Kantinen der MGM nur von den Gerichten, die wirklich genießbar waren. Er produzierte Filme von unbestreitbarer Schönheit. Bei dem aufregenden »Picture of Dorian Gray« führte er selbst Regie. Er liebte den Film über alles, und er hatte einen ganz eigenen Stil, bei dem der Dialog von entscheidender Wichtigkeit war.

Was ihn sonst ganz besonders interessierte, war der Surrealismus. Er fuhr oft nach Paris, wo er Eluard traf, Breton, die Brüder Prévert, Paul Grimault, Duhamel. In Hollywood waren Max Ernst und Man Ray oft seine Gäste. Millie Lewin war eine wundervolle Gastgeberin: nie habe ich bessere Roastbeefs gegessen als die, die sie selbst zubereitet hatte. Die Lewins sammelten präkolumbianische Kunst und außerdem alles, was mit primitiver Kunst zu tun hatte. Die Abende in ihrem Haus in Santa Monica strotzten von antikonformistischen Bemerkungen. Man hätte meinen können, in der »Closerie des Lilas« zu sein. Wurde die Unterhaltung zu speziell, dann setzte sich Herbert Stothard, einer der Autoren der Operette »Rose Marie«, ans Klavier und spielte uns Auszüge daraus vor. Das waren Kontraste in der besten surrealistischen Tradition.

Die Königin des Hauses Lewin war Tante Yetta, die Mutter des Hausherrn. Ihr verdankte es der Sohn, daß er es zu etwas gebracht hatte. Als Tochter armer russischer Emigranten war sie fünfzig Jahre zuvor in New York angekommen. Um ihre beiden Söhne großzuziehen, hatte sie als Kellnerin in einem Café in Brooklyn gearbeitet. Indem sie für sich selbst auf alles verzichtete, schaffte sie es, sie auf die Universität zu schicken. Diese hatte Albert mit der Doktorwürde und der Freundschaft seines Konsemesters David Loew verlassen. Der überredete ihn, den Lehrerberuf an den Nagel zu hängen und zur MGM zu kommen. Tante Yetta fand die Karriere ihres Sohnes ganz natürlich. Die amerikanische Vorstellung von Erfolg war ihr fremd geblieben. Sie war einverstanden, daß Albert seine Kusine Millie heiratete. Wenn nötig, brachte sie ihn ohne zu fackeln auf den Weg der Treue zurück, als sei er noch ein kleiner Junge. Tante Yetta strahlte eine Atmosphäre von Noblesse aus. Al Lewins Gäste bewunderten sie und hörten gern ihren Geschichten zu. Mich erinnerte sie an ein Bild von Chagall.

Albert Lewin fiel es schwer, auf New York zu verzichten, wo er aufgewachsen war. Hollywood kam ihm provinziell vor. Wenn dort auch Millionen in Umlauf gesetzt wurden, ihm kam die Stadt wie ein Badeort vor, wie Monte Carlo oder Baden-Baden. Und da seine Existenz durch die Arbeit bei der MGM hinreichend gesichert war, beschloß er, sich in sein geliebtes New York zurückzuziehen. Wenn Dido und ich nach Paris flogen, machten wir, nur der Lewins wegen, den Umweg über New York. Wir stiegen in einem Hotel ab, das im selben Block wie ihre Wohnung lag, und eine Woche lang tauchten wir ein in spannende Diskussionen. Doch der Mensch denkt, und Gott lenkt. Al Lewin fing gerade erst an, die Existenz eines reinen Intellektuellen in vollen Zügen zu genießen, als Millie das Leiden bekam, an dem sie dann auch starb. Nach Millies Tod unternahm Al alles, um auf seine Kosten zu kommen. Dauernd lud er Freunde ein und schien mehr denn je interessiert an intellektuellen Diskussionen. Er unterbrach diese Betriebsamkeit nur, um zum Friedhof zu gehen und vor Millies Urne in Erinnerungen zu versinken. Dann starb auch er, ganz oder doch fast allein. Diese Einsamkeit hat ihn sicher nicht überrascht: Er sagte oft, die engsten Gruppierungen seien weiter nichts als ein Nebeneinander von Einsamkeiten. Nach dem Tod Lewins haben wir den Fuß nie wieder auf New Yorker Boden gesetzt.

»*The Woman on the Beach*«

1946 hatte ich die Idee noch immer nicht aufgegeben, Filme mit kleinem Budget zu drehen. Sie sollten deshalb aber keine »B pictures« sein, wie man in Hollywood die wie am Fließband in wenigen Tagen abgedrehten Filme nannte. Das waren einfache Stoffe, die keine präzise Vorarbeit verlangten. Die Dekorationen wurden oft aus entsprechenden Produktionen übernommen. Sie versorgten den Markt mit Western und Gangsterfilmen. Sie waren die armen Verwandten derer, die Hollywoods Ruhm ausmachten. Das Hollywood der Großproduktionen nahm von ihnen keine Notiz. Sie bildeten eine Welt für sich, wurden in anderen Studios gedreht und versagten sich alles, was hätte Geld kosten können. Heute hat das Fernsehen die Nachfolge der »B pictures« übernommen.

Wenn ich von Produktionen mit kleinem Budget sprach, meinte ich Filme, die ebenso sorgfältig gemacht sein sollten wie die teuren. Gespart werden sollte an den Gehältern der Hauptbeteiligten, des Produzenten, des Regisseurs, des Autors, der Stars. Und auch durch meine übliche Drehmethode, die in einer einzigen Einstellung die Elemente mehrerer Einstellungen zusammenfaßt, wodurch die Aufnahmen sehr viel schneller gemacht werden können. Aufgegriffen wurde meine Idee von Jack Gross, einem hervorragenden Produzenten, der bei der RKO unter Kontrakt war. Wir unterhielten uns sehr oft über Filmpläne mit geringem Budget. Aber RKO brauchte uns für die Produktion eines großen Films, bei dem ich die Regie übernahm. Der Star war Joan Bennett. Der Stoff gefiel mir, und die Aussicht, mit dieser Schauspielerin zu drehen, begeisterte mich. Ich muß noch hinzufügen, daß den endgültigen Ausschlag der Umstand gab, daß ich die Rolle des jugendlichen Helden einem Schauspieler geben durfte, den ich besonders schätzte, Robert Ryan. *The Southerner* war gut angekommen und hatte mich gewissermaßen durchgesetzt. Man kam überein, daß ich das Drehbuch der neuen Produktion zusammen mit Gross schreiben sollte. Doch Gross starb, und ich erbte die Verantwortung für den Film. Dieser Tod erschien mir als ein böses Omen. Ich täuschte mich nicht.

Ich war in der optimistischen Überzeugung an die Sache herangegangen, daß der Film problemlos sei, doch der Roman von Mitchel Wilson, »None Too Blind«, der dem Drehbuch zu *Woman on the Beach* zugrundelag, war weniger einfach, als ich zunächst angenommen hatte. Das Thema, das er behandelte, war die Einsamkeit. Das ist etwas, was die Menschen unserer Zeit in besonderem Maß beschäftigt. Immer stärker versuchen die Menschen, angewidert von der Serienzivilisation, der Herde zu entkommen. Die Einsamkeit ist gerade deshalb ein so reiches Thema, weil es eigentlich kein Thema ist. Die Leere wird von Geistern bevölkert. Es sind die Geister unserer Vergangenheit. Sie sind sehr stark, so stark, daß sie die Gegenwart nach ihrem Bilde formen.

Es gibt die Rasse der wirklich Einsamen. Aber die sind selten. Die, die zur Einsamkeit geboren sind, schaffen es, sich in eine Welt zurückzuziehen, die ganz ihr Werk ist. Die meisten Einsamen gehören dieser Kategorie nur scheinbar an. Sie waren dazu bestimmt, Teil der Welt zu sein, die sie umgibt. Durch ein meistens schmerzliches Ereignis sind sie Einsame geworden. Es fällt ihnen recht schwer, nicht mit ihrer Einsamkeit zu brechen. Wenn sie durchhalten, dann zumeist nur um den Preis eines fürchterlichen Dramas. Dieses Drama der Abkapselung ist für den Künstler eine Episode der Tragödie, in der wir alle mitspielen und deren Aufführung erst mit unserem Eintritt in die Ewigkeit endet. Der Künstler ist ganz einfach ein Mensch, der mit der Gabe ausgestattet wurde, innere Leidenschaften sichtbar zu machen. Die Kunst ist die Materialisierung eines inneren, oft unbewußten Traums.

The Woman on the Beach war der ideale Stoff, um das Drama der Isolierung zu behandeln. Seine Einfachheit erlaubte alle Entwicklungen. Die Handlungen der drei Hauptgestalten waren bar alles Pittoresken, sie passierten in leeren Landschaften, in einem völlig abstrakten Stil. Der Stoff war das genaue Gegenteil dessen, was ich bis dahin im Kino gemacht hatte. In all meinen voraufgegangenen Filmen hatte ich mich bemüht, die Bindungen zwischen dem Individuum und seinem Milieu sichtbar zu machen. Je älter ich wurde, desto nachdrücklicher vertrat ich die trostreiche Wahrheit, daß die Welt eins sei – und hier nun stürzte ich mich in das Studium von Personen, die nur die eine Idee haben, ihre Tür vor dem absolut konkreten Phänomen, das man Leben nennt, zu verschließen. Damit beging ich einen großen Irrtum. Ich erkläre ihn mit der relativen Isolierung, zu der mich meine beschränkten Kenntnisse der Sprache in meinem neuen Leben verdammten.

Das Drama war, daß das, worauf mein früheres Leben aufbaute, sich verändert hatte und daß ich mich höchstwahrscheinlich am Place Pigalle genauso fremd fühlte wie auf dem Sunset Boulevard. Bei meiner ersten Frankreich-Reise nach dem Krieg hatte ich feststellen können, daß die deutsche Besetzung das übliche Mißtrauen der Franzosen allem Fremden gegenüber verdoppelt hatte. Ich erinnere mich eines bezeichnenden Vorfalls. Ich hatte mir in England ein Auto gekauft, das ich mit herüberbrachte. Die Zollformalitäten dauerten so lange, daß ich gezwungen war, die Fahrt Boulogne-Paris in der Nacht zu machen. Französische Autofahrer fahren mit gelbem Scheinwerferlicht. Mein Wagen hatte, wie alle englischen Wagen, weiße Scheinwerfer. An jeder Straßenecke empfing mich ein Schwall von Flüchen. An jeder Kreuzung fuhren drei, vier Autos an meine Seite, die Fahrer stiegen aus und näherten sich mit bedrohlichen Mienen. Meine Frau versuchte zu vermitteln, aber ihr brasilianischer Akzent machte die Sache nur noch schlimmer. Aus dem Geschrei meiner Angreifer entnahm ich schließlich, daß es um meine weißen Scheinwerfer ging. Ich versuchte zu erklären, daß ich das Auto gerade gekauft hätte und in Paris allerschnellstens versuchen würde, die Scheinwerfer richten zu lassen. Was uns rettete, war eine besonders derbe Beschimpfung, die mir ein Lastwagenfahrer zurief. Mir fiel sofort die passende Antwort ein, ein klassischer Ausdruck aus dem Militärvokabular. Meine Argotkenntnisse veränderten die

Haltung meiner Feinde schlagartig, und sie ließen von mir ab.

Die größten Veränderungen stellte ich gerade an meinen engsten Freunden fest. Viele meiner Kameraden vom Film hatten unter den Deutschen weitergearbeitet. Ob das richtig war oder nicht? Immer wollten sie erklären, warum. Ich fälle nicht gern Urteile über andere, und ich habe Angst vor denen, die mich beurteilen. Die freie Meinungsäußerung ist eine der Bedingungen des wirklichen Dialogs. Die Franzosen hatten sich noch nicht wieder daran gewöhnt, daß ihre Gesten und Äußerungen nicht überwacht wurden. Die Überwachung hatte sie daran gewöhnt, in einer Atmosphäre ständigen Mißtrauens zu leben. Ihr Äußeres war unverändert, vielleicht lachten sie etwas lauter, aber es war einfach nicht mehr »das«. Wieder einmal hatte die Umwelt sich prägend ausgewirkt. Frankreich war anders geworden. Ich selbst war anders geworden. Frankreich und ich, wir waren wie zwei alte Eheleute, die sich nach langer Trennung wiedersehen. Sie mögen sich gewiß noch, aber sie sehen die Mängel. Zu Beginn ihrer Verbindung sahen sie sie nicht.

Es ist natürlich, daß ich Stoffe suche, die nicht gebunden sind an ein Vaterland, das nicht mehr dasselbe ist. Wie die Pest fürchtete ich die rührseligen Bilder aus der Vorkriegszeit. Immer noch besser die Leere als spitzbärtige Filmfranzosen. Aber die Leere bietet keinen festen Halt. Mir wurde die Zerbrechlichkeit meines Gebäudes klar. Während der Dreharbeiten versuchte ich, die Geschichte zu ändern. Das brachte das Drehbuch durcheinander, und das Ergebnis war ein Film, den ich zwar für interessant halte, der aber zu undurchsichtig war, um den Publikum zu gefallen. Dabei ist Joan Bennett in ihrer geisterhaften Rolle schöner denn je, und Charles Bickford ist in seinen Anstrengungen, die Leere zu besiegen, wirklich ergreifend. Der großartige Robert Ryan vermittelt auf subtile Weise seine Ängste. Hanns Eisler hatte wie immer mit viel Talent eine Partitur geschrieben, die die Einsamkeit kontrapunktisch unterstrich. Kurz, *The Woman on the Beach* war eine Art Avantgardefilm, der ein Vierteljahrhundert früher zwischen »Nosferatu« und »Caligari« seinen Platz gefunden hätte. Er hatte überhaupt keinen Erfolg beim amerikanischen Publikum. Und, was noch viel schlimmer war, er mißfiel den Chefs der RKO total.

Ich hatte mit dieser Gesellschaft einen Vertrag für zwei Filme. Ein paar Tage nach der Premiere besuchte mich mein Agent Ralph Blum. Er ließ mich wissen, daß die RKO anbot, den Vertrag gegen eine fixe Summe zurückzukaufen. Ich bin kein Kämpfer, ich akzeptierte den Vorschlag, und aus war's. Es war »aus« im wahrsten Sinn des Wortes. Der Mißerfolg von *The Woman on the Beach* bedeutete das Ende meines Hollywood-Abenteuers. Ich sollte nie wieder in einem amerikanischen Atelier drehen. Es war nicht nur der Mißerfolg von *The Woman on the Beach*, den man mir vorwarf. Zanuck, der sich mit Regisseuren auskannte, hat einer Gruppe von Kinoleuten einmal meinen Fall erklärt. Da diese Einschätzung nicht unschmeichelhaft für mich ist, zögere ich nicht, sie hier wiederzugeben. »Renoir«, sagte er, »hat sehr viel Talent, aber er ist keiner von uns.«

»The River«

Eines Tages las ich, ganz zufällig, im »New Yorker« eine Buchkritik, die meine Neugier weckte. Es ging um »The River«, den Roman der englischen Schriftstellerin Rumer Godden. Der Kritiker hielt das Buch für einen der besten Romane, die seit dem Kriege veröffentlicht wurden. Ich kaufte es mir und war hingerissen nicht nur von dem Zauber, der von der Erzählung ausging, sondern auch, weil ich fand, die Geschichte eigne sich für einen Film, der etwas Besonderes werden, zugleich aber von der Hollywood-Industrie akzeptiert werden könnte: Kinder in einem romantischen Rahmen, junge Mädchen, die die Liebe entdecken, der

Tod eines kleinen Jungen, der Schlangen zu sehr liebte, die ziemlich dumme Würde einer englischen Familie, die in Indien lebt wie eine Pflaume auf dem Pfirsichbaum, und vor allem Indien mit seinen Tänzen und seinen exotischen Gebräuchen – alles das schien mir in seiner Neutralität genau das Richtige.

Überzeugt davon, daß ich hier den Stoff hätte, der mir die Studiopforten wieder öffnen würde, bat ich meinen Agenten, eine Option auf die Filmrechte von »The River« zu erwerben. Er wollte es mir ausreden, mich auf dieses Abenteuer einzulassen. »Indien«, sagte er, »das sehe ich nur mit Elefanten und einer Tigerjagd. Haben Sie eine Tigerjagd in Ihrem Drehbuch?« Obwohl ein solcher Trumpf fehlte, bat ich ihn, *The River* den verschiedenen Studios anzubieten. Er ließ mich bei den Produzenten, die für dieses exotische Thema möglicherweise infrage kämen, die Runde machen. Überall bekam ich dieselbe Antwort: Indien ohne Elefanten und Tigerjagd ist nicht Indien. Ich begann schon zu verzweifeln, als ich den Besuch eines Geschäftsmannes aus Beverly Hills bekam, der erklärte, er sei an der Produktion von *The River* interessiert. Das war 1949.

Kenneth McEldowney war Blumenhändler. Er liebte das Kino abgöttisch, er liebte Indien abgöttisch, und er diente diesen beiden Lieben durch eine unglaubliche Aktivität. Durch seine Frau, die reizende Melvina Pumphrey, die für den Schwimmstar Esther Williams die Public Relations machte, hatte er zahlreiche Verbindungen zum Film. Während des Zweiten Weltkriegs hatte McEldowney in Indien in einem Büro der US Air Force gedient. In dieser Stellung hatte er wichtigen indischen Persönlichkeiten manchen kleinen Dienst erweisen können, und dafür hatte er sie gebeten, einen Film über Indien zu finanzieren, den er produzieren wollte. Für sie war das vorteilhaft: sie durften kein Kapital aus dem Land herausbringen, aber nichts hinderte sie daran, einen Film auszuführen, der ihnen ausländisches Geld bringen würde.

Fehlte nur noch ein Stoff. McEldowney wollte unbedingt eine Elefantenjagd, aber daraus ließ sich noch keine Geschichte machen. Auf einer Abendveranstaltung in New York traf er eine

Dame, die eng mit Nehru befreundet war. Ihr erzählte er von seinen Problemen. Sie war interessiert und gab ihm folgenden Rat: Ein Film über Indien würde Nehru und den anderen großen Tieren des Landes schon gefallen, aber auf jeden Fall müsse man einen rein indischen Stoff vermeiden. Die Inder glaubten, Ausländer könnten ihre Probleme nicht angemessen behandeln. Sie riet ihm, »The River« von Rumer Godden zu lesen, das den Vorteil böte, in Indien zu spielen, aber von einer englischen Familie zu handeln. McEldowney las das Buch, dem seiner Meinung nach eine Elefantenjagd fehlte, aber er gab die Hoffnung nicht auf, eine derartige brillante Episode in der zarten, einfachen Geschichte von »The River« unterzubringen. Er wollte eine Option auf das Buch erwerben, aber der Verleger antwortete ihm, die hätte schon ein gewisser Jean Renoir. Er nahm Verbindung mit mir auf und schlug mir vor, die Regie zu übernehmen. Unter vier Bedingungen nahm ich an: daß ich eine Bildungsreise nach Indien machen könne, daß ich das Drehbuch mit dem Autor des Buches zusammen schreiben könne, daß es keine Elefantenjagd gäbe, und schließlich, daß ich beim Schnitt das letzte Wort haben würde. McEldowney nahm an. Er versuchte, parallel zu *The River* seine heißgeliebte Elefantenjagd zu drehen. Als das nicht klappte, dachte er daran, diese Attraktion durch Aufnahmen vom Tadsch Mahal zu ersetzen.

In einer Umgebung, die alles andere als indisch war, machten Dido und ich Rumer Goddens Bekanntschaft. McEldowney war Feuer und Flamme für sein Projekt, und er schaffte es auch, eine Basis dafür zu finden. Unsere erste Zusammenkunft fand in einer Gaststätte an der Themse statt, die The Perfect Angler hieß. Von dem Tag an wurden Dido und ich Rumers treue Freunde. Sie zog zu uns nach Hollywood, um eine erste Fassung des Drehbuchs zu schreiben. Nach unserer ersten Indienreise gingen Dido und ich nach England. Bei der Niederschrift der zweiten Fassung stützten wir uns auf unsere jüngsten Erfahrungen. Wir waren an den Orten gewesen, wo Rumer Godden ihre Kindheit verbracht hatte.

Das wichtigste, das ich auf dieser Reise erfahren habe, ist der eigentliche Grund für die Vorwürfe, die die Inder gegen die Engländer erheben: nicht, daß sie sie erobert, sondern, daß sie sie nicht zur Kenntnis genommen haben. Die Engländer betrachten die Inder, als ob sie durchsichtig seien. Dabei sind die Inder begierig nach menschlichem Kontakt; sie haben das Bedürfnis, menschliche Wärme zu spüren. Tief beeindruckten mich die Tempeltreppen, die zum Fluß hinab führen, der Gang der Frauen, ihre Grazie in ihren fließenden Saris. Leidenschaftlich interessierte mich das Wenige, das ich von ihrem Tanz und ihrer Musik entdeckte, und dieses ergreifende Bedürfnis nach Kontakt. Und was mich als Filmmacher vor allem begeisterte, ist, daß ich in den Farben Indiens einen wundervollen Anlaß sah, meine Theorien über den Farbfilm in der Praxis auszuprobieren. Seit Jahren schon wollte ich einen Farbfilm machen. Ich bin jedoch der Ansicht, daß das Schwarzweiß in hohem Maß dazu beiträgt, aus dem Film ein Schauspiel zu machen. Es hat den Vorteil, daß man nicht realistisch sein muß: ob man will oder nicht, das Leben um uns herum ist in Farbe.

Das entscheidende Prinzip, das mich bei der Verwendung der Farbe leiten sollte, war das Vermeiden von Kopierwerkseffekten. Das Problem besteht darin, eine Landschaft oder einen Dekor vor die Leinwand zu bringen, die der Szene dienlich sind. Anders gesagt: keine Spezialfilter, keine nachträglich hinzugefügten Tönungen. Zweites Prinzip: bei Außenaufnahmen Landschaften mit zu komplexen Farbnuancen vermeiden. Unser Auge ist ein den perfektioniertesten Linsen weit überlegenes Instrument, und wir haben ohnehin schon Schwierigkeiten, uns in all den Nuancen, die die Natur uns bietet, zurechtzufinden. Das künstliche, von den Menschen konzipierte Auge, die Kamera, wird nur dann unsere Erwartungen erfüllen, wenn wir ihm einfache Probleme stellen. Die Landschaften der Ile de France umfassen Myriaden von Tönen, die sich vermischen. Die arme Kamera ist da verloren, und das, was sie davon wiedergibt, ist eher wirr. Tropische Vegetation bietet dagegen eine beschränkte Auswahl an Farben: die Grüns sind wirklich grün, die Rots wirklich rot. Deshalb ist Bengalen, wie viele andere tropische Länder, so geeignet für die Farbfotografie. Die Farben dort sind nicht kräftig, auch wenn sie unvermischt sind. Ihre Duftigkeit läßt an Marie Laurencin denken, an Dufy, und ich möchte sogar sagen: an Matisse. Das Grün und das Rot der indischen Flagge sind anders als das Grün und das Rot der Flaggen anderer Nationalitäten.

Während der Dreharbeiten an *The River* haben wir alle Zwischentöne verbannt. Lourié ging sogar so weit, das Grün des Rasens in einer Szene zu übermalen. Bei allem paßten wir auf: bei den Häusern, den Vorhängen, den Möbeln, der Kleidung. Mit der war es übrigens nicht so schwer: die Inder haben eine Vorliebe für Kleidungsstücke in Weiß, der Farbe, die auf ideale Weise einfach ist. Selbstverständlich entging der Fluß selbst unserer Kontrolle, und wir paßten Vordergründe und Hintergründe einander an.

The River ist eine Art Lebensbeschreibung einer englischen Familie in Bengalen. Die Geschichte hat weder Anfang noch Ende. Sie bietet aus dem Leben einer Gruppe von Menschen einen Ausschnitt, ohne die Absicht, eine Geschichte daraus zu machen. Der Rahmen steckt die Dimensionen des Stoffes ab. Das entscheidende Problem für mich war, authentisch zu sein. Ich kannte Indien aus ein paar guten Büchern, vor allem aus »A Passage to India« von E. M. Forster, aber es fehlte mir der lebendige Kontakt. Hier kam mir die göttliche Vorsehung einmal mehr zur Hilfe.

Während wir schon in Indien waren, lag mein Neffe Claude dem Produzenten wegen einer transportablen elektrischen Ausrüstung in den Ohren, in erster Linie wegen eines elektrischen Generators und wegen Lampen. In der Hoffnung, sie nach Beendigung der Dreharbeiten wiederverkaufen zu können, entschloß McEldowney sich, sie in London zu kaufen. Das Schiff, das die Ausrüstung an Bord genommen hatte, erhielt jedoch Befehl, sie wieder an Land zurückzubringen und an ihrer Stelle Waffen für Indochina zu laden. Es war mitten im Indochina-Krieg, und der Waffenhandel blühte zwischen London und Kalkutta, wo ich sogar zwei junge Leute aus Cagnes, meinem Dorf, traf, die sich ein

Flugzeug gekauft hatten und mit dem unerlaubten Handel viel Geld machten. Ihr Flugzeug hatte nicht einmal Navigationsinstrumente für lange Strecken. »Da gibt es gar kein Vertun«, sagten sie, »man braucht nur immer dem Himalaja zu folgen, und wenn man über dem Ganges-Delta ist, weiß man eben, daß man am Ziel ist.« Ich habe nie erfahren, ob sie für die Franzosen oder die Indochinesen arbeiteten.

McEldowney brauchte zwei volle Monate, bis er ein Schiff fand, das bereit war, etwas anderes als Maschinengewehre zu transportieren. Das gab mir die Möglichkeit, in Begleitung von Rumer Godden ausgiebig die Orte zu besuchen, an denen *The River* spielte. Auch profitierte ich von der Anwesenheit ihrer jüngeren Schwester Nancy, die mit einem Engländer verheiratet war, der die Möglichkeit gefunden hatte, ein Mittel gegen Malaria herzustellen. Nancy war eine phantastische Reiterin, aber leider trieb sie ihr Ehrgeiz, über immer höhere Hindernisse zu springen. Infolgedessen verbrachte sie einen guten Teil ihres Lebens in Gips. Sie sprach perfekt Bengali, bekam die Geschichten mit, die die Stallknechte sich erzählten, und erzählte sie uns dann hinterher. Hier eine, die besonders gut den Geist der Hindus erklärt – ich sage ausdrücklich Hindus, denn ich glaube, auf einen Mohammedaner würde sie nicht passen. Ein Hindudiener wurde beschuldigt, einen Pullover gestohlen zu haben. Dieser Pullover hatte sich dann auch in der Hütte wiedergefunden, in der er lebte. Er stritt das Vergehen ab; da ihm seine Chefin aber nicht glaubte, sagte er: »Da Sie mir nun mal nicht glauben, ist es ganz einfach: in zwei Wochen werde ich sterben.« Und er starb, ohne daß man eine physische Ursache für seinen Tod feststellen konnte.

Eine andere Anekdote, die glücklicherweise fröhlicher ist, machte mir einen anderen Aspekt dessen klar, was hinduistisches Verhalten ist. Chandernagore, eine kleine Stadt am Ufer des Hoogli, praktisch eine Vorstadt von Kalkutta, war noch französischer Besitz und hatte sogar das Anrecht auf einen Gouverneur. Dieser, ein junger, am Anfang seiner Karriere stehender Mann, erzählte mir, daß er vor ein paar Monaten mit einem Aufstand der Unberührbaren habe fertigwerden müssen. Der Anlaß zu dieser Volksbewegung war, daß im Gouverneurspalast eine Toilette mit Wasserspülung installiert worden war. Vor ihrer Installierung war ein Unberührbarer damit beauftragt gewesen, die Nachttöpfe zu leeren, ein Monopol, das den Leuten seiner Kaste vorbehalten war. Durch die Wasserspülung wurde dieses Vorrecht abgeschafft, daher die Revolte. Der Palast wurde belagert, und man befürchtete schon die schlimmsten Übergriffe. Der Gouverneur hatte einen Einfall: er garantierte, daß allein ein Unberührbarer berechtigt sein würde, die Wasserspülung zu betätigen.

Aber die, die mir am meisten halfen, Indien zu verstehen, waren die indischen Mitglieder meines Teams, vor allem mein Assistent Hari Das Gupta, der mich in seine Familie einführte. Mit Professoren, Juristen, Medizinern, Beamten und Leuten aus freien Berufen war sie ein Musterbeispiel des aufgeklärten indischen Bürgertums. Viele der Mädchen hatten die Universität Shantinikitan besucht. Diese von Tagore gegründete Schule war bemüht, indische Traditionen fortzusetzen und zugleich das Wesentliche der westlichen Kulturen zu vermitteln. Das war in hohem Maße gelungen. Der Name Tagores wird mit der intellektuellen Entwicklung Bengalens immer verbunden bleiben, das ihm seine Stellung als kulturelles Zentrum Indiens verdankt.

Der Name Gupta ist in Indien sehr verbreitet, vor allem im Staat Bihar, nördlich von Kalkutta. So hieß auch eine Dynastie von Kaisern, die der Welt zwei wertvolle Geschenke gemacht hat: eine Reihe bemerkenswerter Statuen, meiner Meinung nach das Beste, was es an indischer Skulptur gibt, und den edlen Herrn Siddharta Gautama, bekannt unter dem Namen Buddha.

Ein anderer Gupta, Ram Sen Gupta, nicht verwandt mit Hari, wurde unser Schwenker. Wir machten Probeaufnahmen mit Kindern, die wir für unseren Film brauchten. Der Atelierarbeiter, der die Klappe schlug, war von einer beeindruckenden Schnelligkeit. Er stellte die Lampen um, ehe die Beleuchter überhaupt verstanden hatten, was Claude meinte, er erriet sogar dessen Absichten. Auch sein Äußeres nahm uns sehr für ihn ein: er war groß und schlank und in einen makellos weißen dhoti gekleidet. Als wir mit den Probeaufnahmen fertig waren, sprachen wir mit ihm und erfuhren, daß er ein begehrter Kameramann war und daß er den Atelierarbeiter gemacht hatte, um eine Gelegenheit zu bekommen, sich uns zu empfehlen. Auf der Stelle machte Claude eine Probe mit ihm und nahm ihn als Schwenker.

In Benares, der heiligen Stadt, lernten wir die Tänzerin Radha kennen. Wir hatten ihren zukünftigen Mann, Raymond Burnier, beim französischen Kulturattaché in Kalkutta, Christine Bossennec, kennengelernt, die mich gebeten hatte, einen Vortrag vor den Schülern der französischen Schule zu halten. Er lud uns ein, die Weihnachtsfeiertage mit ihm in dem Palast zu verbringen, den er in Benares am Ufer des Ganges bewohnte. Indien war Raymonds Passion. Er erwog sogar, zum Hinduismus überzutreten, und trug seine Haare wie die Hindus zum Pferdeschwanz zusammengenommen. Was ihn abhielt, war, daß er nur ein Unberührbarer hätte sein können, da er nicht Nachkomme einer hohen Kaste war. Bei ihm traf ich Alain Daniélou, den Musikologen, der Indien so gut kennt.

Durch Radha lernte ich die »katakali« genannten Tänze kennen und überhaupt die Musik der Provinz Madras, in der sie lebte. Ihr Vater war Leiter des Theosophischen Instituts. Nach drei, vier Tagen mit Radha waren Claude und ich so begeistert von ihr, daß wir sie für die Rolle der Melanie vorschlugen. McEldowney schreckte zunächst vor dieser Wahl zurück, er fand es einen Wahnsinn: Radha ist von einer Schönheit, die für westliche Menschen nicht leicht verständlich ist. Wir nahmen ihn mit zu einem Tanzabend, der seine Widerstände brach. Das war in Raymond Burniers Palast, unter dem freundlichen Auge eines riesigen Vogels, eines überaus naschhaften Reihers mit Namen Syphon.

Wir mußten ein junges Mädchen für die Rolle der Harriet finden. Diese Figur trägt die ganze Last des Films auf ihren Schultern. Da Hollywoodstars die finanziellen Möglichkeiten McEldowneys überstiegen hätten, mußten wir unter den Schülerinnen am Ort ein junges Mädchen zu finden versuchen. Er setzte eine

Anzeige in die Zeitung, und mehr als hundert Bewerberinnen meldeten sich. Ich wendete wieder meine alte Auswahlmethode an, einen Text nur lesen, nicht spielen zu lassen. Dafür ist ein Zeitungsartikel besser geeignet als ein Shakespeare-Gedicht. Aus diesem Turnier ging nach mehreren Auswahlsitzungen Patricia Walker als Siegerin hervor, die Tochter eines Angestellten in einer ortsansässigen Fabrik.

Ihr Äußeres, ihr Benehmen, ihre Aussprache waren die einer in Indien geborenen und aufgewachsenen jungen Engländerin. Äußerlich war sie für die Rolle ideal. Mit der Wahl einer nichtprofessionellen Darstellerin für diese Rolle brachte ich dem ein Opfer, was ich die äußere Wahrheit nenne. Sie zog die Wahl Tom Breens für die Rolle des Hauptmanns John nach sich. Diese Romanfigur hat im Krieg ein Bein verloren. John kann sich nicht abfinden mit der physischen Beeinträchtigung, die aus dieser Verwundung resultiert. Ich traf in Hollywood mehrere Schauspieler, aber ich fand, daß sie ihr Hinken zu sehr übertrieben. Ich traf sogar Marlon Brando. Bei ihm hatte ich andere Befürchtungen: schon damals war zu spüren, was aus ihm herausbrach, er hätte durch seine bloße Gegenwart den ganzen Film verändert. Mit Bedauern verzichtete ich auf die Mitarbeit dieses großen Schauspielers und entschied mich für Tom Breen, der im Krieg wirklich ein Bein verloren hatte.

Damit waren die Würfel gefallen. Durch den Entschluß, Harriet von einem jungen Mädchen spielen zu lassen, das der Rolle entsprach, statt diese mit einer jungen Schauspielerin zu entwickeln, wurde *The River* zu einer Huldigung an die äußere Wahrheit. Doch glücklicherweise geht die äußere Wahrheit in Indien über das Übliche hinaus. Man möchte meinen, ein genialer Dekorateur hätte den Rahmen für das alltägliche Leben entworfen. Sicherlich mußte man auswählen, und Lourié verstand das auch. Ständig brachte er mir Dinge an, die, obwohl durchaus real, wie gemacht schienen.

Ein weiterer Beweis, daß die von Menschen gemachten Pläne zu Resultaten führen, die sie nicht vorhersehen können: *The Ri-*

ver, der unter meinen Filmen der arrangierteste zu sein scheint, ist in Wirklichkeit der Natur am nächsten. Hätte er nicht eine auf die ewigen Kräfte Kindheit, Liebe, Tod gegründete Geschichte, wäre es ein Dokumentarfilm.

Wir zogen in eine Villa am Ufer des Flusses, wo ich fast den ganzen Film drehte. Diese Villa gehörte der Familie eines Maharadschas, die weggezogen war, als die Kaiserin von Indien, die Königin Victoria, Kalkutta verlassen hatte, um den Sitz ihres Reiches nach New Delhi zu verlegen. In einem Zimmer der Villa arbeitete Rumer Godden daran, die neuen Elemente, die im Verlauf der Aufnahmen anfielen, einzubauen und in ihre elegante Sprache zu übertragen. Außerdem arbeitete sie mit den jungen Schauspielern, die die Kinderrollen spielten. Sie tanzte mit ihnen und ließ sie Gedichte aufsagen. Die Resultate waren ausgezeichnet: die jungen Darsteller wirken überhaupt nicht steif.

Das bestärkte mich in meinen Ansichten über nichtprofessionelle Schauspieler. Wenn die Arbeit mit ihnen Erfolg haben soll, muß man sie beschäftigen, aber unter keinen Umständen mit der Rolle, die sie spielen sollen. Die Schwierigkeit ist, ihre Ungeschicktheit zu überwinden, ohne daß sie dabei ihre Unschuld verlieren. Im Grunde geht es nur darum, daß sie sich daran gewöhnen, einen Text ohne Stottern zu lesen. Nach dieser ersten Etappe läßt man sie an den Filmtexten arbeiten, aber à l'italienne, ohne sie spielen zu lassen.

Ein anderes Hindu-Abenteuer. Unsere Kohleprojektoren, die wir aus London hatten kommen lassen, verursachten oftmals schmerzhafte Handverletzungen. Die indischen Beleuchter waren an diese enorm schweren Apparate nicht gewöhnt und vergaßen oft, wenn sie sie transportierten, die Muttern anzuziehen und so festzustellen. Ein paar Mitglieder des Teams, unter anderem ein Brahmane, meinten, diese Unfälle kämen möglicherweise daher, daß man der Göttin Kali nicht den gebührenden Respekt gezollt habe. Kali spielt eine sehr wichtige Rolle im Hinduleben, vor allem in Kalkutta. Sie soll die Begründerin der Stadt sein. Sie ist die Gemahlin Shiwas, der zweiten Person der Hindu-Dreifaltigkeit.

Sie personifiziert zugleich die Schöpfung und die Zerstörung. Für die Hindus gibt es keine Schöpfung ohne Zerstörung. Kali wird ganz schwarz dargestellt, ihre scharlachrote Zunge streckt sie so weit heraus, daß sie ihr bis an die Knie reicht. Diese Geste bedeutet: es tut mir leid. Sie entschuldigt sich, ihren Mann getötet zu haben. Die Mitglieder des Teams empfahlen, eine kleine puja zu veranstalten, eine religiöse Zeremonie zu Ehren der Göttin. Sie machten diese puja im großen Salon der Villa, und ich filmte sie.

Eine puja besteht darin, eine kleine Tonstatue der Göttin aufzustellen, die für Sekunden die Göttin selbst wird. Die Beschwörungen werden begleitet von Tänzen und dem Abbrennen von Weihrauch. Gegen Morgen wird die Statue Kalis in den Fluß geworfen: der Lehm kehrt zum Lehm zurück. Offensichtlich war die Göttin zufrieden mit der Ehrung, die wir ihr darbrachten, denn von dem Tag an hat sich niemand mehr an den Projektoren die Hände verbrannt.

Dido und ich hatten ziemliche Schwierigkeiten, uns nach Beendigung der Dreharbeiten an *The River* wieder zurechtzufinden. Radha half uns, sie war eine unserer besten Freundinnen geworden. Wir besuchten sie in Adyar, dem Sitz des Theosophischen Instituts, wo wir wie Brahmanen lebten. Das tat uns sehr gut: kein Fleisch, keine Zigaretten, kein Alkohol. Dido mogelte übrigens fürchterlich. Zum Paffen ihrer Zigaretten verschwand sie in den Toiletten. Adyar schenkte uns Bilder einer tiefen religiösen Heiterkeit.

Weniger klösterliche Bilder blieben uns von volkstümlichen Veranstaltungen. In Madras besuchten wir die Vorstellung eines berühmten Sängers und Komponisten. Das brechend volle Theater glich einem Vorstadtkino. Der Vorhang hob sich, und donnernder Beifall empfing den Künstler. Er kauerte mitten auf der Bühne vor der Dekoration eines Parks im Versailler Stil. Die eine Hälfte seines Kopfes war rasiert, auf der anderen hatte er lange Haare. Trotz dieser für westliche Augen seltsamen Frisur erschien er uns als auffallend schön und edel. Um ihn herum saßen, ebenfalls hockend, seine Musiker, sechs an der Zahl. Von Zeit zu Zeit ließ einer von ihnen einen Ton hören, nach dem die anderen ihre Instrumente stimmten.

Der Beifall und die Begrüßungsschreie waren abgeebbt, und der Sänger summte ein paar Noten. Dann hörte er auf, und direkt ans Publikum gewandt sagte er, ganz wie Charles Laughton: »Ich fühle mich nicht inspiriert.« Nach einem Gemurmel der Enttäuschung wandte die Menge sich wieder dem Verzehr von Plätzchen zu, die von Verkäufern angeboten wurden. Der Künstler versuchte drei, vier Mal, mit seinem Lied zu beginnen, aber es wurde nie etwas rechtes. Er brach ab, entschuldigte sich, trank etwas Tee und aß mit seinem Orchester ein paar Plätzchen. Man hat mir erzählt, dieses Warten auf die Inspiration könne oft mehrere Tage und Nächte dauern. Reichen Kunden, die die Musiker für ein Fest engagieren, könne es genauso gehen. Wenn sich der Sänger nicht inspiriert fühle, könne keine Macht der Welt ihn dazu bringen aufzutreten. Glücklicherweise brauchte unser Sänger keine ganze Woche, bis sich die Inspiration einstellte, und dann sang er. Es war großartig. Weder Dido noch ich verstanden auch nur ein einziges Wort Tamil, doch deshalb waren wir nicht weniger ergriffen.

Clifford Odets

Man kann nicht sagen, Dido und ich hätten Clifford Odets getroffen. Er hat uns erobert. Natürlich kannten wir ihn dem Namen nach. Eines Tages lud er uns zu einer seiner Parties ein. Er lud gern die Leute des Group Theater zu sich ein, die New York verlassen hatten und hofften, in Hollywood Arbeit zu finden. Das Group Theater hatte das amerikanische Theaterleben durch die Einführung eines bis dahin unbekannten Realismus revolutioniert. Clifford Odets gehörte dieser Bewegung an, aus dieser Zusammenarbeit ging »Waiting for Lefty« hervor. Seine weiteren Stücke waren und blieben große Erfolge. Er genoß die uneingeschränkte Bewunderung aller, die enger oder entfernter mit dem Theater zu tun hatten. Sie waren sich bewußt, daß seine Werke nicht nur durch einen vorübergehenden Erfolg bedeutsam waren, sondern daß sie wirklich eine Erneuerung des dramatischen Stils darstellten. Auf seinen Parties traf man viele New Yorker. Der Ausdruck »er gehört mit zur Familie« bezeichnete genau Cliffords Verhältnis zu allen, die mit dem Group Theater zu tun gehabt hatten, wie die Strasbergs, die Adlers, John Garfield usw. Zu diesem Kern kamen dann ausgesuchte Leute aus Hollywood: Charlie Chaplin, Hanns Eisler, Jascha Heifetz. Seine zwei größten Freunde neben den Strasbergs waren Danny Kaye und Cary Grant.

Meine beruflichen Schwierigkeiten nahmen mir die Lust, mich in der Öffentlichkeit zu zeigen. Wir riefen bei Clifford Odets an, um ihm zu sagen, daß wir die Einladung nicht annehmen könnten, wir seien nicht frei. Eine Woche später rief er mich an und sagte, er möchte mich gern mit den Chaplins zusammenbringen. Das war, als wenn man einem Gottesfürchtigen angeboten hätte, Gottvater persönlich zu treffen. Diesmal waren wir wirklich nicht frei. Eines Tages schellte es bei mir. Ich ging an die Tür und stand einem Mann gegenüber, der einen Regenmantel trug, obwohl es gar nicht nach Regen aussah, und dessen struppiges Haar zwei riesige Augen einrahmte, die mich listig anblinzelten. »Jetzt habe ich Sie«, sagte er zu mir, »Sie wollten mich nicht sehen, und ich habe mir geschworen, daß wir uns nicht nur sehen, sondern Freunde werden würden.« Indirekt hatte er mich schon bei den Irren kennengelernt. Er interessierte sich sehr für eine Institution, in der man Geistesgestörte behandelte. Die Ärzte dieses Hauses ließen ihren Patienten zu deren großem Vergnügen seine Stücke und meine Filme vorführen. Mich, hieß es, mochten diese Armen besonders.

Natürlich gingen wir dann zur nächsten Einladung der Odets. Chaplin war dort. Ich war so bewegt, daß ich überhaupt nur Banalitäten herausbrachte. Chaplin spürte meine innere Erregtheit und ließ absichtlich nichts als Reden übers Wetter ab. Ich sollte ihn dann noch oft treffen, seine Frau Oona ebenfalls. Chaplin zu treffen, was für ein Geschenk!

Clifford und ich wurden die besten Freunde der Welt, aber dabei ließ er es nicht bewenden. Ich mußte seine Stücke lesen, und das war wirklich eine Entdeckung. Es sind keine Dokumentarstücke, oder wenn sie es sind, dann ist das nur wie eine schützende Rinde. Die Stimmigkeit der Charaktere, die Echtheit der Sprache, das ist nicht das, was zählt. Was zählt, ist eine bittere, mächtige, tiefe und verzweifelte Poesie. Ich möchte mich nicht länger beim professionellen Aspekt von Cliffords Leben aufhalten. Erwähnen möchte ich nur noch, daß dieses Kind der Bühne auch ein hinreißender Filmregisseur war. »None But the Lonely Heart« mit Cary Grant ist meiner unmaßgeblichen Meinung nach ein Meisterwerk. Ich möchte mich auch nicht weiter bei seinen politischen Schwierigkeiten aufhalten: wie alle anständigen Leute seines Alters wurde er ein Opfer der antikommunistischen Hexenjagd.

Unser letzter Abend mit Clifford war ganz besonders bewegend. Seine Frau Betty, die Mutter seiner beiden Kinder, war aus seinem Leben verschwunden. Clifford gab weiter seine Parties, aber es war nicht mehr wie früher. Die Zeit ging dahin mit den Bemühungen, einen Mozart-Film auf die Beine zu stellen, bei dem ich hätte Regie führen sollen. Clifford liebte Musik sehr und Mozart über alles. Wie oft hatte er uns, Dido, vier, fünf Freunde und mich, um ein Roastbeef versammelt, das er selbst im Garten grillte. Eines Abends sagte er, er müsse für zwei Tage zu einem »check up« ins Krankenhaus. Sein Arzt hielt es für eine Gastritis, aber er fand es richtiger, ihn im Krankenhaus untersuchen zu lassen. Eine Woche später kam er dann ins Krankenhaus. Am Abend zuvor bat er Dido und mich zu einem letzten Treffen in seinen Garten. Er hatte sonst niemand eingeladen. Es war eine wunderschöne Sommernacht. Clifford hatte in seinem Garten eine Beleuchtung installieren lassen, die ihn in einen Märchendekor verwandelte. Nora, seine Tochter, die damals fünfzehn war, setzte sich zu uns. Walt, sein etwa zwölfjähriger Sohn, bediente uns. Niemand sonst war im Garten als Mozart und wir, ein paar Freunde, aus einem unabsichtlich feierlichen Anlaß vereint. Wir ahnten diesen Anlaß nicht einmal. Wir sprachen kaum. Uns kam es vor, als sagte Mozart alles, was zu sagen war. Ich habe selten so deutlich empfunden, was man das Fluidum der Freundschaft nennen könnte, das Verschwinden allen Redens vorm reinen Empfinden. Zu sagen, daß man sich ganz eins fühlt, reicht nicht aus: eher noch ist es ein geistiges In-sich-Aufnehmen der geliebten Person.

Am nächsten Morgen riefen wir Clifford an, um ihm einen nicht zu unangenehmen Krankenhausaufenthalt zu wünschen. Wir taten es in scherzendem Ton, aber das Gefühl der Angst, das uns schon an dem Abend mit Mozart gewürgt hatte, ließ uns nicht mehr los. Am übernächsten Tag besuchten wir ihn. Er sagte uns, die Ärzte hielten eine Darmoperation für unerläßlich. Wir erkannten sofort den in solchen Fällen üblichen Gang der Dinge. Wenn man die Schwelle des Krankenhauses überschreitet, glaubt man den Ärzten noch. Sie sind übrigens auch wirklich überzeugt, daß die Operation aus dem Kranken einen anderen Menschen machen werde. Und im allgemeinen wird der Kranke auch wirklich ein anderer Mensch, wenn man eine Leiche noch einen Menschen nennen will.

Clifford machte sich gar keine Illusionen. Seine aufgeschreckten Freunde brachten ihm Beweise ihrer Zuneigung. Im Flur vor seiner Zimmertür unterhielt man sich darüber, wie gut er aussähe und daß seine Temperatur gefallen sei. Nach zwei Tagen verschlechterte sich sein Befinden. Clifford mußte von neuem operiert werden. Dido und ich sahen ihn oft in seinen letzten Tagen. Die stumme Unterhaltung im Garten, von Mozart geadelt, setzte sich fort. Clifford konnte immer weniger sprechen – Plastikschläuche kamen ihm aus Nase und Mund. Seine Haut war von Spritzen durchlöchert. Er wußte sehr wohl, daß das alles zwecklos war, aber er spielte das Spiel mit. Der Tod macht alle gleich, und wenn er naht, beginnt man, die Werte zu überprüfen. Was einem wichtig schien, tritt zurück, und was nebensächlich schien, bekommt Anrecht auf einen Platz in der ersten Reihe.

Ich bin sicher, daß die Gestalten aus Cliffords Stücken um sein Krankenbett versammelt waren und ihm bei seinem Übertritt in die Ewigkeit beistanden. Clifford trank gern Wein, besonders gern Bordeaux. Er bat uns, die guten Flaschen, die die Zierde seines Kellers waren, zu uns zu schaffen. Das taten wir aber nicht: wir wollten alles vermeiden, was wie ein Wink an den Tod hätte aussehen können. Er starb in der Überzeugung, daß wir die von ihm sorgfältig ausgewählten Flaschen leeren würden. Am letzten Tag ließ er sich eine ganz besondere Flasche mitbringen. Er ließ drei Gläser füllen und sich für einen Augenblick die Schläuche wegnehmen. Er tauchte seine Lippen ins Glas. Dido und ich leerten die Flasche bis auf den letzten Tropfen. Clifford schaute uns lächelnd zu.

Das Artifizielle, Triumph der inneren Wahrheit

Wie ich zu Beginn dieses Buches schon erzählt habe, hatte ich meine Laufbahn in der festen Absicht begonnen, Adaptionen literarischer oder dramatischer Werke fürs Kino zu vermeiden. Meine Kehrtwendung war hundertprozentig gewesen. Schließlich ist das, was uns an einer Adaption interessiert, nicht die Möglichkeit, im verfilmten Werk das Original wiederzufinden, sondern die Reaktion des Filmautors vor dem Original. Diese Reaktion kann zu Ergebnissen führen, die scheinbar nichts mehr mit ihm zu tun haben, aber das macht nichts. Man bewundert ein Bild nicht, weil es sein Modell getreu wiedergibt, man verlangt vom Modell, daß es dem Künstler die Pforten der Vorstellung aufschließt. Diese summarische Erklärung ist unzureichend, weil es dadurch kompliziert wird, daß bei einem Künstler, der sich seiner eigenen Wichtigkeit bewußt ist, die Gefahr besteht, daß das endgültige Ergebnis nur ein Denkmal seiner Eitelkeit wird. Der wirkliche Künstler glaubt, daß seine Funktion sich darauf beschränke, sein Modell zu kopieren. Er ahnt nicht, während er arbeitet, daß er dabei ist, das Modell neu zu schaffen, gleichgültig, ob es ein Gegenstand, ein menschliches Wesen oder gar ein Gedanke ist.

Nach *Nana* hatte ich mir geschworen, nie wieder einen Roman zu verfilmen. Die gleiche Untreue bewies ich, indem ich vom fanatischen Anhänger des natürlichen Dekors zum leidenschaftlichen Verfechter des Artifiziellen wurde. Heute, wo ich ausgeschaltet bin, kenne ich den Grund dafür. Ich bin nämlich ein entsetzlicher Tyrann. Ich habe gesagt, ich sei eine Hebamme. In Wahrheit bin ich zehn Hebammen, zwanzig Hebammen, so viele Hebammen wie ein Film Bestandteile hat. Ich wollte, daß der Schauspieler, im festen Glauben, sein eigener Herr zu sein, in Wirklichkeit unbewußt mein Knecht wäre. Dafür holte ich aus seiner Darstellung hinreißende Momente heraus: das Baby, das das Licht der Welt erblickt, entreißt seinen Eltern Schreie der Bewunderung.

Meine Tyrannei bestätigte sich auf allen Gebieten, angefangen bei den Dekorationen bis zu den letzten unbedeutenden Accessoires, Musik, Intonation, Einstellungen inbegriffen. Wie bei den Schauspielern, bestand ich auch beim Schwenker darauf, daß er Herr seiner Einstellungen sei. Meine Arbeit bestand darin, Einstellungen zu machen, wie ich sie wollte, ohne das direkt zu verlangen, so daß er überzeugt war, den Einstellungswinkel selbst bestimmt zu haben. In einer derartigen beeinflußten Freiheit geben die Leute ihr Bestes, und die Tür zum Dialog bleibt offen. Beständig kam ich dem idealen Aufnahmesystem näher, das darin besteht, einen Film zu machen wie einen Roman. Die Einzelheiten, die den Autor umgeben, inspirieren ihn. Er nimmt sie in sich auf. Durch diese Methode kam ich zu Schauspielern, Dekorateuren, Kameraleuten, Technikern ganz allgemein und auch Arbeitern, die an der Realisierung von Ideen mitmachten, die sie eigentlich gar nicht interessierten, zu deren Ausführung beizutragen für sie aber zu einer spannenden Aufgabe wurde.

Der Farbfilm stellt weniger fotografische Probleme als der Schwarzweißfilm. Der panchromatische Film hatte schon dazu beigetragen, die Kontraste abzuschwächen. Im Schwarzweiß und noch mit der Panchromatik besteht die Gefahr, daß man ein Kalkweiß bekommt und ein Schwarz so dunkel wie Schuhwichse. Diese gefährlichen Extreme lassen sich bei der Farbe leicht vermeiden. Man braucht nur der Emulsion so viel Licht zukommen zu lassen, wie sie braucht, und ein Stück Natur auszuwählen, das einfach genug ist, um wie gemacht zu erscheinen. Die ideale Antwort auf das Problem der Farbe besteht darin, die Natur, die äußere Wahrheit, ganz zu vermeiden und ausschließlich in Dekorationen zu drehen, was ich in meinen weiteren Filmen auch tun sollte. Die innere Wahrheit verbirgt sich oft hinter einer rein artifiziellen Umgebung.

Meine Figuren in *Le Carrosse d'Or* (Die goldene Karrosse), *Elena et les Hommes* (Weiße Margeriten) und *French Cancan* sind, was man gemeinhin unwahrscheinlich nennt. Man kann unwahrscheinlich, aber wahr sein, übrigens ist die Wahrheit meistens unwahrscheinlich. Setzen Sie sich doch mal vor ein Café: Sie werden überrascht sein vom Aussehen der »wirklichen« Leute, kein Zuschauer würde solche Köpfe ertragen, die reinen Schießbudenfiguren. Kein Künstler würde sich trauen, diese Köpfe zu kopieren, ohne sie zu transponieren. Indem er sie neu schafft, macht er sie schlimmer oder akzeptabler. Sie einfach abzufotografieren, würde ihre Realität nicht wiedergeben.

In diesen drei Filmen habe ich rigoros nur Atelierdekorationen verwandt, sie aber durchsetzt mit authentischen Details, wie es zum Beispiel in *Le Carrosse d'Or* das Fußbad des Vizekönigs während der Morgenaudienz ist, ein Detail, das den Zuschauer wieder auf die paradoxe Wahrheit hinführt.

Elena et les Hommes stützt sich, was die Dekorationen betrifft, auf die Bilderstreifen von Épinal. Die Handlung in diesem scheinbar artifiziellen Film würde schlecht in einen realistischen Dekor passen. Rot und Blau stoßen übergangslos aufeinander. Claude Renoir hat ein paar Einstellungen von gewittrigen Landschaften gedreht, die uns geradewegs in die Vorstellungswelt von Kindern zurückbringen. Ingrid Bergman, die die Hauptrolle spielte, machte das wie immer genial, und es gelang ihr, eine Gestalt zu schaffen, die genauso unwahrscheinlich ist wie der Dekor.

Die Handlung von *Le Carrosse d'Or* spielt im achtzehnten Jahrhundert. Der wichtigste Bestandteil ist eine Karosse, die der Vizekönig von Peru aus Europa hat kommen lassen. Seine offizielle Geliebte hofft, ihr werde die Karosse zufallen. Der Vizekönig ist betört von der Hauptdarstellerin einer herumreisenden Commedia-dell'Arte-Truppe. Er gibt ihr die Karosse, was eine Palastrevolution auslöst. Die Schauspielerin, la Péricole, bringt die Angelegenheit wieder in Ordnung, indem sie die Karosse dem Erzbischof von Lima zum Geschenk macht. Mein wichtigster Mitarbeiter bei diesem Film war der selige Antonio Vivaldi. Ich habe das Drehbuch beim Klang der Platten des Meisters geschrieben. Sein Theatersinn, sein Geist haben mich zu Lösungen in der besten Tradition der italienischen Theaterkunst gebracht.

Die Figur der Péricole wurde von Anna Magnani gespielt. Nicht wenige wunderten sich, daß ich ein für seine Heftigkeit berühmtes Talent in ein Ganzes einbaute, das im Prinzip eher für Mailänder Marionetten gemacht war. Wenn ich es mit einer Schauspielerin des bürgerlichen Genres zu tun gehabt hätte, wäre mein Film möglicherweise ins Niedliche abgerutscht. Mit der Magnani bestand die Gefahr, in der Richtung zu weit zu gehen, die man gewöhnlich Realismus nennt. Ihre erschütternde Darstellung zwang mich, den Film wie eine Posse aufzuziehen. Ein anderer Trumpf, den sie beisteuerte, war ihr Adel. Diese Frau, die gewöhnlich von Leidenschaft zerstörte Frauen aus dem Volk spielte, fühlte sich in den Subtilitäten einer Hofintrige absolut zuhause.

Die Arbeit im Atelier war auf die Zeit vom Mittag bis acht Uhr abends angesetzt. Zu Beginn der Aufnahmen erschien die Magnani nie vor zwei. Ich hielt ihr vor, was diese Verspätung die Produktion kosten würde. Aber die Produktion kümmerte sie wenig. Ich gab ihr zu bedenken, wie wenig nett es ihren Kameraden gegenüber wäre, die ihrerseits pünktlich und vergeblich kämen.

Schließlich nahm ich sie auf die Seite und erklärte ihr, lieber würde ich darauf verzichten, den Film zu drehen, als immer die ganze Mannschaft vor Warten grün werden zu lassen. Diese Drohung machte Eindruck auf sie, und sie versprach, von nun an pünktlich zu sein, was sie dann auch war.

Eine andere Schwierigkeit mit der Magnani war, sie dazu zu bewegen, ihre Nächte lieber im Bett als in Kneipen zu verbringen. Morgens war sie zum Umfallen müde, hatte Ringe unter den Augen und war unfähig, sich auch nur eine Textzeile zu merken. Mein Neffe Claude machte ein langes Gesicht beim Gedanken, daß er sie in diesem Zustand fotografieren sollte. Erst erklärte sie, sie würde nicht drehen, sie sei zu schäbig, sie sähe aus wie eine alte Bettlerin – wobei sie sich fröstelnd ein riesiges Nerzcape um die Schultern zog und eine Zigarette nach der anderen rauchte. Ich bestand darauf, daß sie sich schminken ließ und wir in der Dekoration probten. Ich bat Claude, provisorisch die Beleuchtung einzuschalten: sie mußte die Wärme der Lampen spüren. Nach fünf Minuten waren die Säcke unter ihren Augen verschwunden, ihre Stimme wurde klar, und sie sah zehn Jahre jünger aus. Sie war die Péricole.

Ein für die Arbeit ziemlich lästiger Brauch bei italienischen Stars ist, daß sie im Atelier während der Aufnahmen Besuche empfangen. Meiner Liebe zum Direktton kam dieses Gegacker sehr in die Quere, und ich ließ es die Magnani wissen. An dem Tag hatte sie gerade eine nahe Verwandte des Papstes mit deren Gefolge zu Besuch. Ich hatte sie noch nicht ganz darum gebeten, ihre Verehrerinnen zum Schweigen zu bringen, da stürzte sie sich auf sie wie eine Furie. »Raus hier!« brüllte sie, »raus mit den Prinzessinnen!« Verschreckt ergriffen die Besucherinnen die Flucht, und in einer Stille, wie man sie in römischen Ateliers noch nie erlebt hatte, konnten wir wieder an die Arbeit gehen.

Ich mag *French Cancan,* weil ich durch ihn die Gelegenheit bekam, wieder mit Gabin zu arbeiten. Für mich war das eine Rückkehr in die Vergangenheit: ich war wieder zusammen mit meinem alten Gefährten aus *Les Bas Fonds,* aus der *Grande Illusion* und aus *La Bête Humaine*! Ich danke dem Kino, daß es uns zusammengeführt hat. Ich liebe Gabin, und er liebt mich. Dabei kennen wir uns nicht. Er weiß nichts von meinem Leben und ich nichts über seins. Unsere Verbindung ist rein beruflicher Art, aber ich habe den Eindruck, daß seine Neigungen im Leben ungefähr wie die meinen sind. Wir treffen uns in denselben Restaurants, ohne uns verabredet zu haben. Wenn wir miteinander arbeiten, brauchen wir keine langen Reden, um die Situation zu analysieren. Wir brauchen fast kein Drehbuch, um uns zurechtzufinden. Gabin ist der geborene Schauspieler, wie ich der geborene Autor bin. In der Strategie jedoch unterscheiden wir uns: Gabin ist machtvoll und setzt seine Vorstellungen ohne Anstrengung durch. Ich bin das genaue Gegenteil: ich baue vor durch Reden und versuche zu überzeugen. Das liegt daran, daß ich, wie ich schon zu Beginn des Buches sagte, ein geborener Schisser bin. Ich habe Angst, irgendeine Dummheit von mir zu geben, die dann den Schauspieler veranlaßt, mich nicht mehr ernst zu nehmen. Mit Gabin habe ich diese Angst nicht, einfach weil wir gleich denken. Wäre ich Schauspieler, würde ich gern die gleichen Rollen wie er spielen. Mit etwas Selbstüberschätzung glaube ich sogar, ich wäre darin gar nicht so schlecht. Seitdem meine Periode der technischen Spiele und der Verachtung der Schauspieler hinter mir liegt, ist es eine meiner hartnäckigsten Wunschvorstellungen, Schauspieler zu sein. Zu meinem Glück haben die Götter das in meiner Laufbahn nicht vorgesehen: Schauspieler sind, von Ausnahmen natürlich abgesehen, nicht glücklich. Eine solche Ausnahme ist Gabin. Ich bin sicher, er stellt sich den Problemen des Lebens mit derselben ruhigen Kraft, die er entfaltet, um in die Geheimnisse einer Rolle einzudringen.

Jean Gabin gehört nicht zu den angstgequälten Schauspielern, von denen ich früher sprach. Er braucht zwischen den Aufnahmen nicht die Stille seiner Garderobe, um sich zu sammeln. Während der Dreharbeiten zu *French Cancan* verbrachte er die Wartezeit damit, Dido Kochrezepte zu erzählen. »Wissen Sie, wie man Kaninchen in Senf macht? ... Sie nehmen einen Eßlöffel Dijon-

Senf ...« Er unterbrach sich, um seine Szene zu drehen, spielte sie phantastisch, kam wieder zu ihr und setzte das Rezept an genau der Stelle fort, bis zu der er gekommen war; ohne jede Schwierigkeit konnte er zwischen seiner Rolle und dem Kaninchen in Senf hin und her gehen.

French Cancan hat das Leben Zieglers, des Begründers des Moulin Rouge, zum Ausgangspunkt. Grob gesprochen ist es eine Hommage an unser Gewerbe, ich meine das Schauspiel. Neben dem so gemessenen Gabin hatten wir eine starke Frau, den großen mexikanischen Star Maria Felix. Hochgewachsen, wie sie ist, beherrschte sie die Situation. Sie beherrschte vor allem Françoise Arnoul, die ihre Rivalin um das Herz Gabins spielte. Sie entstammt einem bestimmten Indianerstamm, dessen Angehörige für ihren hohen Wuchs und ihre körperlichen Kräfte bekannt waren. Wenn sie einem die Hand schüttelte, hatte man für den Rest des Tages einen steifen Arm. Sie führte ihre Kraft auf ihre Ernährung zurück: sie ernährte sich fast ausschließlich von englisch gebratenen Steaks und rohen Karotten. Neben ihr wirkte Françoise Arnoul wie eine Libelle. Wir hatten eine Szene zu drehen, bei der sich die beiden Rivalinnen in die Haare geraten. Versehentlich machte Françoise Arnoul ihr mit ihrem Armband eine Schramme. Der Kampf artete in eine richtige Schlacht aus. Wütend holte Maria Felix zu einer Ohrfeige aus, die glücklicherweise ihr Ziel verfehlte: sie hätte Françoise den Kopf von den Schultern geschraubt. Françoise verteidigte sich phantastisch mit Kratzen und Treten. Maria Felix hob sie hoch: wir hatten Angst, sie würde ihr das Kreuz brechen. Die Kameras waren bereit gewesen und filmten die Szene, die ich beenden konnte, ehe es nötig wurde, einen Krankenwagen zu rufen.

Limelight

Durch eine immer perfektioniertere Filmtechnik, die für ihn die ausgeklügeltsten Effekte bereithält, ohne daß er sich noch den Kopf zu zerbrechen brauchte, läuft der Regisseur Gefahr, seiner künstlerischen Inspiration beraubt zu werden. Man muß leben, bevor man anfängt zu denken: man muß sich die Hände mit der Materie dreckig gemacht haben, ehe man in den Bereich des Geistes vordringt. Das technische Wissen bietet nur ein Plus: es stimuliert zum Weiterforschen. Nur Forschen macht schöpferisch. Ich hatte Lust, mich in einem für mich neuen Bereich umzutun, dem Theater.

1954 suchten Philippe Dechartre und Jean Serge mich auf und baten mich, in der Arena von Arles Shakespeares »Julius Cäsar« zu inszenieren. Der Anlaß zu der einmaligen Aufführung waren die Gedenkfeiern zur Gründung der Stadt durch Julius Cäsar vor zweitausend Jahren. Shakespeare führte, anders als die Griechen, seine Stücke in relativ kleinen Theatern auf. Oft rückte die Szene sogar bis zur Mitte des Saales vor. Dazu kam noch die durch die Zuschauer gebildete natürliche Schallmauer, so daß wir folgern dürfen, daß der große Will und seine Truppe spielten, ohne ihre Stimmen forcieren zu müssen. Wir ließen von der Firma Philips etwa fünfzig Mikrophone überall in der Arena installieren. Wo auch immer ein Schauspieler seinen Text hersagte, überall war ein Mikrophon bereit, auch noch seinen letzten Seufzer aufzunehmen. Dieser Umstand veranlaßte mich zu einem weiteren Entschluß, nämlich nicht mit Tragödienschauspielern zu arbeiten, die gewohnt sind, ihren Text zu deklamieren, sondern mit Filmschauspielern, für die Mikrophontechnik nichts Neues ist.

Paul Meurisse, der die Rolle des Brutus spielte, war Conferencier bei der Revue Tabarin. Von der Wandlungsfähigkeit seines Talents war ich überzeugt. Außerdem verfügte er über das Profil eines Römers aus der Zeit der Republik. Ein weiterer Vorteil: er war Unteroffizier bei der berittenen Artillerie gewesen und ein ausgezeichneter Reiter. Als Brutus lieferte er mir einen Auftritt zu Pferde, der von den Tausenden, die zu der Aufführung gekommen waren, mit großem Beifall bedacht wurde. Ich hatte die Bewohner der Stadt aufgeboten, die römische Menge darzustellen. Im Süden Frankreichs kennt man sich aus mit der Politik. Ich hatte diesen Amateurstatisten das wesentliche der Situation beschrieben. Sie waren voll darauf eingestiegen und spielten ihre Rolle als Menge so, als ob sie auf einer heutigen Wahlversammlung seien.

Am Abend der Aufführung waren die Schauspieler und ich im großen Saal unseres Hotels versammelt. Draußen zogen die Zuschauer schon in Scharen in die Arena. Wir waren völlig verängstigt: nicht mal zur Generalprobe hatten wir Zeit gehabt. Einige der Schauspieler gestanden mir, sie wüßten kein Wort mehr von ihrem Text. Parédès, der den Casca spielte, beklagte sich über seine zu lange Toga, über die er immer stolpere. Ein Wind der Panik blies über die Truppe. Irgendwer sagte, er beneide die Orientalen um ihre Gelassenheit. Ein anderer fragte mich, ob ich mal in Indien einer Menschenmenge gegenüber gestanden habe. Das brachte mich dazu, ihnen die Grundzüge der hinduistischen Religion darzulegen. Ich erzählte ihnen von Brahma, dem Herrn der Götter, von Schiwa, dem Zerstörer und Schöpfer, von seinem weiblichen Widerpart Kali, von Krischna, dem Erhalter, und seiner vielgeliebten Radha, der Hüterin der Tiere. Alle hörten zu und vergaßen ihre Angst. Als es so weit war, hatte sich die Truppe fast ganz beruhigt.

Da fiel die Tonanlage aus. Wir wollten die Aufführung mit der Fünften von Beethoven beginnen, der Schicksalssymphonie: das bezog sich auf das Schicksal des Brutus. Alles, was von Beethoven und der Musik zu uns drang, war der Radau, den die unzufriedenen Zuschauer machten. Schließlich war die Tonanlage repariert, und die Fünfte Symphonie kämpfte einen vergeblichen Kampf gegen den Volkszorn. Als die Schauspieler dann raus mußten, gab ich Parédès-Casca den Rat, über seine zu lange Toga zu stolpern, wie er es im Hotel vorgemacht hatte. Der Zug wagte sich in die feindliche Arena: ich mußte an einen Zirkus denken, in dem die Zuschauer die Löwen wären. Parédès trat sich, wie abgesprochen, auf die Toga und wäre fast der Länge nach hingeschlagen. Die erste Reaktion war ein kurzes Schweigen, dann folgte fast unmittelbar ein wahnsinniges Gelächter. Das Publikum war auf unserer Seite.

Ein Vorteil der Arenen ist, daß sie aus Stein sind und keine Feuergefahr besteht. Um den Brand Roms darzustellen, schickten wir junge Sportler aus der Stadt los, die an verschiedenen Punkten der Arena Benzin ausgossen und anzündeten. Zum Ende der Aufführung drängten sich die Reiter der römischen Armee um Brutus' Grab herum. Es war dunkel, während sie sich aufstellten. Als das Licht wieder anging, sahen die Zuschauer als Römer gekleidete Gardians der Camargue vor sich. Fußsoldaten standen um den Katafalk herum. Das Schauspiel der perfekt angetretenen Soldaten löste Begeisterung aus. Der Beifall wollte nicht enden. Ich wurde rausgeholt, und Paul Meurisse, dem es in seinem Sarg gar nicht bequem war, mußte warten, bis die Ovation zu Ende war, ehe er sich wieder bewegen konnte. Wenn wir uns wiedersehen, reden wir jedesmal wieder bewegt von dieser Nacht in Arles.

Mein zweites Theaterabenteuer verdanke ich Leslie Caron. Ich kannte Leslie schon seit langem, ohne sie zu kennen. Unsere erste Begegnung fand auf einem Bahnsteig der Victoria Station in London statt. In diesem Schrottmonument, dem passenden Porträt der Königin dieses Namens, saß auf einer Bank am Ende des Bahnsteigs ein kleines Mädchen mit einer Dame. Die Kleine belauerte uns aus den Augenwinkeln und versuchte, unsere Aufmerksamkeit zu wecken. Man spürte, wie sie uns mit einer Art gerissener Unschuld beobachtete. Ihre Augen, über die lange Haare hingen, erinnerten an einen getarnten Beobachtungsposten. Dido fand sofort, diese Unbekannte sei die perfekte Besetzung für die Rolle der Harriet in *The River*, den ich eben vorbereitete. Ich bat sie, mit der Dame zu sprechen, aber da war der Zug auch schon abfahrbereit, und wir mußten uns in unsere jeweiligen Abteile begeben. Im Zug versuchte ich sie ausfindig zu machen, aber die Türen der Schlafwagenabteile waren verschlossen. Am nächsten Morgen im Gare du Nord herrschte Hochbetrieb, und ich konnte gerade noch sehen, wie ihre langen Haare sich im Strom der Reisenden verloren.

Unsere zweite Begegnung fand in Los Angeles im Haus des Malers Pierre Sicard statt. Die Sicards hatten uns zusammen mit den Tänzerinnen des Balletts von Roland Petit eingeladen. Das erste, was ich sah, war das kleine Mädchen von der Victoria Station. Ein paar Jahre waren vergangen, und aus dem kleinen Mädchen war ein junges Mädchen geworden. An der Art, wie sie dasaß und sich hinter ihren Haaren versteckte, mußte ich sie wiedererkennen. Und zugleich erkannte ich »Lilli« und die Tänzerin aus dem »Amerikaner in Paris«. Wir gingen aufeinander zu wie alte Bekannte. Mir fiel jetzt auf, daß sie einer Katze glich. Später trafen Dido und ich sie auf dem Bürgersteig des Times Square in New York, wie sie in strömendem Regen auf irgendetwas wartete: diesmal sah sie aus wie eine naßgewordene Katze. Diese Begegnung ist typisch für alle meine Begegnungen mit Leslie: immer sieht sie aus, als suche sie irgendetwas.

Leslie Caron gleicht nicht nur einer Katze. Sie erinnerte mich an ein kleines Mädchen, das ich bei den Wilderern gesehen hatte, die mich nach meinem Unfall mit Pierre Champagne von der Straße aufgelesen hatten. Da gab es kein Zögern: aus meinen Erinnerungen an den Wald von Fontainebleau machte ich »Orvet« und bat Leslie, es zu spielen. Das Stück gefiel ihr, und sie nahm an.

1955 erklärte sich Jean Darcante, der Direktor des Théâtre de la Renaissance, bereit, »Orvet« zu produzieren, und die Proben begannen. Sie fanden erst in meiner Wohnung am Montmartre statt, dann auf der Bühne des Theaters, ganz streng à l'italienne. Mit dieser Methode hatte ich im Kino gute Ergebnisse, auf der Bühne noch bessere. Mit wenigen Ausnahmen sind im Film die Texte kurz und abgehackt. Für den Schauspieler ist es schwierig, sich ganz einzulassen auf eine Replik, die nur aus ein paar Wörtern besteht. Im Theater gibt ihm der Text, der nicht ständig unterbrochen wird, die Zeit, die Figur kennenzulernen, die er darzustellen hat. Es ist eine faszinierende Arbeit, die Geburt dieser Figur bei einem Schauspieler zu überwachen. Die Monotonie der Wiederholungen wirkt unterschwellig nicht nur auf den Schauspieler, sondern auch auf den Regisseur.

»Orvet« ist der Name der Hauptgestalt des Stückes. Es ist auch der Name einer kleinen harmlosen Schlange, die in Gemüsegärten lebt und sich von Insekten ernährt. Die Gärtner sehen sie gern, sie nennen sie auch Glasschlange. Sie ist zerbrechlich wie Glas, daher der Name. Ihre einzige Verteidigung ist ihre Flinkheit. Bei der leisesten Annäherung schlüpft sie unters Gras und ist verschwunden. Die Bauern aus Essoyes, dem Dorf meiner Kindheit, sagen von einem lebhaften und aufgeweckten Kind zuweilen, es sei wie ein »Orvet«.

Leslie war mit der Begeisterung des Neulings in ihre Rolle eingestiegen, wobei einige ihrer Reaktionen nur zu sehr ihre bürgerliche Herkunft verrieten. Nach einigen Proben war mir klar, daß das einzige Problem mit ihr darin bestand, ihr die Erinnerungen an die vornehme Klosterschule auszutreiben, aus der sie kam. Eines schönen Tages kam ich ins Theater und wußte, nun hatte ich den Schlüssel zu ihrer Rolle. Er bestand darin, das Wort bois (Wald) so auszusprechen, wie das kleine Mädchen bei den Wilderern es getan hatte. Phonetisch ergab das etwa »bouah«: »J'va aller dans les bouahs.« Leslie verstand gleich, wie wichtig diese Phonetik war. Die anderen Schauspieler, die die Proben mitverfolgt hatten, wurden durch die Ergebnisse ihrerseits beeinflußt. Bald entdeckte jeder Schauspieler seinen eigenen Schlüsselsatz mit der Aussprache, die seiner und im Endeffekt auch meiner Auffassung der Rolle entsprach. Diese Resultate brauchten dann nur noch so koordiniert zu werden, daß sie einander nicht ins Gehege kamen. Die Welt ist eins: ich ergreife die letzte Gelegenheit, es zu wiederholen. In der Rolle des Schriftstellers, der die greifbare Realität symbolisiert, stand Paul Meurisse im Gegensatz zu den Figuren, die er ausgedacht hatte. Der Wald gab den Rahmen für dieses Märchenspiel ab. An gewissen Stellen des Stückes drangen die Bäume in den von Wakhevitch entworfenen Dekor ein. Es war völlig verrückt, aber dem Publikum gefiel es.

Le Testament du Docteur Cordelier ist ein Experimentalfilm, der das Ergebnis meiner Theaterarbeit war. Meine Überzeugung, die abgehackten Filmaufnahmen schadeten dem Spiel des Darstellers, brachte mich dazu, eine Aufnahmetechnik auszuprobieren, in der der Schauspieler selbst den Fortgang bestimmen konnte. Bei den üblichen Aufnahmen ist der Schauspieler kaum in der Haut seiner Figur, dann greift der Regisseur ein. Die Aufnahme ist beendet. Es verlangt vom Schauspieler große Anstrengung, wieder ganz einzutauchen. Leider verbietet es die Filmtechnik, in erster Linie die Länge der Filmrollen, ohne Unterbrechung zu arbeiten. Hitchcock hat in »The Rope«, wo es immer nur am Rollenende einen Schnitt gibt, etwas Entsprechendes versucht. Mein Ehrgeiz ging nicht so weit: in *Le Testament du Docteur Cordelier* begnügte ich mich damit, am Ende jeder Szene eine Unterbrechung zu machen. Im allgemeinen arbeitete ich mit drei oder vier Kameras. Ich habe aber auch bis zu acht gleichzeitig laufende Kameras eingesetzt, um sicher zu sein, daß ich die benötigte Großaufnahme bekäme. Sie können sich unschwer die Kilometer Filmmaterial vorstellen, die wir wegwarfen. Die Cutterin und ihre Assistentinnen wurden wahnsinnig. Die Schauspieler waren dagegen begeistert: für sie war mein Versuch ein Sieg über das böse »Stop« des Regisseurs. *Le Testament du Docteur Cordelier* ist eine Übertragung des Romans von Stevenson, »Dr. Jekyll und Mr. Hyde«, in die Gegenwart. Jean-Louis Barrault spielte die Doppelrolle nach Art eines Tänzers. Für die Veränderung von Jekyll in Hyde brauchte er überhaupt keine Schminke. Als einzige Accessoires verwandte er ein Gebiß und eine struppige Perücke. Dieser Film, der fast in einem Anlauf entstand, ermöglichte es Kosma, eine Musik zu komponieren, die auch auf einer einzigen Inspiration basierte. Die Einheit dieses Werks illustrierte meine Auffassung von der Einheit der Welt, mein ewiges Steckenpferd.

Ich drehte noch einen Film nach dieser Methode, *Le Déjeuner sur l'Herbe* (Das Frühstück im Grünen). Er entstand 1959 fast vollständig auf Les Collettes. So hatte ich die grenzenlose Freude, die Ölbäume zu filmen, die mein Vater so oft gemalt hatte. Dieser Film war wie ein Bad der Reinheit und des Optimismus. Während der Dreharbeiten hatten wir alle das Gefühl, in Faune und Nymphen verwandelt zu sein. Es war das Debut von Catherine Rouvel, und Paul Meurisse brachte in eine distanziert komische Rolle seine Autorität ein. Danach gab ich diese Drehmethode wieder auf, von der die Zelluloidhersteller zu sehr profitiert hatten.

Ich habe in diesem Buch versucht, eine Vorstellung von meinen verschiedenen Arbeiten zu geben. Ich habe nur die zitiert, die bedeutungsvolle Etappen in meinem Leben als Filmmacher markieren. Um diese meine Erinnerungen eines Regisseurs, der nie in Mode war, abzuschließen, zitiere ich mein allerletztes Werk, *Le Petit Théâtre de Jean Renoir,* das 1969 nach sieben Jahren unfreiwilliger Arbeitslosigkeit für das Fernsehen gedreht wurde. Ich lege in ihm meine Überzeugungen und meine Zweifel dar. In den vier Episoden, aus denen er besteht, bewege ich mich vom Realismus zum Artifiziellen und umgekehrt. Die erste Episode zeigt am Beispiel zweier Clochards, denen es wirklich an allem fehlt, wie wichtig der Traum ist. Diese Episode, die vollständig im Atelier entstand, ist im Geist der realistischen Rekonstruktion inszeniert. »Der elektrische Bohnerbesen«, die zweite Episode, ist nach Art der Oper inszeniert. Sie erzählt von der frevelhaften Liebe einer modernen Bürgersfrau zu ihrem elektrischen Bohnerbesen. Als ihr Mann die angebetete Maschine zum Fenster rausschmeißt, beschließt sie, ihr in den Tod zu folgen, und springt hinterher. Dann entführt uns Jeanne Moreau für ein paar Augenblicke weit weg aus unserem Zeitalter des schäbigen Fortschritts. Der vierte Akt, ganz streng realistisch, nur draußen, außerhalb des Ateliers, in natürlichen Dekors gedreht, zeigt einen betrogenen Ehemann, der den Liebhaber seiner Frau, der sein bester Freund ist und dem es leid tut, nicht gehen lassen will. Der Hauptdarsteller dieses kleinen Dramas ist das Pétanque-Spiel, an dessen Funktion als Instrument des Friedens ich felsenfest glaube.

Realismus und natürliche Dekors oder realistische Rekonstruktion, eindeutig künstliche Dekors – der Dekor ist gleichgültig. In den sogenannten »realistischen« Filmen wie *La Chienne* oder *La Bête Humaine* habe ich mich der äußeren Wahrheit bedient. Für Filme wie *La Petite Marchande d'Allumettes* oder *Le Carrosse d'Or* habe ich mich für ein ganz künstliches Äußeres entschieden. Zeitlebens habe ich verschiedene Stile ausprobiert. Die Veränderungen lassen sich auf eins zurückführen: Sie spiegeln meine verschiedenen Versuche wider, zur inneren Wahrheit zu gelangen, die allein für mich zählt.

Die Nation, Gott hab sie selig

Alle meine französischen Freunde stellen mir immer wieder dieselbe Frage: »Weshalb lebst du weiter in Amerika? Du bist doch Franzose und brauchst die französische Umgebung.« Meine Antwort darauf ist: Die Umgebung, die aus mir das gemacht hat, was ich bin, ist das Kino. Ich bin ein Bürger des Kinematographen.

Mit der Heraufkunft der neuen Kommunikationsmittel kehren wir zu den horizontalen Aufteilungen zurück, wie im Mittelalter, als das Latein und die christliche Religion das Abendland einten. Unsere heutige Religion ist die Bank, und unser Latein ist die Reklame. Leistung, um immer mehr zu produzieren, das ist die Parole. Wenn der Weltmarkt saturiert ist, wird ein Krieg ausgelöst, um zu neuen Kunden zu kommen. Das Ziel von Kriegen ist nicht mehr die Eroberung, sondern der Aufbau. Wenn das Baugewerbe flott ist, ist alles flott. Auf den rauchenden Ruinen von Pagoden errichtet man Wolkenkratzer. Das Bauen sichert das Brot für die Arbeiterklasse, die sonst revoltieren würde.

Ich kann mir sehr gut ein ultra-geheimes Telefongespräch zwischen dem russischen Staatschef und dem Präsidenten der Vereinigten Staaten vorstellen. Der Amerikaner: »Sie könnten mir mal unter die Arme greifen, lieber Kollege, die Waffenproduktion bei uns geht beängstigend zurück.« Der Russe: »Bei uns genauso. Wir stellen deshalb jetzt schon den letzten Super-Jet XYZ her, aber lange geht das nicht mehr so weiter, wir müssen einfach was anderes finden.« Der Amerikaner: »Könnten wir nicht irgendeinen kleinen Krieg anzetteln? Das könnte die Rüstungsindustrie retten.« Das hört sich nach einem Witz an, aber so ähnlich wird es schon laufen.

Indien und die Inder haben mir geholfen, mich von den letzten Spuren des Nationalismus zu befreien. Ich habe in Indien zwei unvergeßliche Jahre verbracht. Schon bei unserer Ankunft in Dum-Dum, dem Flughafen von Kalkutta, waren Dido und ich, noch ehe wir die Gangway des Flugzeugs verlassen hatten, von etwa zwanzig jungen Leuten umringt, die uns mit rührender Wärme empfingen. Einer von ihnen brachte uns zu sich, wo uns seine Mutter, eine Witwe, mit indischem Zeremoniell empfing. Dann verschwand sie in den Tiefen der Küche. Man verbrennt die Witwen in Indien nicht mehr. Der Scheiterhaufen ist den Verstorbenen vorbehalten. Aber die überlebende Ehefrau geht nicht mehr aus, zeigt sich nicht mehr, lebt dem Tod so nah wie möglich, bis zu dem Tag, an dem sie selbst stirbt und ihren eigenen Scheiterhaufen bekommt. Es bedeutete für diese Dame ein großes Opfer, uns persönlich zu empfangen. In Indien werden Fremde kaum in die Häuser gelassen. Wir aber waren nicht nur zugelassen, man verwöhnte uns sogar, wie Kinder, die von einer langen Reise zurückkehren. Uns war Mowglis Satz aus dem »Dschungelbuch« vorausgegangen: »Wir sind vom selben Blut, du und ich.« Dieses gemeinsame Blut, das uns zu Geschwistern einer einzigen Familie machte, war das Kino.

Wenn ein französischer Bauer mit einem französischen Finanzmann an einem Tisch sitzt, haben sich diese beiden Franzosen nichts zu sagen. Was den einen interessiert, läßt den anderen völlig gleichgültig. Aber wenn wir uns ein Zusammentreffen zwischen unserem französischen Bauern und einem chinesischen Bauern vorstellen, hätten die sich eine Menge zu erzählen. Dieses Thema der Vereinigung der Menschen durch den gleichen Beruf oder durch gleiche Interessen ist mir mein Leben lang nachgegangen und tut es auch heute noch. Es ist das Thema der *Grande Illusion*. In irgendeiner Weise kommt es in jedem meiner Werke vor.

Die Nation, wie wir sie kennen, ist eine Erfindung der Französischen Revolution. Von einfachen Untertanen waren die Menschen zu Bürgern arriviert. Systeme brechen langsam zusammen. Das Gerippe des römischen Imperiums hielt sich noch Jahrhunderte nach dem Verschwinden des letzten Kaisers aufrecht. Jahre werden vergehen, bis ein italienischer Schreiner aufhört, sich als italienischer Bürger zu betrachten, und erklärt: »Ich bin ein Bürger der Schreinerei.« Noch sind wir weit davon entfernt, daß jeder einzelne für sich den Begriff des Weltbürgers akzeptiert. Die Nation ist wie ein im Verfall begriffenes Gebäude, aber wir lieben dieses Gebäude und ziehen es einer modernen Wohnung vor.

Das war schon wirklich etwas Angenehmes, die Nation. Die Grenzen erlaubten, die Bräuche und verschiedenen Sprachen zu bewahren. Die Welt zeigte nicht die langweilige Einförmigkeit, auf die wir mit Riesenschritten zugehen. Demnächst werden wir eine Weltreise machen, ohne daß wir es überhaupt merken. Das Flugzeug wird uns in einem Flughafen absetzen, der genauso aussieht wie der, von dem wir gestartet sind. Das Hotelzimmer wird genauso sein. Das Menü im Restaurant wird sein wie alle Menüs in allen Restaurants der Welt. Weshalb organisiert man eigentlich keine Weltreisen ohne Zwischenstation? In New York geht man an Bord, und in New York geht man von Bord. Während der Reise schaut man sich einen Film an. Dann und wann, bei Fluggesellschaften, die sich etwas Originelles einfallen lassen, wird dieser Film die Landschaften zeigen, über die man gerade fliegt.

Das war schon wirklich etwas Angenehmes, die Nation. Die Nation, das war die Auslage des Lebensmittelhändlers um die Ecke. Das war der Akzent des Kohlenhändlers aus der Auvergne. Das war der Frittengeruch, der aus der Loge der Concierge hochstieg. Das war der Gesang der Anstreicher, der durch das Grün von Kastanienbäumen herüberdrang. Es war das Haar der geliebten Frau, ein Tier zu streicheln, das man kannte. Das war schon wirklich etwas Angenehmes, die Nation. Leider ist sie dabei zu sterben. Man weckt die Toten nicht auf.

Vor allem vergessen wir, daß, während wir versuchen, in der Fremde die Welt unserer Kindheit wiederauferstehen zu lassen, deren Rahmen sich ständig geändert hat. Und mit diesem Rahmen ändert sich der Geist. Nur ein paar Jahre, und wenn wir dann an die Orte unserer Jugend zurückkommen, erkennen wir sie nicht wieder. Deshalb, um unseres inneren Friedens willen, müssen wir der Magie der Erinnerungen zu entkommen suchen. Wir können uns nur entschlossen in die Hölle der neuen Welt stürzen, der utilitären Welt, der Welt ohne Leidenschaften, der Welt ohne Heimweh. Das Bistro von Magagnosc müssen wir vergessen. Höchstwahrscheinlich würden wir diese Oase vergeblich suchen. Sie wird verschwunden sein unter Bergen von Zement. Man sollte sich nie von einem geliebten Wesen trennen. Nach längerer Trennung steht man einer anderen Person gegenüber.

Im Augenblick des Abschieds von der Umgebung meiner Kindheit denke ich an Gabrielle. Gewiß war sie es, die mich am meisten beeinflußt hat. Ihr verdanke ich Kasperle und das Théâtre Montmartre. Ihr verdanke ich das Verständnis dafür, daß die Irrealität dieses Schauspiels dem Studium des wirklichen Lebens zugutekam. Sie hat mich gelehrt, durch die Masken hindurch die Gesichter zu sehen, die Feigheiten hinter dem großen Gerede aufzuspüren. Sie hat mir den Abscheu vor den Klischees mitgegeben.

Mein Abschied von der Welt meiner Kindheit läßt sich so zusammenfassen: »Warte doch, Gabrielle.«

Register der Filmtitel

Register der Personen

Bildquellennachweis

Bernand (1), Bonnard (1), William Collins Sons & Co Ltd., London (26), Mme. G. Courtois-Doynel (3), Flammarion, Paris (1), Frank Silvera (1), WDR, Köln (2)